女性学十讲

杨文娴　主编

撰稿人

（以撰写章节先后为序）

杨文娴　林　琳　杨景霞

王昭君　乔淑英　黄元桂

李小敏　张淑玉　甘　维

周小玲　宋红娟

九州出版社
JIUZHOUPRESS

图书在版编目（CIP）数据

女性学十讲 / 杨文娴主编 . -- 北京 : 九州出版社 , 2021.3

ISBN 978-7-5225-0441-4

Ⅰ . ①女… Ⅱ . ①杨… Ⅲ . ①妇女学—研究 Ⅳ . ① C913.68

中国版本图书馆 CIP 数据核字（2021）第 172578 号

女性学十讲

作　　者　杨文娴　主编
责任编辑　周　春
出版发行　九州出版社
地　　址　北京市西城区阜外大街甲 35 号（100037）
发行电话　（010）68992190/3/5/6
网　　址　www.jiuzhoupress.com
印　　刷　三河市德贤弘印务有限公司
开　　本　710 毫米 ×1000 毫米　16 开
印　　张　15.25
字　　数　273 千字
版　　次　2022 年 6 月第 1 版
印　　次　2022 年 6 月第 1 次印刷
书　　号　ISBN 978-7-5225-0441-4
定　　价　55.00 元

前　言

平等、发展与和平，是21世纪人类在探索可持续发展道路时的一种共识。它意味着男性和女性在参与社会发展方面拥有同样的权利和义务，意味着人们对性别歧视这一问题的诱因及其所造成的影响有足够的认识。妇女的彻底解放是一个漫长而艰辛的历史过程。女性在政治、经济、文化、教育、婚姻家庭中真正享有与男子同等的权利和地位，实现个体的自由全面发展，是女性追求的终极价值目标。研究女性的生存状态、本质特征、处境地位和理想追求，从而推动妇女彻底解放的进程，是新兴的女性学科的使命。

知识经济、信息时代的到来，为女性广泛参与社会发展提供了前所未有的契机和条件。适应新的社会发展需要，女性学成为一个日益活跃的学术领域，并已进入我国高校人文、社会、自然科学等诸多领域的教学和科研中。2004年教育部将“女性学”列入新增设的本科专业，这在一定意义上标志着女性学/社会性别研究纳入了国家规范的学科和学术领域，主流教育体制对此也持明确的接纳态度。近年来，中国高校女性学的学科建设有了较快发展。在学科化建设进程中，女性学的基本概念、范畴、理论框架和学科内容等都有待于进一步梳理和归纳，以便为女性发展提供理论指导。

本书全面总结了国内女性学学科的研究成果，并关注国外相关领域的研究动态，密切联系我国女性发展现状，突出热点、难点问题，注重理论和实践的结合，从社会性别视角出发，对有关女性学研究的领域和问题予以全方位的梳理。对女性与文学、女性与教育、女性与就业、女性与婚姻家庭、女性与健康、女性与审美、女性与传媒、女性与社会发展等内容进行了较为全面的阐述与探讨。

本书的编写力图凸显以下特色。

一、系统性与层次性。“女性是什么，女性什么样，女性怎样存在，女性如何发展”是女性学基本理论定位的四大支点。以此为内在逻辑线索，本书对大量庞杂的女性学基本理论领域的知识经验进行梳理，系统而简洁地阐述女性学各主要领域中的重要理论观点和实践探索。编写时力求结构严谨、层次清晰，符合读者的认知发展规律和特点。

二、前沿性与时效性。本书在编写过程中注意吸收和借鉴国内外最新研究成果，力求采取最新学术观点、研究资料和成果，使读者了解最新学科前沿与发展动态。

三、丰富的案例与多角度分析视角。本书在编写中关注学科理论知识的传递，同时结合生活中的具体案例，从不同视角分析和思考女性的本质和女性的发展问题。

四、注重问题意识的激发和行动能力的培养。注重培养读者的观察与思考能力，激发和培养读者参与社会变革的行动意识，突出女性学开放性、平等性、参与性、实践性的特点；引导读者培养批判质疑的学习态度和认知能力，体验知识创新与重构的喜悦，切实感受自身的发展与提高，激发自我提升的意识和社会责任感。

本书由海南热带海洋学院女性学教学团队成员撰写而成，具体分工如下：

第一章绪论：杨文娴　林　琳

第二章女性与文学研究：杨景霞

第三章女性与教育研究：王昭君

第四章女性与就业研究：乔淑英

第五章女性与婚姻家庭研究：杨文娴

第六章女性与健康研究（上）：黄元桂

第七章女性与健康研究（下）：李小敏

第八章女性与审美研究：张淑玉　甘　维

第九章女性与传媒研究：周小玲

第十章女性与社会发展研究：宋红娟

在本书的撰写过程中，作者不仅参阅引用了很多国内外相关文献资料，而且得到了同事们的鼎力相助，在此一并表示由衷致敬。

书中引述了国内外众多学者的文献论著，他们的观点和创新性研究是本书的坚实基础，在此不逐一列举，谨向推动我国女性学学科建设的各位前辈深表敬意！本书的出版得到了同行的大力支持，在此也表示衷心的感谢。编者自觉能力有限，错漏之处在所难免，恳请各方面专家和读者不吝批评指正，以利后进。

目　录

第一章　绪　论

第一节　性别与社会性别

一、性别的属性

“社会性别”对应的是英文中的 gender 一词。在英文中，存在两个表示性别的词——sex 和 gender。前者指性，即生物学意义上的性别；后者指性别，即社会、文化意义上的社会性别。社会性别理论明确区分了生理性别 (sex) 和社会性别 (gender)。

（一）性别的生物属性

一个人从出生时起，就会因生理特征而被分为男性或女性，这是生物学意义上的性别，是根据基因和性器官所做的划分，属于先天的。

对个人而言，性别的界定由一整套非常完整的社会体系从其一出生就开始建构了。首先，出生时，生理发育要符合医学的鉴定，顺利取得出生证明上明确的性别归属，这种性别证明一般通过第一性征来确定。第一性征一般指直接服务于繁殖且在出生时就已经具有的内生殖器官和外生殖器官。对于男性来讲，睾丸、附睾、输精管和阴茎等都属于第一性征。对于女性来讲，卵巢、输卵管、子宫、阴道等属于第一性征。其次，在成长的过程中完成第二性征的完全发育，对于女性来讲，乳房的发育、女性毛发生长形式以及脂肪组织在身体中的典型分布等就属于第二性征；对于男性来讲，就是胡须的特殊生长和粗壮的体毛生长及声音的低沉等。最后，成长后要选择“正确”性别的伴侣，即具有“正确”的性取向。女性应该寻找适龄的男性为自己爱恋的对象，男性反之，并且选择以后还应该结婚生子，如此才是正常的“人”。通过这一过程，完成了性别归属的二元分化体系，也就是说，非男即女，非女即男。

长期以来，对于性别往往仅从生物学角度来界定。尤其是父权制及其文化背景下，把女性遭受压迫、排斥的原因归咎于她们的生物学性别，企图从女性的大脑、基因、子宫、生育等生理方面寻找其“次一等”的答案。社会性别理论则对此提出了挑战。社会性别理论认为，生理性别是由人的生物特征所决定的，是男女的生物属性。两性的生理差异，即男女两性在生理结构和生理机能方面的差别，主要体现在基因、性激素、大脑下丘脑的功能及大脑两半球的特点、肌肉和脂肪的比例、寿命等方面。男女生物性的差异并不是差距，而是呈现不同的特点。这一理论从社会、历史、文化的角度探讨分析女性受压迫的原因，并对父权制展开了批判，揭示了性别的界定与塑造，实质上是与社会等级秩序的确立及维系紧密联系在一起的，也是权力关系的一种体现。

（二）性别的社会属性

“社会性别”是相对“生物学性别”而言的。通过长期的发展，人们发现一直被视为简单的“男”和“女”的区分，实际上并非完全生理造就的，也并非如此绝对的，固有的文化影响了性别观念，也影响了从性别角度来解释现实的真实性。性别的内涵远比生殖器的区分要复杂得多，性别的概念负载了许多社会文化的理念。为此，西方的女性主义者提出了“社会性别”这一概念。

在一个人成长的过程中，由于所处的环境、社会文化及价值观的不同，逐渐形成另一种性别差异，这种社会性的性别差异即为社会性别，是后天习得的。社会性别强调性别的区分是由社会文化造成的，与生理基础无关。

社会性别理论认为，社会性别是从社会文化层面界定的性别，是由特定的社会文化所建构的男女两性在性别角色和行为等方面的差别，是由社会文化环境塑造而成的，是男女的社会属性，它是可以改变的。

社会性别理论批判了生理差异导致女性处于劣势的生理决定论的错误观点，将性别的社会文化差异从生物学基础上区分出来，揭示出社会文化对两性的深刻影响，挑战了生理决定论的本质主义观念，为改善妇女地位和变革不合理的性别制度提供了理论依据。

二、社会性别的概念和构成要素

（一）社会性别的概念

社会性别概念是在西方女性主义运动中逐渐孕育产生的。20 世纪 80 年代以来，随着研究领域的不断拓展和深化，其在学术和实践层面的影响日益增强，成为当代西方女性主义理论体系中的重要分析范畴和核心概念。

我国学者对社会性别概念的阐释主要有如下几种。

（1）社会性别一词用来指社会文化形成的对男女差异的理解，以及在社会文化中形成的属于女性或男性的群体特征和行为方式。

（2）社会性别，一般来说是指男女两性在社会文化的建构下形成的性别特征和差异，即社会文化形成的对男女差异的理解，以及属于男性或女性的群体特征和行为方式。

（3）社会性别是指人们由语言、交流、符号和教育等文化因素构成的判断性别的社会标准，是一整套有关男人该怎样行为和女人该怎样行为的观念和规范。

（4）社会性别是指社会文化中形成的属于男性或女性的群体特征和行为方式，以及基于此种划分的社会性别分工、价值评判和权力结构。

上述关于社会性别的不同表述，阐述了一个共同的观点，即社会性别强调社会、文化等因素对男女两性的影响，社会对男女两性的角色和行为有着不同的期待和规范，男女两性在社会文化的建构下所形成的性别特征和差异，即为社会性别。

（二）社会性别的构成要素

朱蒂斯·鲁博认为社会性别的构成要素包括：生理性别类型、社会性别身份认同、社会性别化的婚姻和生育地位、社会性别分化的性取向、社会性别化的个性特征、社会性别过程、社会性别信念、社会性别展示等方面。

（1）生理性别类型。婴儿出生时根据外生殖器的形状做出的划分。通过胎儿测试和性别鉴定，类别分化在出生前就存在。生理性别类型也可以在后天通过外科手术或对含混不清的生殖器进行重新检查而改变。

（2）社会性别身份认同。这一类型即个体作为社会和家庭成员的社会性别自我认同感。

（3）社会性别化的婚姻和生育地位。社会允许的或不允许的性交、孕育、生育、亲属角色等方面的实现或不能实现。

（4）社会性别分化的性取向。社会或个人的模式化的性欲望、感情、实践和身份等。

（5）社会性别化的个性特征。通过家庭结构和父母养育方式组织起来的社会规范化的情感的内化模式。

（6）社会性别过程。其包括学习、被教化、接受暗示、按通过学习得知的适宜自己社会性别的方式行事（如果要反叛或实验，也可能是不适宜自己社会性别的行为）、发展社会性别身份认同、在与社会性别化的他人交往时作为特定地位社会性别成员而“表现社会性别”(doing gender)、表现差异或控制等所有这些过程。

（7）社会性别信念。对社会性别意识形态的确信或反抗。

（8）社会性别展示(gender display)。作为某一种类的社会性别个体，通过服装、化妆品装饰以及永久的或可消除的身体标志等进行的自我呈现。

第二节　社会性别理论

一、社会性别理论的产生和发展

社会性别概念是不断丰富和发展的，它“不是由哪一个人创造的，而是由一大批女性主义学者不断开拓、丰富的；它不是一个封闭、固定的理论体系，而是开放、流动及由多种定义构成的、不断变化的理论探索过程”①。在不同的历史时期，女性主义者们从不同的角度探讨并阐释社会性别。

（一）西蒙娜·德·波伏娃提出“第二性”

1949年，法国女权思想家西蒙娜·德·波伏娃(Simone de Beauvoir)出版了女性主义的经典著作《第二性》。该著作一经出版便大为流行，被称为女权运动的“圣经”。全书分两卷。第一卷主要是从女性群体的角度去讨论女性问题，是全书的理论框架。第二卷沿着童年到老年这条生命发展轨迹，讨论了狩猎、游牧、农业及工业社会中的女性，关注女同性

① 韩贺南，张健．女性学导论[M]．北京：教育科学出版社，2005：83-85.

恋、妓女、职业妇女、修女等各类女性的个体发展。

在《第二性》中，波伏娃提出了“女人并不是生就的，而宁可说是逐渐形成的”的观点，也即“女性是自然生成的，也是非自然生成的，就是说，她是自然的化身，也是社会的化身”。[①] 波伏娃认为男女两性的生物学差异并不足以界定男性和女性，妇女受压迫的原因并不是生物因素造成的，而是社会因素造成的。女性的劣势不是自然形成的，而是女性被社会塑造成“他者”(the other) 后社会文化建构的产物，即在父权制文化的统治下，男人并不是根据女人本身去解释女人，而是把女人说成是相对于男人的、不能自主的人。女人被当作是附属的、与主要者相对立的次要者。“他”是绝对的主体，而“她”则是“他者”。

波伏娃认为，我所感兴趣的是根据自由，而不是根据幸福对个人的命运予以界定，如果认为女性的命运必然取决于生理、心理和经济力量，这个问题就会变得毫无意义。

波伏娃并没有明确提出社会性别的概念，但她的“女人是被塑造的”论点，为社会性别理论的萌生奠定了思想基础。这一观点在此后的社会性别理论发展中，始终处于核心地位。

（二）凯特·米利特提出“父权制”

1970 年，凯特·米利特 (Kate Millett) 在《性的政治》中提出父权制的概念，指出男女两性关系实质上是一种政治关系，认为性别之间的统治深深扎根于我们的社会结构之中，社会正是通过性别政治来支配女性的，“这种统治比任何一种被迫隔离的方式更加牢固，比阶级的形成更加无情，更一致，而且毫无疑问也更长久”[②]。性是政治，男 / 女关系是所有权力关系的模式，与之直接相关是种族、政治、经济等不平等关系模式。只有最终抛弃这一不平等的性别关系模式，即不再将男权作为最高权威和与生俱来的权力，社会所有的压迫制度才将不复存在。

米利特认为，所谓男性气质就意味着权力和权威，男性主宰着整个社会的政治权力和道德权威。男女性别角色的定位并不是先天的，而是由后天的文化造成的。根据米利特的分析，父权制意识形态以夸大男女生物学差异的方式，宣扬“男性气质”优于、高于“女性气质”，由此而规定男人处于统治地位，女人则处于依附、屈从的地位。然而，不论父权制怎样

① ［法］西蒙娜·德·波伏娃．第二性 [M]. 陶铁柱译．北京：中国书籍出版社，1998：80.

② ［美］凯特·米利特．性的政治 [M]. 钟良明译．北京：社会科学文献出版社，1999：42.

企图维系对妇女的压制，妇女却以其行动证明她们是不可控制的。米利特乐观地认为，当代妇女正在努力摧毁性/社会性别制度这个使妇女受压迫的基础，并创造男女在各个层面都能平等相处的新社会，而把“男性气质”和“女性气质”整合为一体的“雌雄同体”，则是与新社会相适应的理想性别模式。

舒拉米斯·费尔斯通(Shulamith Firestone)在《性的辩证法》中也指出，米利特企图仅以“雌雄同体”来消除性别双重标准是不够的，还必须创立新的男女共同生育、抚育后代的制度，即父母承担同样的责任，而不是主要由女性(母亲)来承担。她认为，社会性别的差别影响着我们生活的每一个方面，这些差别是在男性占支配地位的社会中的一个精心组织的体系，“女性主义的理论任务就是认识这一体系，而其政治任务便是终结这一体系”[①]。费尔斯通还希望通过现代生育技术，使人工生育替代自然生育。在此情况下，志愿者家庭就可能取代传统生物学意义上的家庭，建立在父权制及其文化上的“男性气质”与“女性气质”的划分亦会随之瓦解。这一时期的女性主义者开始使用性别角色的概念来表达社会对性别的规范，对社会性别的研究更加深入。

20世纪70年代是社会性别理论形成的关键时期。1972年，安·奥克利(Ann Oakley)在《性别、社会性别与社会》中，对sex和gender做了明确划分，她是较早明确划分性别和社会性别的女性主义学者之一。奥克利认为性别是生物性的，而社会性别是文化性的，主张应特别关注与社会性别差异相关的各种社会文化因素。她认为在一个人成长为男性或女性的过程中，始终处于社会、文化等因素的影响下，社会性别就是由社会建构出的男性气质和女性气质。

(三)盖尔·鲁宾提出“性/社会性别制度”

美国的女性学研究者盖尔·鲁宾(Gayle Rubin)再次把性别放置到人类社会更宏观的领域，1975年，在发表于《迈向妇女人类学》一书的著名文章《女人交易：性的“政治经济学”初探》中首次提出“性/社会性别制度”(the sex/gender system)的概念。她从列维-斯特劳斯结构主义人类学对亲属制度的研究、马克思主义政治经济学、弗洛伊德精神分析这三大学说中获得启发，发展了“性政治经济学”的理论。

她将社会性别定义为一种“由社会强加的两性区分”，“是性的社会

① 刘霓.社会性别——西方女性主义理论的中心概念[J].国外社会科学，2001(6)：53.

关系的产物”[①],是与经济、政治制度密切相关的、有自身运作机制的人类社会的一种制度。对于男性,它要求压抑那些被认为是“女性化”的特点,对于女性则要求压抑那些被认为是“男性化”的特点。于是,男性被塑造成具有攻击性、主动的、好斗的,女性被塑造成被动的、顺从的、忍让的等。她还指出,更严重的是父权制往往力图使人相信,这一原本由特定社会文化构建的产物是“自然的”。

社会性别与生物学所描述的性别不同,它是通过心理、文化和社会手段建构的。任何文化中都有自己的社会性别制度,社会性别是人类社会的一种基本组织方式。此后,社会性别概念被女性主义者广泛使用和深入探讨。

总之,人类社会有一种像经济制度、政治制度一样的制度,即“性/社会性别制度”,它是该社会将生物的性转化为人类活动的产品的一整套组织安排。这些转变的性需求,在这套组织安排中得到满足。社会性别制度也是一种等级制度,它不隶属于经济制度,而是与经济、政治制度密切相关的有自身运作机制的一种人类社会制度。“性/社会性别制度”概念的提出,再次把生物性与人们的行为区分开,完善了社会性别文化建构的理论体系。它也开创了一个把“妇女人类学”研究发展成女性主义人类学的时代。

(四)性别是一种权力关系

20 世纪 80 年代,社会性别理论得到了进一步发展。1988 年,琼·W.斯科特 (Joan W. Scott) 在《性别:历史分析中一个有效范畴》中对社会性别概念做了更为系统和深入的阐述。她指出,社会性别“是组成以性别差异为基础的社会关系的成分,是区分权力关系的基本方式”[②]。她强调性别是一种权力关系,并将研究视野由性别差异转向性别关系及其所依存的社会结构。这一时期,一些女性主义者还提出,性别的不平等存在于整个社会的文化体系,无论男性还是女性都会受到社会文化的规范和制约,都有被压迫的一面。因此,社会性别研究也应当包括对男性的研究等。

20 世纪 90 年代,社会性别概念被引入到更多领域。一些女性主义者将社会性别与种族、民族、阶级、性倾向等概念结合,具体分析研究各阶层、各种族及不同性倾向妇女的处境,把阶级、种族、民族等造成人类不平

① [美]佩吉·麦克拉肯.女权主义理论读本[M].南宁:广西师范大学出版社,2007:161.

② 叶怡姝.《性别:历史分析中一个有效范畴》评价[J].青春岁月,2020(1):438.

等的其他社会因素引入性别研究，丰富和发展了社会性别理论。可见，社会性别“不是哪一个人创造的，而是由一大批女性主义者不断开拓、丰富的；它不是一个封闭、固定的理论体系，而是开放、流动及由多种定义构成的、不断变化的理论探索过程”①。

社会性别理论于20世纪90年代开始引入我国，尤其是1995年第四次世界妇女大会在北京召开，成为社会性别理论在我国传播的重要契机。我国的妇女理论研究学者开始运用社会性别视角研究女性问题，这推动了妇女理论研究的深入发展。

目前，女性学已经作为一门正式学科，进入了世界各国高等教育领域和学术研究的主流领域。在中国，随着改革开放带来的社会变革与经济、政治、文化、教育的发展，女性学也得到了快速推进，女性学及性别研究的各类课程开始进入高校课堂。在人才培养方面，早在2004年女性学被教育部确立为本科专业，同年开始招生。除此之外，还在文学、社会学、史学、哲学等学科开设了相关方向并招收硕士、博士研究生。在学术研究领域，女性学和性别研究呈现与各学科相结合的趋势，拓展了学术视野，创新了学术理论，并取得了一批引人注目的研究成果，对社会实际也产生了一定影响。

二、社会性别制度

性别文化不仅仅是一种现象，更重要的是它构筑了二元对分的社会性别机制，每个人都被囊括在这一机制内，置于一定的性别位置上。从制度角度分析社会性别是对性别现象的进一步认识，它帮助我们认识到传统性别理念之所以强大的原因。

（一）从父权制到性/社会性别制度

父权制的概念最初是用来描述作为一家之主的父亲的权力，它在女权运动中被作为一个斗争的概念重新挖掘出来。父权制的概念强调在家族体系中的等级，或者是家族等级观念在社会上的延续，从而来说明女性的“二等”地位。

很长一段时间以来，父权制作为一个术语，对影响妇女的压迫、剥削关系及其制度特征进行总体描述，它为女性被歧视和压迫提供了一个理论化概念。到今天，我们很多的流派依然在用这一概念去批判两性在社会中的

① 韩贺南，张健．女性学导论[M]．北京：教育科学出版社，2005：46–50.

不合理地位。但随着认识的不断深化，我们发现父权制概念本身并不能涵盖社会性别关系的全部。因为父权制单从概念上讲，不能包容很丰富的形态，它限制了我们把性别体系作为一个更广阔的概念来应用。我们知道，性别不仅仅是由生理上的性差异构成，不仅仅在家族体系中建构，更重要的是有很多其他的文化和社会的因素影响了它的构建，它是各种社会机制的产物，是一种复杂的体系，使用父权制这一概念则容易把性别的概念简单化。

首先，有的社会里妇女受压迫并不以“父权制”的形式表现出来，而表现为其他的形式，而这是“父权制”所不能概括的。其次，在很多文化中都存在着性别间不同关系的制度，而这种制度并不一定是压迫妇女的。再次，父权制的概念包含了性别压迫和阶级压迫的含义，并且认为这种压迫是历史形成的，是文化的一部分，很难避免，这就给打破这一体制设置了一道不可逾越的思维障碍。

因此，对父权制的批判使得我们需要一个更为中性、包容性也更为广泛的概念。盖尔·鲁宾的“性/社会性别制度”也因此受到了人们的重视和广泛应用。随后，经过不断发展，社会性别制度通过多种因素被建构起来，并且成为我们文化的一部分。社会性别制度作为一个较为中性的词汇被越来越多的学派接受和运用，成为一个描述两性地位和性别关系的社会体系的重要术语。

（二）社会性别机制

当然，盖尔·鲁宾提出的性/社会性别制度是从“性”的层面上开始论述的，因而不可避免地带有性差异的理念，而这一点也被非本质论的女性主义者批判。

虽然性差异的概念对于身份认同和批评父权制是很重要的，但是现在它也存在一定的限制：（1）限制了女性主义对父权制术语本身（有统治权的男人/受压迫的女人）的探寻，限制了把性别作为一个更广阔的概念来使用；（2）局限了女性主义思想，把它局限在一种普遍化了的性对立的概念框架中，这样就很难清晰地表明两性社会地位的差异和妇女之中存在的差异。

为此，劳瑞提斯 (Teresa de Lauretis) 提出：我们必须超越性别来看社会性别，把社会性别看成一种再表现与自我再表现，是各种社会机制和种种制度化了的话语、认识论、批评实践以及日常生活行为的产物。也就是说，社会性别不等同于性别差异，它是一种技术机制而不是一种简单的文化概念。

劳瑞提斯提出的“社会性别机制”概念，认为性别并非仅仅是性差异，而且是各种社会工艺的产物，是社会工艺、体制化的话语、哲学上的认识论以及日常生活的社会实践的产物。她从不同的角度对这一制度进行了分析说明。

总而言之，社会性别机制已是一套不以我们的意志为转移的体系，它的再现、建构、解构都受到社会性别本身的局限和制约。因此，深刻认识社会性别，逃离原有的话语系统和意识形态，就成为我们的出路之一。

（三）社会性别分层制度

不管是个人的社会性别还是社会的性别体制，都既不是自然的，也不是由生物学决定的。而探究性别的内涵和意义，并不是要简单地改变人们的感知或认同我们作为男人或女人的个人经验，而是要通过探究，重新认识性别，发现传统的性别文化中可以质疑和改进的方面，从而形成更为多元和有益的性别理念。而性别机制不仅仅作用于个人，它对整个社会而言，就是一种社会结构，是一种二元对分的社会分层制度。

长期以来，对社会不平等的研究或社会分层研究很少重视性别层面。通过社会性别机制的研究，可以发现社会性别机制最大的作用就是区分了男女，不仅是在生理上，而且在社会的政治、经济、文化各个层面都进行了男女的区分，从而形成了绝对的二元对分世界。

作为一种社会制度，社会性别对分制度可以从三个方面来分析。（1）社会性别是一个过程，从社会性别的过程中产生了社会的差异，这种差异界定了男人和女人。性别的二元对分不仅体现在人身上，也体现在事和物上。（2）社会性别决定了社会地位。在二元对分中，二元并不是平等的。（3）社会性别作为一种结构，把工作分为家庭的和经济生产的，使这种分工合法化，并组织人们的情感和性生活。

当然，总是有人固执地认为这种分层是两性差异的结果。可是，事实又并非完全如此。例如，农村现代化的进程，既是一个解构性别模式的过程，也是一个强化性别模式的过程。解构的是表面，强化的是本质。

社会性别分层制度如此顽强地存在于现实中，我们不仅要问：性别的二元对分是如何开始的？为什么性别的二元对分会在我们社会持续下去？鲁博把这种持续的力量归结为道德的指导和社会的压力。在社会中，社会性别意味着差异，意味着社会地位。

第三节　性别刻板印象

一、性别气质与性别角色

（一）男性气质与女性气质

性别气质是与性别刻板印象密切相关的一个现象，即社会所界定的两性的性别特征。

（1）男性气质 (masculine)，是指男性应当具有关注任务完成等成就取向或行为取向的一系列性格和心理特点，如“阳刚”代表男性气质。

男性气质固化和稳定的内容至少包括三个成分：地位、坚强和非女性化。地位代表功成名就和受人尊重，是社会成就取向；坚强是力量和自信的表现；非女性化是指避免女性类型的活动。在性别气质的刻板印象中，男性不能软弱、温柔等。男子气质总是与雄心勃勃、大胆、争强好斗、具有竞争力以及性活动的积极主动等联系在一起。

许多社会所期待的男性特征主要有：强烈的攻击性，强烈的独立性，情绪稳定、不外露，客观性强，不易受外界影响，支配感强，十分爱好数学和科学，在一般情况下能临危不惧，好动，竞争心强，逻辑性强，谙于处世，善于经商，直率，感情不易受打击，冒险精神强，能够果断地做出决定，从不哭哭闹闹，往往以领导者自居，自信心强，对于攻击行为往往满不在乎，抱负宏大，能严格区分理智和情感，无依赖感，从不因相貌而自负。

当然，这只是对男性气质的心理学定义。在鲍布·康纳尔看来：“男性气质不只是头脑中的一个概念或一种人格身份，它也在世界范围内扩展，融入组织化的社会关系之中。”① 男性气质这个概念是与其他概念存在天然关系的，如果没有“女性气质”相对照，它就不会存在。

（2）女性气质 (feminine)，是指女性应当具有同情心，令人感到亲切，对他人关心等亲和取向的一系列性格和心理特点，如“阴柔”代表女性气质。

女性气质的成分主要有：与家庭关系相关的一切；一切与男性气质相对立的特征，如温柔、爱整洁、依赖男性。在性别气质的刻板印象中，

① [美]鲍布·康纳尔．男性气质 [M]．柳莉，张文霞等译．北京：社会科学文献出版社，2003：1-2.

女人味总是与羞涩、腼腆、胆小、多愁善感、温柔以及在性活动中的被动相联系。

许多社会所期待的女性特征主要有：喜欢聊天，做事得体，分寸感强，善良，贤淑温柔，对他人的感情十分敏感，虔诚笃信，陶醉于自己的容貌，起居方面清洁干净，文静，对安全感有强烈的需要，欣赏艺术和文学，善于表达脉脉温情。

然而，在激进女性主义者看来，父权制采用男性和女性生理学上的某些事实（染色体、人体结构、荷尔蒙），以这些事实作为基础，建构出一套“男性气质”“女性气质”的身份与行为。如果符合社会文化所界定的性别气质，就被称作有“男人气”或“女人味”；反之，便被视为“娘娘腔”“女里女气”或者“假小子”“男人婆”，被认为是“不正常”“畸形”的性别气质表现。这一切发挥赋权男人、削弱女人的作用。在完成这个意识形态任务的过程中，父权制社会努力使自己信服，它的文化建构不言自明是“自然的”。女性主义者否认这样的假定，她们宣称，社会性别与生理性别是可以分开的；父权制社会用严格刻板的社会性别角色限制妇女，把妇女限制在消极状态（有爱心、顺从、共鸣、善于同情和赞许地回应、亲切和友善），而使男人保持积极状态（顽强、进取、好奇、雄心勃勃、有计划、负责任、有独创精神、富于竞争性）。妇女要驱除男人统治女人的不公正的权力，就应该发展出一种男性气质和女性气质的结合体。①

（二）性别角色

“角色”一词最早是戏剧中的一个专有名词，指的是戏剧舞台上所扮演的人物及其行为模式。后来，社会学家将这一概念引入现实社会生活中，用“社会角色”来指一个人在其所占的社会位置上所担负的任务和从事的活动。

人的一生要扮演多种社会角色，性别角色是一个人众多社会角色中的一种。任何社会都有关于男性和女性角色行为的基本规范和标准。例如，人们一般会希望男孩坚强、勇敢，鼓励男儿自强、事业有成；而对女孩则要求温柔、顺从，希望她们成为贤妻良母，端庄贤淑。这种由社会文化所规定的对男性和女性的不同规范和期望，就是性别角色。简言之，性别角色就是指社会赋予男性或女性的不同的期望与行为规范的总和。

性别角色的形成属于多维的建构，有不同的理论观点来阐释其形成，

---

① ［美］罗斯玛丽·帕特南·童．女性主义思潮导论[M]．艾晓明等译．上海：华中师范大学出版社，2002.

如精神分析理论、社会学习理论、认知发展理论、性别图式理论等。这些理论多是从本质或个体的方面说明性别角色的形成。社会性别理论认为，性别角色不是自然形成的，而是父权制的社会文化所建构的产物。在父权制社会，男性处于主导的、支配的优势地位，而女性则处在屈从的、被动的劣势地位，人们对女性的期望、规范和评价，通常是以男性为价值标准。这反映了男性对女性的权力控制，社会性别理论主张打破传统的性别角色关系。

二、对性别刻板印象的反思和批判

性别刻板印象 (gender stereotype) 是指人们对某个社会群体形成的一种概括而固定的看法。这种看法并不一定有事实根据，仅仅是存在于人们头脑中的一些固定看法，却能对人们的认知和行为产生重大影响，甚至会阻碍人们接受新事物，导致偏见的产生。

（一）什么是性别刻板印象

所谓性别刻板印象，就是人们在社会生活中对男性或女性定型化的期望和看法。简单地说，就是人们对男性或女性角色特征的固有印象。它普遍地存在于人们的意识中。

在现实生活层面，性别刻板印象通常包括四个方面的内容。

（1）外表形象。例如，男性大多高大健壮，而女性娇小玲珑。

（2）人格特征。例如，男性一般具有勇敢、坚强、冷静、自信的男子汉品格，而女性则有温柔、贤惠、软弱、顺从的特征。

（3）角色行为。例如，男性大多独立、胆大、冒险、理性、富有竞争性，从事社会生活领域的活动；而女性则细心、体贴、胆小、感性、有依赖性，从事家庭型、服从型的活动。

（4）职业期待。例如，男性大多适于从事具有竞争性和开拓性的工作，如科学家、建筑师、工程师等；而女性则适于从事家务以及服务性的工作，如教师、秘书、护士及各种服务性工作。

社会性别理论认为，传统观念所界定的性别刻板印象或性别气质并不是两性生理差异的必然结果，而是被个体所在的社会文化所赋予的，是男权文化的产物。性别刻板印象严格界定了性别角色的标准，片面夸大两性之间的差异，缩小群体内部的差异，这不仅限制了女性的自由发展，而且不利于男性的自由发展。性别刻板印象的普遍性、内隐性和牢固性成为影响两性潜能发挥的重要因素。克服性别刻板印象，摆脱传统性别角色的框架，摒弃刻板化的性别角色分工，有利于形成正确的性别角色认知，促进女性的全面发展。

（二）对性别刻板印象的反思

功能主义学者帕森斯认为，男性的工具性角色和女性的情感性角色有助于核心家庭的稳定，并最能满足工业社会的需求。女性主义者否定了这种基于生物或生理需求和所谓天然角色分工的特定家庭形式的存在，认为这是对两性性别角色的刻板印象，落入了两性角色的僵化的二元模式中。这种强调社会角色决定个体的思路，也使人们无法摆脱性别角色的规定性。

女性主义者对传统社会认定的由女性承担的母亲角色的刻板印象进行了分析和批判。她们认为，人们对母亲角色的认识有很多都存在片面的、落后的“成见”，母亲不一定就是只知无私奉献、整日忙于家庭琐碎事务而完全不图回报的女性角色，这不是女性个体自身就能确立的，而是社会塑造的结果。有关母亲角色的认识如果不加以澄清，有关母亲形象的刻板评价势必通过各种社会化设置而进一步灌输给下一代社会成员，导致刻板印象难以消除，女性永远也得不到解放。

也有一些研究对媒介中的性别刻板印象进行了分析和批评，反思了大众传媒透露出的男性眼光对性别角色规范的传递和受众的性别刻板印象的形成的作用。传媒也在不断地复制和加深性别刻板印象。比如，一档以评论的方式来谈新闻的电视节目中，有两位主持人，一男一女，女主持经常是提问者，而男主持就是回答者。这和在公共场合中男人是女人的老师这样一种性别刻板印象非常吻合。同时，我们也经常可以发现，这种角色的划分往往意味着，男性的价值要高于女性。比如，医生往往被认为是男性适合从事的工作，而护士则被认为适合于女性，明显的，医生的地位要高于护士。同样是做菜的，家庭主妇的地位就要低于酒店厨师，前者被认为是女性的专属角色，后者被认为是男性能做得更好。性别的刻板印象同样也并非价值中立的，而是带有明显的地位高低之分。通过被牺牲和受轻视，女性形象从此遭到贬低并蔓延开来。

可见，传媒往往通过树立榜样，不断地重复刺激，引起认同、模仿，最后逐步将某种已确立的含义固定下来。一旦传媒认同了“刻板印象”，其文化传统、价值观念、道德准则和榜样等所传递出来的概念必然会对社会上的每个人无形中产生深远影响，这不但会对女性的成就动机和自我潜能的发挥构成障碍，而且也加剧了社会对男性的高成就期待和男性的高成就动机，这种刻板印象使得男性和女性都受到不同程度的不良侵蚀。①此外，我们也要看到，对性别刻板印象的批判越来越多地出现本土化的趋势，这有助于我们深入分析和解决隐藏在我国社会文化层面的性别定型化问题。

（三）对实施性别社会化机构的批评

1. 对同辈群体中的性别社会化的反思

性别社会化是自然人在社会生活中逐渐学会根据自己的性别、按照社会相关的性别规范行事的过程。性别社会化的主要场所包括家庭、学校同龄人群体、大众传媒以及其他社会组织等。因此，许多研究者针对这类人群的作用开展了大量的本土研究，并对这些人群中进行的性别社会化进行分析与批判。

我们的社会向来认为女性敏感善察，认为私人的情感对话是亲密关系的标志，因而女性处理人际关系的方式才是正确的，而男性建立和维持私人关系的方式有许多不足之处，他们不善于发展和延续私人的亲密关系。有批评认为，男女处理人际关系的不同也是性别社会化作用的结果，在人际交往的过程中，它又重塑着人们的性别意识。男性的社会化限制了他们口头表达情感的随意性，还大大减少了男性进行情感对话的机会。此外，男性也表达亲密情感，只不过是以他们熟悉或喜欢的方式，而这些与女性表达情感的方式是不同的。

有学者对女性的友谊、男性的友谊和男女之间的友谊进行了研究，认为男女对待友谊的方式既有共性也有不同，男女对友谊的本质的理解是不同的：女性的友谊是在“不断发展的对话”中日渐变得深厚的，连续不断的交流、谈话内容的私密性和互动内容的广泛性是其主要特点，她们寻找的是知己；男性的友谊是在做事中发展出来的，在共同活动中加深彼此间的认识、注重关系的实用性、亲密关系表达的隐藏性、因不同的兴趣会有不同的朋友圈子是其主要特点，他们寻找的是有共同追求的伙伴。此外，对两性间的友谊的研究认为，男女生理上的性的因素以及两性成长过程中接触到的性别隔离是影响男女间友谊关系建立和维持的重要因素，但两性的友谊关系一旦建立，将对两性的互补发展有着重要的影响。

由此可见，亲密关系的存在与发展影响两性的性别社会化，我们不能一味地褒扬某一性别处理人际关系的方式而贬低另一种性别处理人际关

① [英]多米尼克·斯特林纳提．女权主义与大众文化[M]．陆扬，王毅选编．上海：上海三联书店，2000.

系的方式。我们也要冲破传统性别文化认为“男女授受不亲”的刻板观念，正确引导两性关系的健康发展，发挥其积极向上的互补功能，培养两性正确的性别观。

2. 对大众传媒中两性形象再现的反思

从传媒有关女性的报道内容和性质来看，人们最为常见的也就是有关女性形象的再现，主要体现在以下几个方面：女性多以柔弱的角色为主；女性多呈现出服从、弱小、依赖和富有感情等特点；广告中的女性形象集中表现女性外貌、身材和品质的刻板印象。

从传媒关于女性形象的报道的历史线索看，媒体中关于女性形象的倡导经历了从“去性别化”到“异化”再到“推崇”的历程：先是在新中国成立初期，我国媒体始终鼓励女性走出家庭参加社会生产，鼓励“男女不分”的“去性别化”宣传；而后在20世纪80年代，媒体又提醒中国社会存在着漠视女性特征的危险，社会对“女性特征”的定义又基本反映了社会中以男性为价值观的主要标准；随着中国社会的发展，大众异质性需求的增加，媒体也在顺应商业化发展的形势，逐渐模糊主流内容和边缘内容的界限，塑造了新的女性形象。

也有学者专门研究了新闻报道中的男性形象，并把男性形象归结为以下几个方面：男性常是新闻主角及新闻消息的来源；媒体在看待男性的时候，看的是男人的职业、公共身份、成就和职务的重要性；在审视公共领域中的男女关系时，往往更加关注男性事业发展过程中的焦虑感；对家庭暴力伤害案中的男性施暴者的报道少，使之成为新闻中的“看不见的男性”。

可见，媒体对两性形象的关注一方面重新强化了“男主外，女主内”的性别角色，另一方面也对两性都给予了很大的期望压力。传统性别刻板印象的媒体既再现或重新肯定和强化了传统的两性有别的价值观与刻板印象，也巩固了以性别为分化基础的社会分工与社会成就模式。

3. 对工作组织中性别社会化的批判

工作场合中，对女性和男性、女性气质和男性气质也有一套观点，这些观点影响着职业环境。

首先我们分析工作组织中的女性的刻板观念。

女性劳动力常被归入以下四种角色中。

（1）性对象。它按照女人的性和性特征定义女性，认为女人的外表和行为应该符合有关女性气质的文化观点。

（2）母亲。在制度化的生活中，将女人看作母亲的观念具有象征和字面的意义。它的象征意义表现为别人期待女性雇员接管每个人的情绪工作——要微笑、开玩笑，准备咖啡和点心，还要倾听、支持和帮助他人，这种把女人固定为母亲的做法构成了性别工作隔离的基础；它的字面意义表现为已经有或计划要有孩子的女性雇员通常被视为“非严肃的职业人员”。

（3）孩子。这种观念把女性定义为孩子或宠物——可爱但是不必严肃对待。相对男性而言，女性不够成熟能干，并缺乏决策能力。

（4）女强人。一个职业女性，如果很独立、有雄心、有指导能力、竞争能力强而且有时还很强悍，就可能被称为“女强人”。

这四种性别观念把女人定义为不受欢迎的雇员，女人被视为是无能的（性对象、孩子），只能对他人提供支持，或者缺乏自身的魅力。

其次我们来分析工作组织中的男性的刻板观念。

男性劳动力常被归入以下三种角色中。

（1）斗士。许多工作组织都不欣赏那种要求有更多时间陪伴家人的男人。

（2）顶梁柱。认为男人应该是自立而有力的支柱，从不软弱或依赖他人。这种性别观念可能会阻碍男人在事业上的发展。

（3）养家的人。这既是社会评判男人的核心，也是许多男人评价自己的方式，即男人要做家庭中主要或唯一的养家的人。这就导致当他的工作或经济方面出现困难的时候往往会有更高的危机感。

此外，工作组织中职务等级的安排有性别分配比、认为男女无法合作、对女性歧视的工作环境等，都给女性在职业上的发展造成了难以逾越的障碍，也进一步深化了男女间的不平等关系。

社会性别理论的一个重要的目的就是要发现这些性别刻板印象，反思和重新认识这种印象，然后决定是否要改变或者抛弃这种印象。只有消除这种性别的刻板模式，才有可能形成更为多元和开放的性别文化。

本章小结：

本章主要介绍了性别与社会性别的概念，社会性别理论的产生和发展过程，并对性别刻板印象的文化建构进行了反思和批判，有助于读者理解社会性别、社会性别制度的内涵，并掌握性别刻板印象的一些基本内容。

材料分析：

材料一：台湾叶永志事件

2000年4月20日上午，就读于台湾屏东县高树乡高树中学初三年级二班的男生叶永志，在他最喜欢的音乐课上尽情高歌。音乐老师带着学生一连唱了8首歌，最后以一首《珍重再见》结束。唱完之后，叶永志举手告诉老师想去厕所，此时距离下课还有5分钟。因为他平时表现很好，老师点头同意，没想到这一去就再也没有回来。后来叶永志被发现陈尸学校厕所，当时此事件在社会上闹得沸沸扬扬。

随着新闻逐渐扩散，人们对他有了进一步的认识。叶永志自小“太女性化”，“很喜欢玩扮家家酒的游戏，玩煮菜的玩具”。在中学，由于他的性别气质，经常被同学欺负。在一、二年级时，他曾被数位同学强行要求脱下裤子以“验明正身”。有人威胁要打他（曾经打过他），导致他不敢上厕所，学校老师知道后也只是让他在下课前提早5分钟去厕所，或者上教职员厕所，没有提出有效的保护方案。叶永志去世后，经过6年诉讼，最后学校3位员工以业务过失致死判刑，无论究竟有没有人加害他，他的死因仍与“性别歧视与霸凌”脱不了关系。

分析讨论：

1. 导致叶永志遭受校园霸凌的原因是什么？谈谈你的认识和理解。
2. 结合自身经历，谈谈性别刻板印象给你带来的感受。
3. 在日常生活中，我们可以从哪些方面着手来消除性别刻板印象？

材料二：陕西榆林产妇跳楼事件

2017年8月31日20时左右，在陕西榆林市第一医院绥德院区妇产科，产妇马茸茸在被临产痛苦折磨约10个小时后，从医院五楼分娩中心跳下。因伤势过重，经医护人员抢救无效身亡。事发后，围绕“究竟是谁拒绝为产妇实施剖宫产”，医院和家属各执一词。医院方面表示，生产期间，产妇因疼痛烦躁不安，多次强行离开待产室，向家属要求剖宫产，主管医生、助产士、科主任也向家属提出剖宫产建议，均被家属拒绝，最终导致产妇难忍疼痛跳楼。但是产妇家属却声称，产妇在待产期间，两次疼痛难忍，两次主动要求剖宫产，但院方给出的回复是“一切正常、不用剖宫产”。一时间社会上舆论纷纷。

榆林的这次事件是一个极端的个案，虽然已经渐渐平息，但暴露出的问题值得我们反思。这起事件中，最受人关注的就是产妇是剖宫产还是顺产，这个选择权到底在谁手里？只有解决了这起事件中暴露出的一些问题，这样的悲剧才不会再次发生。

分析讨论：

1. 她为什么会跳楼？

2. 是谁“杀”死了她？分析其中包含的社会性别理念。

延伸阅读 / 参考书目：

[1] 佟新．社会性别研究导论(第 2 版)[M]. 北京：北京大学出版社，2005.

[2] 金一虹．独立女性：性别与社会 [M]. 北京：中国社会劳动保障出版社，2008.

[3] 祝平燕，夏玉珍．性别社会学 [M]. 武汉：华中师范大学出版社，2007.

[4] 祝平燕，周天枢，宋岩．女性学导论 [M]. 武汉：武汉大学出版社，2007.

[5] 王政，杜芳琴．社会性别研究选译 [M]. 北京：生活・读书・新知三联书店，1998.

其他资源 / 视频材料或网络资源链接：

1. 电影《窈窕淑男》，1983 年第 40 届美国金球奖最佳影片奖

https://www.iqiyi.com/v_19rrh7tbno.html?vfm=2008_aldbd&fc=828fb30b722f3164&fv=p_02_01

2. 反对性别刻板印象纪录片 *Blind spots*

https: //www.bilibili.com/video/BV1j4411P738? from=search&seid=11584437965440721826

第二章　女性与文学研究

男女两性共同参与人类社会历史的发展进程。女性始终参与着人类各种文化活动，包括文学方面的实践和创作。文学是人类把握世界精神生活的重要方式之一，即使在宗法社会里，来自多方的压迫会使妇女各方面发展的能力全部丧失，却不能压抑女性在文学方面表现的特殊艺术天赋。女性能在文学上留下伟大的成绩，其理由是文学是属于情感的，而女性的心理、情感又是特别细腻和丰富的。不同时期的女性以各种各样的方式感知社会，她们的文学作品都有时代的烙印和情感的倾诉。

第一节　女性与文学概述

一、女性与文学关系

在介绍"女性与文学"时，先把下面的三项分开来讲。一是文学里面所表现的女性；二是女性给予文学家艺术的情绪与环境；三是女性作家。把前两项概括为"文学女性"，女性是给予文学家艺术的情绪与环境的唯一人物，这里的"女性"是作为文学描写的客体而存在的；而第三项里的"女性"是作为文学创作的主体而存在的。文学里如果没有女性的表现，绝不能成为伟大的文学作品，而女子又是特别赋有文学创作和欣赏天赋的天才。于是，就有了"没有女性便没有文学"[①] 的说法。

（一）女性作为文学描写的客体

我国早期文学形式的神话传说，便有女性主人公，如女娲、精卫等。到《诗经》、汉乐府民歌、南朝"宫体诗"，再到晚唐五代"花间派"词作，之间都有大量关于女性的描写。以宋代为例，词作为宋代文体的典型代表，

① 谭正璧．中国女性文学史 [M]．天津：百花文艺出版社，2001：9.

其中描写最多的便是女性。柳永是北宋第一位专力写词的作家，他的词作中大约有一半都是以女性为描写对象的，如《定风波》《锦堂春》等。除了词之外，宋代文学中有很多由女性形象塑造的话本小说。话本小说是宋代随着商业的发展和城市人口增加而兴起的文学体裁，属于古典小说的一种，其中爱情和公案题材较多。以爱情为题材的作品突破了以往才子佳人的小说模式，塑造了许多市井小民，描写人物形象比较鲜明，颇具个性特点，女性形象塑造尤为成功，《快嘴李翠莲记》中的李翠莲、《碾玉观音》中的璩秀秀、《刎颈鸳鸯会》里的蒋淑珍、《燕山逢故人郑意娘传》中的郑意娘、《金鳗记》中的计庆奴、《闹樊楼多情周胜仙》中的周胜仙，个个都是中国古代文学中的典型妇女形象，她们努力挣脱封建礼教的束缚、追求自由平等的爱情和独立的人格，体现了宋代妇女自我意识的觉醒以及文人对女性觉醒意识的认同。

（二）女性作为文学创作的主体

女性作为文学创作的主体，即女性作家，在唐宋时期数量显著增加。广大女性在文学创作过程中的主体性地位的凸显，有两方面的表现。一方面是女性直接进行文学创作，成为文学的直接创作主体。就创作种类来说，据胡文楷《历代妇女著作考》统计，宋代女性别集本有 46 种，其中涉及的体裁有诗词、文、笔记以及经书等，但现存仅 4 种。据不完全统计，《全宋词》中记载的女词人有 90 余人，存词 300 余首；《全宋诗》中的女诗人 200 余人。另一方面是她们虽然不直接进行文学创作，却培养出了杰出的文学创作者，从而成为文学的间接创作主体。[①] 这里的间接创作主体主要是指母亲，宋代许多文学大家，其成就都与母亲的教育有着重要关系。

纵观中国古代文学史，女性作家专长的文体是诗、是词、是曲、是弹词，她们与散文和小说几乎绝缘。

二、女性文学

什么是女性文学？文学界对女性文学的界定存在着一定的争议：一种看法是指女性作家自己创作的文学，另一种看法是以女性为主题进行的创作。本章所指的是女性作家的文学创作。一般学者在研究女性文学

① 杜少静．浅析宋代女性与文学之关系及其产生原因 [J]．宜春学院学报，2016(8)：102–106.

的时候，经常谈及女性意识、女性自我和女性视角三个方面。

（一）“女性文学”的含义

“五四”前后，“女性文学”一词已出现在一些学人的话语中，但迟至20世纪80年代，“女性文学”才成为学术领域具有独特意味的研究对象。在历来和眼下的文论中，“女性文学”一般是指女性作家的文学创作，如果再相对缩小概念范畴，便是指那些女作家创作的关于妇女生活和感受的作品。可以说，它至今还没有一个清晰、明确的概念界定，而只是一个在文学批评界部分流行的约定俗成的名称而已。它在英文中被称为Women's literature，意指女人们写作的文学作品。我们早在20世纪初就有学者谢无量、胡云翼、谭正璧等写过《中国妇女文学史》《中国妇女与文学》《中国女性的文学生活》等追寻古代女作家创作足迹、发掘新价值的开创性著述，这可能是中国最早的对Women's literature意义上的“女性文学”的全面总结和综合评述。

用同样的观念和方法，20世纪30年代出版的黄英（阿英）的《现代中国女作家》、贺玉波的《中国现代女作家》、草野的《现代中国女作家》等则记述了当时中国女作家的创作轨迹，对“五四”新文学研究和批评做了一种开创性工作，但对“女性文学”这一概念没有更多意义上的阐发和补充。

一般意义上的女性文学当然是指女性创作的文学，是女性作为创作主体探寻自身在文学中作为人的主体位置的尝试。然而，在不少研究中，也常常把男性作家涉入女性题材时的文学作品视为女性文学的组成部分，如托尔斯泰的《安娜·卡列尼娜》、鲁迅的《祝福》等。这样看似扩大了女性文学的外延，实则模糊了女性文学的分界。这种划分方式没有鲜明地脱离男性中心语言，这些文学作品中的女性形象只是反映了男性对女性问题的思考。诚如肇始于19～20世纪之交的中国女权主义运动，以梁启超、金天翮等为代表的男性知识分子主张男女平等、婚姻自由、妇女受教育权等启蒙观念，但在他们的论述中，妇女解放运动从属于启蒙运动与民族主义运动的一部分，仍以男性为中心，并未完成女性主义理论建构，所以很快为民族国家思潮所淹没。如果只是简单地依照题材区分女性文学，缺乏性别视阈的观照，缺乏对男性中心主义的批判，则无法突出文学中的女性意识，从根本上而言，不利于女性文学的谱系建构。因此，女性主义也好，女性文学也好，必须坚持以女性为主体。

在这里还要弄清一对概念：文学女性与女性文学。《诗经·卫风·伯兮》第二章中是这样写的：“自伯之东，首如飞蓬。岂无膏沐？谁适为容！”

诗中的女主角自从丈夫去远征，便无心梳妆"首如飞蓬"了。作为诗的作者当然表达了她对丈夫的一种忠贞不渝的信念。而作为收集者，目的也是十分明确的，丈夫出征，妇人恪守妇道，连头发都不再梳理，这当然是有利于封建王朝的统治。由此引发出"女为悦己者容"这句古话。据说这里所描写的形象对后来的闺怨诗影响极大。

今天看来，这里所包含的的确只是真理的一半，女既为悦己者容，也为己悦而容。在这里引用南宋女词人李清照的一首词中一段文字："如今憔悴，风鬟霜鬓，怕见夜间出去。不如向、帘儿底下，听人笑语。"（《永遇乐》）同样是取材于妇女的"首如飞蓬"，在李清照的词里完全是一种自爱和自怜，是一位老妇人在使用自己的语言与自己对话，是自白，或者说是自言自语。李清照的伟大就在这里，她终于摆脱了男人的模式，用自己的言语说自己的生活感受。我们只要将以上两首写的同一题材的诗词进行比较，就不难发现文学女性和女性文学的性质是完全不同的，女诗人如果一味沿袭历代文人的套语，她即便著作等身，也仍然背离了她的生活真实，仍然没有走出男性文化的范畴。

坦率地说，"女性文学"这个概念的提出，本身就有些尴尬——与之相对应的"男性文学"并不需要成为独立的学术名词而被另行讨论，因为在文学史中，男性本就占据了绝对的主导地位，文学史的话语权也长期为男性所垄断。对于女性而言，这是一种无奈的客观存在。

（二）女性文学的特征

女性文学，从广义上讲，泛指女性作家创作的文学；但从严格意义上讲，则是指具有鲜明女性意识、表现女性真实自我、并从女性视角观察社会的文学。[①] 以下把这三个方面作为女性文学的特征分别论述。

1. 具有鲜明女性意识

马克思说："如果没有女性的觉悟醒来，就不可能有社会这么伟大的变革。人类社会的进步可以用妇女的社会地位的高低来准确地衡量。"[②] 女性意识也就是女性对自己作为人的价值的体验和醒悟。女性意识包含人的意识和性别意识，即女性对人的角色、观念与价值问题的理解。女性在解剖世界的同时也在解剖自己的身体和灵魂。所以，所谓的女性意识，是指建立在女性性别之上的、有别于男性的情感和意识，它涵盖着女性对

① 陈明秀．中国女性文学的崛起、发展及其现代性特征 [J]. 安徽农业大学学报（社会科学版），2006(3)：100−103.

② 马克思恩格斯全集 [M]. 北京：人民出版社，1968：571.

历史、自身命运的反思以及价值自审、内在体验等内容。

女性意识是女性写作的内在动机，也是女性文学的中心观念与批评标准。那么何谓“女性意识”？乐黛云曾指出：“女性意识应包括三个不同的层面：第一是社会层面，从社会阶级结构看女性所受的压迫及其反抗压迫的觉醒；第二是自然层面，从女性生理特点研究女性自我，如生理周期、生育、受孕等特殊经验；第三是文化层面，以男性为参照，了解女性中精神文化方面的独特处境，从女性角度探讨以男性为中心的主流文化之外的女性所创造的‘边缘文化’，及其所包含的非主流的世界观、感受方式和叙事方法。”[①] 简而言之，女性意识即女性对自我价值和独特经验的自觉感知。女性对自我价值的积极肯定及女性意识的建构，是女性文学发展成熟的重要标志。女性文学史隐含着女性独立的历史，文学为女性提供了独立的空间和路径。中国女性文学的蓬勃发展主要得益于新文化运动的影响。

女性意识的丰富与多元。古代女作家对爱情的表达格外生动，唐代鱼玄机“易求无价宝，难得有心郎”（《赠邻女》）中大胆追求爱情的女子，宋代李清照“此情无计可消除，才下眉头，却上心头”（《一剪梅》）中深情的思妇，清代林佩环“修到人间才子妇，不辞清瘦似梅花”（《赠外》）中惜才爱才的佳人等，都折射出古代女性对爱情的理想与追求，也显示出她们对个人幸福的自觉体认和自我意识的萌发。此外，后蜀花蕊夫人“君王城上竖降旗，妾在深宫那得知。十四万人齐解甲，更无一个是男儿？”（《述国亡诗》）中对后蜀君臣软弱投降的辛辣讽刺，明末商景兰“存亡虽异路，贞白本相成”（《悼亡》）中对丈夫忠义殉国的称颂与对坚贞守寡的剖白，清代吴藻“英雄儿女原无别。叹千秋，收场一例，泪皆成血”（《金缕曲·闷欲呼天说》）中对压抑个性的现实社会的反抗态度和豪荡气概等，更是反映了古代女性从自我主体的角度出发，对社会历史的深沉思考和对生命意义的勇敢追寻。

女性介入文学史，既意味着女性意识的觉醒，又是一种对男性权力的反叛：这不仅仅关系到她们对独立、自由的追求，更是撬动了整个社会秩序和结构。因此，女性文学之于文学史，具有颠覆性的革命意义。中国古代女性文学在顺从与叛逆的矛盾冲动中艰难前行，囿于男性中心社会的道德伦理规约，女性意识和自我价值被压抑和遮蔽。但许多才华超众的女作家都显露出独特的女性意识的觉醒，她们不断寻求真正属于自己的情感表现与表达，奋力改变着在强大的男性文化规范面前严重“失语”的

① 乐黛云．中国女性意识的觉醒 [J]. 文学自由谈，1991(3)：45-49.

历史境遇。这一幽微而曲折的历史，具有重要的文学史价值和意义。

女作家们对女性的才华特质进行了新的话语解读，通过“才”建构了“作家”这一个体身份，并以“才”将女作家放置在与男作家平等的地位，消解了文学地位上的性别差异，进而寻求作家身份的合法性。这种主张与追求突破了传统两性格局的思维定式，冲击了固有的社会观念，有着追求个性解放的积极意义。更进一步讲，不少女作家们流露出对以文传名的企望，表现出文学传承者的自觉意识。

古代有机会识字读书的女性大都出身贵族仕宦或书香门第，某种程度上说，古代女性文学几乎就是贵族女性文学。受制于家庭出身和所接受的教育，女性文学往往模仿男性文学创作，踵武男性文学观念，其思想未逃出传统礼法，导致女性意识也被扭曲与遮蔽。而鲜明的女性意识和文学价值也鲜见于古代女性文学之中。至于女性从事文学的权利，乃是由部分开明男性所赋予，自然也备受局限。除了家庭和宗教，唯有文学可以使女性发泄、释放内心一定的压力、无聊和痛苦，但文学发挥的空间又是极为有限的。对于古代女性而言，用文学作品反映自己的生活现实已然是对庸常生活的突破——如果没有她们的写作，女性永远只能被表达，后人只能从男性文本中看到男性视野下的女性，只能看到被动表述的女性意识，而不能了解到女性的真实生活状态，尤其是精神世界。

秋瑾作品中特别引人注目的是强烈的妇女解放意识。“莫重男儿薄女儿，平台诗句赐峨眉。吾侪得此添生色，始信英雄亦有雌。”（《题芝龛记》）秋瑾早年就追慕秦良玉、花木兰式的巾帼英雄，认为女人和男人一样可以建功立业。投身革命后，不仅为民族危亡呐喊，也为争取妇女解放疾呼。她创办《中国女报》，大力宣扬男女平权的主张，写下《敬告中国二万万女同胞》《敬告姊妹们》《勉女权歌》以及弹词《精卫石》等一系列作品，控诉封建礼教对妇女的摧残，批判男尊女卑的传统观念，号召妇女团结起来，解放自己，投身革命。在诗歌创作中，她更是一再发出追求男女平权的强音：“休言女子非英物，夜夜龙泉壁上鸣。”（《鹧鸪天》）“吾辈爱自由，勉励自由一杯酒。男女平权天赋就，岂甘居牛后？愿奋然自拔，一洗从前羞耻垢。”（《勉女权歌》）她生在中国传统社会向现代社会转型之际，英勇就义时已是辛亥革命的前夜。秋瑾的创作具有浓重的社会情怀，她的女性人格意识的觉醒与觉醒了的女性的情感，为妇女文学传统的重建提供了良好的开端。尽管她的创作就其艺术形式和语言特色而言与新文学尚有明显距离，但是她所取得的成就，在古代女性创作与现代女性文学之间架起了一座无形的桥梁。

建构女性主体意识成为“五四”时期女性创作的主导倾向。时至今日，现代女性意识已经发生了本质的巨变，有了更加清醒的性别意识与更加独立的自我。中国现代女性意识的觉醒在其最初阶段主要表现为对男权的反叛，首先是对父权和夫权的反叛。她们纷纷从父亲或丈夫的家庭逃离，“我是我自己的，他们谁也没有干涉我的权利”（鲁迅《伤逝》），成了她们反叛的光荣旗帜。

2. 表现女性真实自我

女性文学不仅仅意指女性作为写作主体的创作实践，更重要在于女性文学对摆脱男性中心语言，赋予女性本真经验以表述形式的目标追求。这一追求使得“女性文学”本质上是一种挑战性的文学行为，它在两个向度上展开，一是以女性感受、女性视角为基点的对世界的介入，打破男性在这方面的垄断局面；二是挖掘超出男性理解惯性和期待视野的女性经验，实现对男性世界的叛离，以构造出具有自身完整性的女性经验世界。①

女性文学活动作为精神创作，其具体面貌既与特定时代的历史文化提供给女性的生存条件和环境直接相关，也与女性写作者生命自身的物质基础有密切联系。女性的生理特征与机能不仅影响到生命感知，而且会对女性的心理和行为产生种种影响。这之中无疑有着社会文化的渗入。正是多方面因素的共同作用，影响和决定着女性文学活动的面貌。在日常的文学表达中，女性常常更偏于内倾，“她们对心灵和精神生命的关注，远远超过对扩张性权势欲和物质性占有欲的重视……这就决定了女人与文学的关系是天赋之缘”。② 也就是说，女性文学创作无论是在书写对象和内容的选择上，还是借助文学传达内心时所取的具体方式上，都有可能呈现出某种相对独特的质素。冰心在她的散文集《关于女人》的“后记”里曾说：“世界上若没有女人，这世界至少要失去十分之五的‘真’、十分之六的‘善’、十分之七的‘美’。”从这一论断中传达出社会文化实践中人们比较普遍具有的对理想中女性女性角色的审美期待。女性文学活动对“人”的历史命运的书写和关注，对女性生存体验和精神生活的描绘和反思，构成了社会文化不可或缺的一部分。

3. 女性视角观察社会

真正的女性文学，首先它是女性作家的作品，同时它有一个与男性作家完全不同的基本视角。女性文学，究竟是文学作品中的女性角色还是

① 蔡岚岚.《傲慢与偏见》中女性意识的觉醒 [J]. 文教资料，2006(11)：60-62.

② 季红真. 世纪性别 [M]. 长春：时代文艺出版社，1997：170.

女性自身创作的文学？文学中的女性角色和女性文学是一个概念还是两个不同的概念？“男人说女人的话”，或者只要是女作者的创作就是女性文学吗？真正的女性文学，有一个与男性作家完全不同的基本视角，要紧的是她必须站在自身的生命体验这个角度说话，更要紧的是她们是走出男性中心文化传统的新女性。

福柯认为，人是被话语塑造的。而唯有摆脱掉男性及社会视角，从女性的角度重新观察女性，女性才真正存在。女性要用自己的声音说话，尊重自己的独特体验，大胆表达对异性和同性的看法，表达对世界的审视及思考，从而重新建立自己的言语主体。虽然这需要很大的勇气从被审视和评判的位置上跳出来，主动以自身性格构建形象，但相比以前，她们更加自由，也更加丰满了。女性评判同性、表达自己的方式，正是女性在重新塑造女性自己。

古代不少女作家自觉地从女性视角出发，表达富有个性的自我情感体验和独立的思维意识。由于女性不需要像男性一样借由文学博取功名，又与社会相对隔绝而较少受到主流文学的浸染，因此相对而言，女性文学功利色彩较少，表达方式比较感性和真诚，文学是她们自我觉醒的内心观照，是她们个性张扬的情感诉求。

第二节　古代女性文学

中国女性的文学创作历史悠久，早在第一部诗歌总集《诗经》中即见女性的作品。许穆夫人作的《诗经·鄘风·载驰》：“载驰载驱，归唁卫侯。驱马悠悠，言至于漕。大夫跋涉，我心则忧。…… 我行其野，芃芃其麦。控于大邦，谁因谁极？大夫君子，无我有尤。百尔所思，不如我所之。”可谓女性文学史开篇之际的鸿音。这是一首抒写家国破亡、“我心则忧”的爱国悲歌，表达了对母国命运的深切关怀和对许国君臣的愤懑，感情激越悲壮。

基于特定的生存环境，古代文学女性的作品大都湮没无闻，我们只能从现存的作品及相关文献史料中对女性的创作有所了解。接下来，从古代女性的生活环境和传统命运、古代女性文学创作的基本特点以及古代女性文学创作的历史脉络三个方面进行论述。

一、古代女性的生活环境和传统命运

在古代社会中，绝大多数妇女脱离社会活动领域，困守于家庭。“妇人谓嫁曰归，反曰来归。”（《穀梁传》）封闭的环境、低下的地位，把她们牢牢捆绑在各自所依附的男人身上。这种绝对而永久的屈从，使女人很自然地产生格外注重家庭的心理。相夫教子，是她们的职责所在。中国宗法社会构成了所特有的压迫和禁锢女子的完备的思想体系，如男尊女卑、夫为妻纲、三从四德、贞节观念等。这样的社会性别定位和性别秩序所带来的是男女两性之间人生使命的重要差异。“男子者，言任天地之道，如长万物之义也。故谓之丈夫。”（《大戴礼・本命》）“妇者，服也，服于家事，事人者也。”（《白虎通・嫁娶》）由于囿于家庭空间，这种角色规范主要围绕家庭生活建立。例如，授受不亲的闺媛之礼、柔顺屈从的夫妻之礼和唯命是听的婆媳之礼。在这一整套完备的妇道闺范中，女子的生存状态受到严重扭曲，其生物属性成为供男子操控的工具，而社会属性则被固化为男性的附庸。从事文学创作的女性虽然掌握了一定的文化知识，但其人生角色同普通女子并无根本的区别。

旧时妇女所受文化教育的内容大都出自儒家经典，教育的宗旨是培养合乎礼教标准的所谓贤妻良母。从汉代《女诫》、唐代《女论语》、明代《内训》到清代《女范捷录》等一系列的女教著作无不带有浓厚的儒学伦理色彩。清代虽然女子入塾读书的机会渐多，但受教诲依然不出这一范围。

二、古代女性文学创作的基本特点

从《诗经》到明清两代，妇女的文学创作虽然少，却也流下了不少名篇，如汉代卓文君的《白头吟》，蔡文姬的《胡笳十八拍》《悲愤诗》；宋代李清照的《声声慢》《绝句》；明代黄峨《杨夫人曲》（三卷）等。她们的文学创作就像广袤无垠的天幕上闪烁的明星，熠熠夺目。但有的学者认为，这些创作还不能称为“女性文学”。理由是，这些女性的文学活动本质上是仅仅作为男性中心文学传统的附属而存在的，她们的创作被纳入正统文化圈内，基本上只是一种增添别趣的点缀而已。为古代女性文学创作发声的谭正璧说过：“女性文学史者，女性生活史之一部分也。但历来人人均知女性生活之殊异于男性，独对于文学乃歧视之，颇令人不解其故。”[①] 他曾对中国女性文学做出一分为二的评判和概括：女性文学的优点是感情真挚、辞句平浅、风格优美、意境清高，缺点是思想平凡、题材狭隘、技术粗率、体制因袭。他既热情歌颂女性的文学天赋，又激烈地抨击男性中心社会是造成女性文学天赋未能发挥的根本原因，为女性鸣冤辩诬，呼号礼赞。有诗为证：

国风周南冠四始，吟咏由来闺阁起。
漫言女子贵无才，从古诗人属女子。[②]

在这里，可以把中国古代女性文学创作的基本特征概括为三点。第一，创作动机和写作目的很少功利意味，较多地富于自遣自娱色彩。由于她们几乎没有参与社会活动的权利，女子的舞文弄墨更多带有自我遣怀的成分。作品完成之后读者只限于家人、闺友或为数不多的文士，这种状况至明清以后才有所改变。第二，与封闭狭小的生活环境和备受压抑的生活状态密切相关，古代女作家的思维主要朝向自身，呈内敛状态。传统社会中女性不像男子那样扮演多重角色，她们被定位于家庭，束缚在一定的伦理关系中，而以家庭中的情感和人际关系为中心，表现出很强的封闭性。在这样的思维取向中，个人情感成为核心要素。从汉高祖时戚夫人的《永巷歌》到近代秋瑾早期闺阁生活之作，对忧郁感伤之情表现得尤为突出。对男人的思念和期待、幻想和失望，围绕家庭生活特别是婚姻遭际的种种感怀，成为突出的吟咏对象。第三，女子的生活背景和人生命运对其文学创作的审美选择产生了明显影响。作为男性世界附庸的女子，人生为男性社会所摆布，命运为他人所主宰时，审美判断中也往往渗透着以男性为中心的眼光。

到了“五四”新文化运动后，“妇女问题”成为知识界热议的重要话题，女性开始具有独立的人格，走出家庭，走向社会，甚至走出国门，兴教育，办实业，一批批女性文学家成长起来，女性文学在现代文学中占有举足轻重的地位。

正是在这样的社会文化背景下，出现了三部中国女性文学史：谢无量的《中国妇女文学史》、梁乙真的《清代妇女文学史》和谭正璧的《中国女性的文学生活》。

女性文学既是性别文学又不是性别文学，它本质上应和人性的完善、

① 谢无量．中国妇女文学史 [M]. 郑州：中州古籍出版社，1992：11.
② （清）那逊兰保．题冰雪堂诗稿．

个性的解放，和民主、自由、平等、文明、进步、和平、发展这些人类共同珍惜的价值观念同命运。也就是说，女性文学应是在一定历史条件下产生的具有现代人文价值内涵的女性的新文学。女性文学的这一现代性特质在时间上就排除了“五四”以前的妇女古典诗词，包括以秋瑾为代表的辛亥革命前后表现了鲜明的妇女解放要求的作品。在这里，我们可以把“五四”以前的女性创作称之为我国女性文学的萌芽或前驱。

三、古代女性文学创作的历史脉络

（一）先秦时期

先秦时期是古代女性文学的萌芽阶段。古代女性从事文学创作的历史源远流长。流传至今且比较可信的文学作品当从《诗经》说起。不少研究者认为，《诗经》中有相当一部分篇章出自女性之手，如申女的《行露》、卫庄姜傅母的《硕人》、卫宣夫人的《柏舟》、许穆夫人的《载驰》等。尽管难以确指其名，但基本可以认定为女性所作的诗篇更是不在少数。谢无量在《中国妇女文学史》中说：“周时民间采诗，兼用老年之男女任之。其诗亦必男女均采，故《诗经》中宜多妇人之词。”① 还有一种说法，《诗经》作者可考的有 105 位，其中女性作者 37 位。在我国文学史上，她们大体可算是最早的女诗人了。

春秋战国之际，社会发生剧烈变化。政治局势由周天子的一统走向诸侯纷争，文化上也出现了“百家争鸣”的局面。历史散文和诸子散文写作成为这一时期最有代表性的文学成就，而诗歌则在屈原等辞赋诗人的手中得到进一步发展。女性作家姓名可考而略悉身世者甚为少见。目前可知的女性作品如鲁漆室女的《处女吟》、陶婴的《黄鹄歌》、赵简子夫人的《河激之歌》、越王勾践夫人的《乌鸢之歌》、韩凭妻何氏的《乌鹊歌》等，大都以歌谣的形式出现。这类创作也继承了《诗经》中“男女有所怨恨，相从而歌”的直写其事、直抒怨情的特点。

（二）汉魏六朝时期

汉魏六朝时期，以辞赋和五言诗的兴盛为标志，这一时期文学蓬勃发展，出现自觉的局面，也是古代女性文学的自觉阶段。在这一时代背景下，创作中崭露头角的女性大为增多，其中以宫廷女子和仕宦家庭的闺阁女诗人最为知名。前者包括嫔妃、公主，如戚夫人、班婕妤、甄皇后、王昭君

① 谢无量．中国妇女文学史 [M]．郑州：中州古籍出版社，1992：11.

等；后者包括官宦妻妾及其子女，如卓文君（司马相如之妻）、徐淑（秦嘉之妻）、蔡琰（蔡邕之女）、谢道韫（谢安之侄女）等。还有不少与兄长并称的才媛，如班昭（班固之妹）、左棻（左思之妹）以及鲍令晖（鲍照之妹）等。其中文才杰出者如班昭、左棻、谢道韫等人除了挥毫写诗、泼墨作赋之外，还涉猎了颂、赞、诔等多种文体，并曾有专集行世。班昭因才思过人得以担任宫中女官，被赞为“女圣人”“曹大家”。左棻以其才德受晋武帝敬重，著《离思赋》抒发离别亲人的哀怨。代表这一时期女性创作的最高成就。在文学史上留下浓重一笔的是蔡琰的五言《悲愤诗》。这首诗不仅在细节描写、心理刻画等方面表现出高超的艺术水准，而且在内容叙述上与当时的社会现实紧密结合，具有强烈的时代感及深广的历史色彩。

（三）唐宋时期

唐宋分别是诗和词的国度，亦是女性文学发展的黄金时代。从宫廷至民间，赋诗、填词成为风气，作者不可胜数。上至一代女皇武则天及后宫嫔妃、官僚贵族、士大夫阶层的夫人，几乎无不知书。就算是下阶层商贾、武人家中女子乃至尼姑、女冠、娼优、婢女，也多能读书识字，各个阶层均有女性参与创作。谭正璧先生在《中国女性文学史话》中说过：“在诗歌的黄金时代的唐代，不独民间的女诗人多至不可胜数，就是在幽闭的皇宫里，也出不少的女作家。”

宋代是中国古典文学发展史上的重要时期，女性文学也得到长足发展。有学者说宋代女性文学代表着中国古代女性文学的最高成就，宋代女性文学的确创造了中国古代女性文学的进一步辉煌。据不完全统计，《全宋诗》中录有女诗人200余位，而且词这一新兴的文学样式最为当时文人所瞩目，大量女性也积极参与到词的创作中，《全宋词》收录女词人近90位，词作300余首。仅据杏林著《宋代才女传》所选才女多达123人，名妓有文才的达192人，据胡文楷编著的《历代妇女著作考》记载，宋代妇女著作50部，仅诗词方面达20部。这一时期女性文学出现著名代表“四大词家”——李清照、吴淑姬、张玉娘、朱淑真。其他女性作者遍布各阶层。

宋代女性文学发展不仅仅体现在女性作家数量上，也表现在体裁、题材和质量上。在作品体裁上，宋代女性文学创作扩展到诗、词、散文、赋、评论各种类型；在作品题材上，宋代女性文学走出了狭小的闺阁家庭，面向广袤的现实生活，打破了女性文学题材集中于相思愁怨的单一模式，既写山水，又吟爱情，咏史怀古，爱国忧民；在作品质量上，宋代女性文学可以说达到中国古代女性文学发展的最高峰。李清照、朱淑真就是这座高峰上并蒂而开的两朵最美的花。李清照不仅擅长各种文学体裁，而且以非凡的胆识写下了文学史上首篇系统评论词的文章《词论》，开创了词学评论的先河。她的“生当作人杰，死亦为鬼雄。至今思项羽，不肯过江东”，气势磅礴，词意爽朗，字面是乌江怀古，实质是抨击南宋朝廷偏安江南，不思恢复中原，真是掷地有声，充满爱国豪情。她的诗词，为千古妇女生色，为女性文学增辉，也奠定了她在中国文学史上的重要地位。

（四）元明清时期

元明清时期，不仅传统文学体式得到进一步发展，还相继出现了许多新的文学样式，诸如杂剧、散曲、传奇、通俗小说以及弹词等。据胡文楷《历代妇女著作考》，仅清代妇人之集，就“超秩前代，数逾三千”[①]。女性的创作体裁多样，不仅在传统体式的诗词文赋方面涌现出了管道昇、叶小鸾、徐灿、柳如是、秋瑾等知名作家，也在新的创作领域中取得了可观的成就。总体来说，女性更擅长抒情文学和韵文类作品的创作，因而在散曲、弹词创作方面成就突出，而杂剧、传奇和通俗小说创作方面则显得薄弱。杂剧发达于元，元代没有专门从事杂剧的女作家，直到明末叶小纨作《鸳鸯梦》，始有女性的作品出现。但元代只有几个妓女在作散曲，珠帘秀和顺时秀最为出名。珠帘秀姓朱，排行第四，姿容姝丽，芳名震动一时。夏庭芝在《青楼集》中，称珠帘秀“杂剧为当今独步，驾头、花旦、软末泥等，悉造其妙”。她的《双调 · 寿阳曲 · 答卢疏斋》：

山无数，烟万缕，憔悴煞玉堂人物。倚篷窗一身儿活受苦，恨不得随大江东去。

冬季会黎正卿分司席上，开年近，酿酒醇，是谁传竹边梅信？小斋中主宾三四人，旋蒸来醉乡风韵。

在她传世的元曲中，一句“风柔，帘垂玉钩。怕双双燕子，两两莺俦，对对时相守”（《并头莲》），生动活泼，一个怀春少妇的形象跃然纸上。

明代女性所作散曲，流传颇多。但作者除黄夫人（即明代文学家杨慎之继室）、沈端惠、徐媛等外，皆为姬妾之流，而且身世大都不可考。清代曾作散曲的女性作家，除吴藻之外，最著名者为吴绡、顾贞立、孙云凤、吴逸香、方玉坤等。吴绡，字冰仙，一字片霞，又号素公，长洲人，通判吴水苍的女儿，巡道许瑶的夫人。善小楷，擅丝竹，长丹青。尝称吴梅村（梅村，

① 胡文楷．历代妇女著作考 [M]．上海：上海古籍出版社，1985：5.

吴伟业的字)为兄,当是梅村的女兄弟。在她的《啸雪庵诗余》后面,有《黄莺儿》十首,皆题画咏花之作,乃是散曲。《画苹果花》的曲词:

> 别样不胜娇。软丝丝、缀碧条。海棠姿态些儿较。嫩红酥欲消。
>
> 淡胭脂带潮。香生玉魇轻含笑。最难描。风情无限,半晌却停毫。

嗣后有梁夷素作《相思砚》、林以宁作《芙蓉峡》、王筠作《繁华梦》、吴藻作《饮酒读骚》,女性文坛上才有蓬勃的生气。

传奇是明人擅长的文学,但直到清初阮丽珍的《燕子笺》告成,才算有了女性的作品。

中国的通俗文学,在民间最占势力的散文当推通俗小说,韵文当推弹词,如《安邦志》《定国志》《凤凰山》,女性的通俗文学家都产生于清代。究其原因,就是通俗文学在社会上已流行,一般人都视为平常时,深闺中的千金才得寓目。她们中识字的人,既不学八股以求升官发财,又无须娴熟古文以扬名后世。

弹词大约有三种体裁:一是有唱,无表,无白;二是有唱,有表,无白;三是有唱,无表,有白。这里的"唱",等于戏剧的曲辞;"表",等于戏剧中的"科"和"介";"白",等于戏剧中的"宾白"。第二种大都篇幅极长,而且辞句大都很文雅,宜于闺中讽诵,而不宜于茶寮弹唱。因此之故,女性的作品大都为第二种,像《天雨花》(梁贞怀)、《再生缘》(陈端生)、《笔生花》(邱心如)、《凤双飞》(程蕙英)。第三种始为弹词的正体,一切说书家所用蓝本均属此体。至于第三种的女性作者颇少见,像朱素仙的《玉连环》。

明末清初是女性作家第一次以一个群体出现在文学舞台上的时代,也是女性文学史上的第一次高潮。这一时期女性文学的两大主体是名妓和闺秀,到了清代中后期,女性文学乃至整个精英女性文化的主导权完全为闺秀作家所独占。明清时代女性文学的特点主要有以下五点。

1. 女性作家呈现家庭化

明清时期,由于文学的快速发展和社会的繁荣稳定,在这个时期涌现出了很多的文学世家,其中最鲜明的特点就是一个家族中以一个男性为主,并通过他进行文学的提倡和创作,然后逐步形成了一代或者多代的文学创作团体,并且包括女性文学作家,尤其在一家人中,祖母、婆婆、妈妈、媳妇、妹妹、姑姑、嫂嫂等都是诗人、词人、文学作者，因此明清时代女性文学最为明显的一个特点就是女性作家呈现出家庭化，在地域上主要分布在江南地区（江浙一带），一门风雅，无论男女，人才辈出。例如，最著名的文学世家就是明末清初时期吴江叶氏一族的午梦堂，通过吴江叶氏的联姻，使得后代得以发展。其中，叶氏一族叶绍袁的妻子沈宜修就是最典型的代表，其字宛君，是明末清初时期著名戏曲家沈璟的女儿，以诗词为主，是吴江一代的才女，也是女性诗坛中的代表人物，其作品《鹂吹集》是当时有名的诗集之一。沈氏与叶氏联姻之后，育有5个女儿和8个儿子，均有一定的文学特长，其中女儿叶纨纨、叶小纨、叶小鸾、叶小繁和三儿媳沈宪英均是家族里以诗词为主要写作手法的女性作家，并出版有相关书籍，被叶绍袁汇编成《午梦堂集》，广为流传。再比如，阳湖的恽氏、庄氏，也是文学世家的代表，涌现出了很多的女性诗人、词人以及文学家。出现这种特点的一大原因就是，这种家族具有一定的文化底蕴，创造了这种人文氛围，更是造就了书香门第的文化传统。加上当时的经济条件和社会地位也使得这些世家对女性的教育非常重视，从而便形成了明清两代才女辈出的繁盛局面。

2. 明清时期女性文学体裁多样化

明清时期的女性文学作家由于从小受到了良好的家庭教育和文学熏陶，加上自身对文学的喜爱和独立自强的意识，在空闲之余，会全身心地投入到文学创作中去，因此很多的女性作家不但会写诗词，而且能够熟练运用各种体裁表现自己的想法。

在明清以前，绝大多数的女性文学作家在创作时，形式比较单一，仅局限于诗词文赋，直到明清时期，涌现出了一大批女散曲作家、女戏剧作家以及女小说家等。例如，明代文学家杨慎的妻子黄夫人，清代的吴绡、孙云凤等就是散曲作家的代表。杂剧虽然在元代很流行，但是元代的女性作家从未接触过戏剧，我国第一位写杂剧的女性作家是明代的马守真，她的代表作为《三生传》，虽然目前仅保留了其中的两出剧，但可见明代时期女性文学的创作具有多样性。

另外，明代叶小纨写的《鸳鸯梦》应当是目前保留最完整的一部古代女性创作的杂剧，可见其珍贵之处。清代时期，很多女性作家均以戏剧为主，其中比较有名的是李怀的《双鱼谱》、李静芳的《丹晶串》以及孔继瑛的《鸳鸯佩》，但是这些作品基本都失传了，仅有为数不多的文字记载。除了散曲、杂剧、戏曲以外，明清时期的女性作家也开始尝试小说的创作，如满洲词人西林春的《红楼梦影》、王妙如的《女狱花》等。由此可见，明清时期女性文学的另一特点就是体裁多样化,内容较为丰富。

3. 女性结社

明清时期,女性结社是当时女性文学的一大特点,最为明显的现象就是女性作家开始从闺内创作走向闺外结社,女性结社也是女性个体走向群体活动的重要标志之一。从文化传播角度来看,明清两代本来就有好多的结社,喜好聚集各种文人雅士,因此诗社、文社有很多,也因为这样的社会现象,使得女性结社得到了发展和传播。其中,最有名的女子诗社应当是建立于明代桐城的"名媛诗社"。该诗社最大的特点就是以女性为主,集结身边爱好创作的女性,多以亲戚朋友为主。她们在各种节日之际进行活动,或饮酒赏花,或谈论琴棋书画。总之,每次聚集均会进行诗词唱和,相互之间学习和切磋,不仅开阔了视野,也使自己得到了进步,丰富了生活,提高了创作水平。

4. 女性文学作家摆脱了性别的束缚

从明末清初开始,女性作家不再局限于同性之间的交流,她们摆脱了性别的束缚,冲破"男女授受不亲"的礼仪,通过拜师学艺、合作写作等方式,与男性作家接触,学习他们的创作特点和手法,以此来提高和丰富自己。尤其是很多清代的女性作家,对知识的渴望程度较高,不仅学习传统的母教,还通过上女塾来加强自己的文学素养,在《女学言行纂》一文中也充分说明了这一现象。

明清两代的女性文学作家能够逐渐摆脱性别的束缚主要还是得益于当时的社会习俗和文化传播。当时,女性在进行创作的时候,会有一定的男性介入,最初是女性的父亲,随后发展为女性的丈夫、亲人等,他们不仅支持女性写作,还帮助女性提高文学知识。一方面,他们帮助女性进行知识拓展;另一方面,帮助她们提高诗艺,通过赞美等手段使女性在创作的过程中提高信心。因此,明清两代的文学创作逐步突破了男尊女卑的传统观念,使女性文学得到了发展,成为明清时期女性文学的一大特点。

5. 重视文学的传播功能

古代虽然有很多好的女性文学作品,但是能够流传下来的少之又少,其原因主要是受到当时科学技术的限制,印刷术不成熟,以及受到很多旧观念的影响,如"内言不出于阃",导致很多女性的文学作品不能被保留下来。明清时期,随着女性创作的人数增加,以及人们对传统观念的突破,很多女性在创作的过程中对文学的传播有了新的认识和突破,在此过程中,自愿自发地推动文学的传播,如女诗人张藻就帮助王筠刊印《繁华梦》

一书，杨蕊渊等人为金逸捐金刊刻《瘦银楼诗稿》等，这些例子都说明明清时期女性对文学传播非常重视，这也是明清时代女性文学的一大特点，具有重要的文学意义。

明清时期，女性文学作家之所以有这种意识，主要是因为不愿意自己的作品就此没落、尘封，她们通过传播自己的作品，让当时的文人认同，然后通过出版使得自己的文学作品得以保存，如赵棻曾公开自己的名讳进行出版创作。

第三节　现代女性文学三十年

本节主要介绍女性在中国现代文学发展中的成长与形塑的过程和女性如何在父权社会中自我觉醒、突破；主要关注中国现代女性文学的发生背景，尤其是引导“女学生”与现代女性文学发生的关系，是什么条件使这些女学生最终成长为重要女作家的，她们如何遇到著名导师，她们如何写出成名作，她们如何进入新文学大系。对冰心、庐隐、冯沅君、凌叔华、萧红、丁玲、张爱玲七位中国现代女作家的作品进行文本细读，深入了解她们的作品，了解她们之于中国现代文学及中国女性写作的贡献。

在现实生活中真正树立起女性意识，认识到女性文学、女性处境从来不只关乎女性自身，是我们社会现代文明进程中的重要组成部分。女性文学是诞生于一定的社会历史条件下，以“五四”新文化运动为开端，具有现代人文精神内涵，以女性为经验主体、思维主体、审美主体和言说主体的文学。女性文学虽然也称为女性解放文学、女性主义文学，但根据韩国文学批评家郑英子的看法，女性解放文学和女性主义文学都只是女性文学领域中的分支，女性文学一般指具有女性性质或由女性执笔写作的文学。

“五四”新文化运动中女性意识的觉醒及其创作，成为中国女性文学的真正源头，中国新文学史上第一个女性作家群的集体突击，整体性地完成了中国女性文学的奠基工程，并成为女性文学的第一座高峰。我们将1919 ~ 1949年中国女性文学，特指“五四”之后以现代人文精神为价值内核的女性创作。

凌叔华曾在文章中写道：“中国女子思想及生活从来没有叫世界知道。”这句话有两层意思：一是在这之前从未有过女性作家创作的作品；二是中国女性的形象普遍是由男性作家建构的。因此，这群中国现代女作家群体的出现对于中国及世界是至关重要的。

一、第一个十年：1917 ~ 1927 年

中国第一批现代意义上的女作家，诞生在这个“五四时代”的十年。这一时期的女性创作总体倾向上充分表现了这一群女性作家作为有独立人格的、与男子平等的人的生命自觉，展示了她们确认、守护女性主体价值的坚定和顽强；也流露出面对强大男权传统和社会黑暗时所浮上心头的软弱和惊惧，有时甚至陷入对女性主体价值建构的迷惘中。

“五四”女作家们是一个开始，她们还在一种矛盾的话语困境中努力挣扎，在努力开创一种女性写作传统。她们在作品里关注社会人生、感受母女亲情、观照童心世界、体会同性情谊、追求现代爱情等。在性别方面都有明确的平等意识，此种平等意识以现代人道主义和个性主义思想为根基，具有鲜明的启蒙文化特色。她们的创作从根本上冲击了父权本位、夫权本位的文化传统，清晰地展现出现代女性的主体意识。她们的创作忠实于现代女性的心灵体验，因而既体现出与男性平等的主体意识，又展示了女性精神世界的差异性特质。

五四时期女作家创作的作品，带有群体性的女性意识，如陈衡哲、冰心、庐隐、冯沅君、苏雪林、凌叔华等，她们通常被称为第一代女作家，也是最早一批现代女作家。她们大都出身于仕宦之家，接受“五四”启蒙而登上文坛，创作格调高雅清婉，既有古典闺秀余绪，又别具“五四”新姿。她们以文学为武器，向束缚女性的陈规陋习做了大量的挑战，表现了一个被压抑的女性群体的反抗意识和自我生存底蕴的寻觅第一次“浮出历史地表”。然而，她们对妇女的解放还缺乏深层次的认识，“她们涉及了女性群体的一些独特的经验，但并未深掘”。[①]

“五四”女性文学表达了觉醒女性把握自身命运的自觉意识以及服务社会的人生理想，也真实袒露了她们在追寻理想过程中的种种精神困惑。女性要参与社会公共生活领域、争得做人的权利，首先必须收回自己把握命运的权利。

陈衡哲是第一位从事新文学创作的女作家，她以昂扬的气度高唱“造命”之歌，主要体现在她的诗歌《鸟》、散文诗《老柏与野蔷薇》《运河与扬子江》以及童话《小雨点》中。陈衡哲在《我幼时求学的经过》中写道：“世上的人对于命运有三种态度，其一是安命，其二是怨命，其三是造命。”“造

① 孟悦，戴锦华．浮出历史地表 [M]. 郑州：河南人民出版社，1989：26.

命”相对于“安命”和“怨命”来说,是主体对生命意义和生存方式的主动把握。

冰心是一位有着鲜明女性意识的作家,她自觉去参与广阔的社会生活,在自己的创作中正面抒发了肩负社会责任的主人翁情感,彻底反叛女性“从父”“从夫”“从子”的封建礼教。她尤其看重和钟爱女性的性别特征,认为妇女应该将“为人”与“为女”统一起来。在冰心的作品《秋雨秋风愁煞人》中,体现了她独特的女性意识,从生命存在的角度关注女性的命运。在传统的父权制社会中,女性在二元对立关系中始终处于被压制的地位,一切正常的生理和心理能力和应有的权利都被压抑或剥夺了,所以在这种情况下,女性没有独立的生存意识,没有把握自己命运、争取自己权利自由和幸福生活的自主性。

冰心关注到了女性的这种生存状态和生存意识,正如她的那句名言:“一个人要先想到自己是一个人,然后想到自己是个女人或男人。”

女性文学初兴时期的创作具有如下基本特点。一是鲜明的女性主体意识。这一时期的创作有别于之前妇女文学活动的首要特征。在这一时期,中国女性作为具有独立人格的人在文学中发出自己的声音才成为具有普遍性的文化现实。无论是体认自我生命还是审视外部世界,她们已摆脱传统闺秀依附于父权力量、夫权力量的屈从人格,立足于女性主体完整的自我意识。二是以女性生活为取材重点,着力表现女性命运和情感,尤其着重抒写新女性的心路历程,许多作品多少都具有自传色彩。尽管这一时期女性文学创作的视野相当广阔,但是她们表现最深刻的无疑是觉醒的青春女性踏上现代人生之旅——在“做人”与“做女人”之间。

二、第二个十年:1927 ~ 1937 年

第二个十年是中国女性文学的发展和变奏期。丁玲、石评梅、白薇、沉樱、谢冰莹、杨刚、萧红等一批女作家登上文坛,由于世情鼎沸,国事蜩螗,她们的创作已经时见忧患。这一时期大多数女性在“民族 – 国家”宏大母题的叙事书写中,对社会进行全方位的观察、思考与扫描,拓宽了创作视野,主要体现在如下两方面。

(一)融入主潮,担当使命

这一时期不少女性作家从私人生活领域突围而出,走向历史前台,满腔热情地书写革命的女性和女性的革命。20 世纪 20 年代末 30 年代初,丁玲积极投身左翼文学运动,以自己的创作实践进行探索,开创了将革命

叙事与女性情怀相融合的书写新路，接连写了三篇"革命＋爱情"的中篇小说：《韦护》《一九三〇年春上海（之一）》《一九三〇年春上海（之二）》。她还以短篇小说《水》讴歌底层民众的苦难与觉醒，并在长篇小说《母亲》中塑造了一个叛逆而独立的女性形象。

（二）视点下沉，关注底层

这一时期大多数女性写作的焦点不再是个人的爱情、婚恋与家庭，而是从书写自我转向书写社会，将女性本体问题融入为守护家园和民族独立而斗争的进步潮流中，真诚地拥抱时代，创作视点下沉。萧红的《生死场》《王阿嫂之死》《牛车上》等小说，描绘底层劳动妇女的痛苦生活和不幸遭遇，展示她们的坚韧和挣扎。罗淑的《生人妻》取材于农村的"典妻"陋习，细腻地描绘了"典妻"前后人物的心理变化。冯铿的《贩卖婴儿的妇人》等作品，均揭示出底层女性的生存状态。

三、第三个十年：1937 ~ 1949 年

革命与战争使文学世界分立，"民族关怀"的主题在解放区和国统区发展成熟，沦陷区催生了一批以日常生活为书写对象的女性文本。第三代女性作家登场，已在抗日烽火之中，情况颇为特殊，如上海沦陷区有张爱玲、苏青，北平沦陷区有梅娘等。张爱玲以女性的目光观照女性的内在世界，表现自身的性别处境。在 20 世纪 40 年代的沦陷区，以张爱玲为代表的商业文化语境中的女性书写呈现出另一种面貌。沦陷区的天地比较狭窄，"家"中的"饮食男女"被聚焦于女性创作的探照灯下，并因这片天地的狭小普泛和天长地久而引人注目。张爱玲的《金锁记》《倾城之恋》《沉香屑——第一炉香》等小说，冷静地剖析黄金架下扭曲变形的人性，对女性的心理痼疾和文化负面进行拷问。张爱玲是现代文学史中的一朵奇葩，她如流星一样划过 20 世纪 40 年代的夜空，又在转瞬间销声匿迹，空留下曾万人空巷的《倾城之恋》，留下"文坛最美的收获之一"——《金锁记》。她用女性独特的视角描写出"浮世的悲哀"，人生的苍凉与华美在她的笔下和身上体现得淋漓尽致。苏青的《结婚十年》《续结婚十年》、梅娘的水族系列《蚌》《鱼》《蟹》等作品，都以女性的目光观照女性的内心世界，表现自身的性别处境。

女性文学的视野是开放的、发展的系统，而不是封闭静止的，应该是女作家基于性别主体意识、性别视角表现的关注女性命运、女性情感、女性生命的文学，或者是基于超性别意识（隐含性别主体意识）、超性别视角

（隐含性别视角）表现的包括女性生存在内的、具有人类普遍意义的文本。女性文学仍是一个有待探索和完善的命题。女性文学充分表达独特的女性魅力和奇特理念，完善人性本身精华，展现各阶段女性充当的角色，挖掘出灵魂最深处的独白，让人可以清晰地感受到那些呐喊、那些彷徨、那些轻浮、那些坚强，体会着女性独有的信仰理念。

女性的自我觉醒首先在文学中得到张扬。女性的压抑首先是人性的压抑，即性和情欲的压抑。五四新文学营造了一个个性解放的语境，尤其著名且实绩丰厚的堪称“创造社”的作家们，以两性关系为切口，注重表现人的情欲和天性，释放本我，解放情感、情欲的人性革命，是创造社热衷的话题。

第四节　新时期女性文学四十年

中华人民共和国成立以后至1966年的“十七年”，是文学创作侧重于讴歌新生活的政治抒情时代。这一时期，女性创作在政治文化一体化的背景下，形成了比较单一的调式。中华人民共和国成立以后，女性骄傲地撑起半边天，“时代不同了，男女都一样。男同志能办到的事情，女同志也能办得到”。但这种男女的“平等”更以女性忽略自身特殊的自然本性和社会本性为前提，是一种女性向男性转变的“雄性”，是女性意识的彻底丧失。女性社会地位和生活方式的巨大变化直接催生了一批与时代生活密切相关的文本，如草明的《火车头》《原动力》《乘风破浪》、陈学昭的《土地》、丁玲的《跨到新时代来》、白朗的《为了幸福的明天》、葛琴的《女司机》、江帆的《女厂长》、韦君宜的《女人》。这一时期女性文学基本处于停滞状态，具有代表性的女作家有杨沫、韦君宜、茹志鹃、宗璞、柯岩等。革命对日常生活的改造及中华人民共和国对女性的性别重塑，在这一时期的文学书写中均得到体现。

1966～1976年，整个文艺事业发展受阻，女性文学创作陷入低谷。不过，在当时的文坛之外，留下了一些出自女性之手的佳篇，如多多、芒克、根子、林莽的作品，也包括若干女知青如赵哲、周陲等的作品。1969年4月，在赵哲的小诗《丁香》中，“一群女孩子兴冲冲走过，/ 满怀盛开的丁香，/ 留下一路芬芳，/ 一路歌唱。// 生活里更多的是丁香叶子的苦味啊，/ 姑娘，/ 不信，你尝尝”。已包含对时代赋予女知青的命运的隐喻。另一位女知青周陲在20世纪70年代写的《情思》：“让我把你安放在心灵的哪方？/可是供奉在情爱的殿堂？/哦，我期待的难道就是你吗？/吻平剑创的伤痛，/一片迷茫。//谁在意这信笔的诗行？/它把我哀哀的情思依傍。/维纳斯，你发错了箭矢？/送来他？一动我愁烦心伤。”在政治话语、阶级话语一统天下的时代，爱情书写几乎成为禁区，而作者却以如此忧伤的笔触袒露了年轻女子内心爱的伤痛，这在当时是罕见的。1966～1976年间，女诗人张烨保存下来的诗作达100多首，主要有《迷惘之日》《一个戴高帽子游街的人》《无意中掀动窗帘一角》《在阳光鞭笞下躬着腰的日子》《初恋》和《十年》等。这些诗作真实记录了动乱年代普通青年人面对被时代席卷的命运的无奈、无望以及对生活的复杂感受。

一、20世纪70年代末80年代初

新时期发轫期，女作家们在对人、人性、人道主义的探究中，渐次进入性别领域，女性意识得以苏醒，女性感觉得以发育，女性特征得以复位。她们在对爱的权力、信念的追逐中，证实了“爱”对于女性生命的基础性意义；她们在对真、善、美和温柔的宣扬里，纠正了以往不谈性别差异的平等论以及无性化情况。人的自觉和女性自觉终于获取了实质性的结合。

二、20世纪80年代中后期

20世纪70至80年代，是中国女性文学的第二座高峰，这又是一次思想、文化、社会的重大转型时期，许多人把这次思想解放描述称为“五四”精神的回归，新时期女性意识的觉醒，正是借助思想的再次启蒙和人性的复苏。

随着思想解放运动的深入，女作家女性意识不断地增长，女性文学颇成气候，一道亮丽的女性文学风景线终于横空出世，照亮文坛。张洁、舒婷、张抗抗、王安忆、铁凝等作家的作品所呈露的女性尊严、怀疑精神乃至性意识，震撼着文坛与读者。从《方舟》到《玫瑰门》，无不让人或感动、或惊诧、或不安、或责难，它们为人们所带来的动静至今尚未止息，所带来的气息至今依然缭绕。

20世纪70年代末80年代初出现了张洁、谌容、戴厚英、张辛欣、刘索拉、残雪、王安忆等一批女性作家。其中，王安忆、张抗抗分别声明自己不是女性主义者，绝大多数中年女性作家的创作依旧关注的是事业、人生，并且随着一些男性作家进行着各种各样的现代文本实验，似乎对女性

视角的创作并无兴趣。然而这一状态并未持续多久,在女性主义者不屈不挠的宣传、鼓噪声中,女作家渐次觉察到自己的被压抑状态,发现是这种状态形成了"女性视角"创作的缄默,也形成了中国文坛热闹单边化的现状。

"现在社会对女性的要求更高些,家庭义务、社会工作,我们和男人承担的一样,甚至更多,迫使我们不得不像男人一样强壮。"为此,"我常常愿意有意隐去女性的特点,为了生存,为了向前闯!不知不觉,我就变成了这样"。(张辛欣《我在哪错过了你》)

"你要事业,你就得失去做女人的许多乐趣。你要享受做女人的乐趣,你就别要事业。"(张洁《方舟》)

戴锦华:"'享受做女人的乐趣'就意味着以丈夫为轴心,意味着女为悦己者容,意味着温柔、美丽顺从。于是,它与事业、拼搏、竞争当然不相见容。"

三、20 世纪 90 年代至今

20 世纪 90 年代是中国女性文学的标志性岁月。女作家们不仅度过了 1995 年世界妇女大会在中国举行的狂欢节,她们的创作也进入到空前的高潮期、丰收期。假如说,"五四"女性文学是由古代、传统向现代、现代性转型的话,那么由 20 世纪 90 年代开始至今的女性文学,则为又一轮转型——向多元化的转型。今天,前现代、现代、后现代相交织的社会,人文环境以及女性主义全球化的文化语境,都在促使中国女性文学做出转型性反应;本轮转型现正处于进行态,既深刻又全面。这轮转型不仅超越了"五四"女性文学,还回答了之前某些男士所忧虑的"女性主义文学能走多远"的疑虑。中国女性文学正依据自己所开创的性别和超性别相融会、相整合的思路和视界,继续勇敢地向前迈进。路上,肯定依然会遭遇到他设和自造的麻烦、曲折,甚至陷阱;但路一定会越走越广阔,越走越深远。这一时期,西方当代女性主义理论的引进和 20 世纪 90 年代异常活跃的女性创作实践,完成了臻于成熟的多元发展,表现在理论的逐步完善和文本的多样化,迎来了中国女性文学的第三次高潮。20 世纪 90 年代女性文学不仅是继承,更多的是超越与发展。

因此,20 世纪 90 年代女性文学以其鲜明的女性意识、独特的话语形式成为一道亮丽的风景线。近年来,女性文学研究已经突破了前提性和基础性问题,正向理论深度拓展,如女性创作主体、艺术风格、女性文学"史"的建构、女性创作批评、女性文学学科理论建设等,既有课题研究的广泛性,也有理论建树。

20 世纪 90 年代的代表性女性作家有铁凝、池莉、方方、徐坤、徐小斌、陈染、林白等(第六代)。池莉 20 世纪 90 年代的小说创作表现出鲜明的女性主义特征,贬斥男性,赞美女性,尤其倡导反抗男权中心主义。为此,她放弃了过去的冷静客观的叙述和“生活流”的展示,用女性主义理想智慧叙事,使她的小说充满了激情,90 年代的池莉已经不是“新写实主义者”。池莉的女性意识的觉醒并不早,接受女性主义应该更晚。1990 年这一年,池莉连续发表了三部小说,把注意力和思考都转向了女性。《太阳出世》赞美女性并对重男轻女观念进行有力打击,而打击重男轻女的观念正是女性主义的一个重要话题。《一冬无雪》把赞美女性主题上升了一个高度,小说通篇洋溢着一股不让须眉的女人的豪侠之气。《你是一条河》是展示和赞美母性的力作,母亲辣辣真是一条河,有河的宽阔、河的深广,能包容一切,而这样的崇高、这样的美,只为母亲所独具。这三部以赞美女性为主题的小说标志着池莉女性意识的觉醒。

陈染是 20 世纪 90 年代作家中最具女性意识的作家,她在不懈努力创作的同时,还积极用理论寻找自己创作的立足点。她的作品让人感触最深的是她的内心生活与外在生存景况的断裂。从 20 世纪 80 年代中期一直到 90 年代,那种内心与外在的难以协调一直贯穿于她作品的始终,如《无处告别》《凡墙都是门》《破开》等。

20 世纪 90 年代中后期至今的另类女作家卫慧、棉棉、须兰等已是第七代。20 世纪 70 年代出生的新新人类“已经放弃了精神这一不实际的虚幻的能指,把生活中色彩斑斓的女性写真推向读者的视野”①。她们成长在社会经济转型时代,对经济有着耳濡目染的亲近,而反应活跃着的“她们”的生活,便成为既时髦又现实的工作。她们经历了中国人的淘金时代,看到了在金钱的异化下形形色色的人生,对于时代的气息、时代的风尚有着切身的感受,而这个时代带给女性的变化又让她们感到弥足珍贵。“拼搏”“己任”“振兴”已成为 20 世纪最后一批理想主义者的口号,当下的生活是“消费”“休闲”“度假”,这种生活对于一直处于艰辛状态的女性来说无疑有着巨大的吸引力与冲击力。新的资质的输入,向人们传递出这个时代的时尚与需要。因此,新新人类们热情地投入到这种能让个人的自由发挥到有史以来最大程度的生活里,尽情尽兴地演绎着自己的人生。

① 西慧玲．西方女性主义与中国女作家批评 [M]. 上海社会科学院出版社，2003：221.

女性书写是都市时尚和消费的表征。女作家映川的小说，代表了21世纪中国社会女性主义进化的人性成就，她在追求纯粹之爱的同时，塑造着男性，而这种塑造是在面对差异，反复离合中实现的，她们已经不是被动地被选择，而是主动地进取地选择着，选择就是自由。

映川在长篇小说《女的江湖》中，塑造了一个不仅知道自己爱什么、怎样爱，同时具有主体性冲击的“我要”的女性。她在情感、人性的不断逃离与回归中，实现了自我与对方的互救、铺陈了相互的差异。她在极度自由的情爱空间里游走，却又本能地逃避着自由的侵扰。在经历过三个不同的男人之后，她终于还是选择了其中的顾角。她给顾角写了最后的信，她无奈着同时又热望着，这是一种纯粹对庸常的投降，也是对男性的挑战与和解。这是退守的进攻，是明智的举意。既是女性最终的现实姿态，也是生活本身为女性准备着的理性姿态。映川自然未及杜拉斯的冷峻，也没有张洁撕心裂肺的凄楚悱恻，她只是有所选择十分明智地消费着、时尚着爱情。而她对爱情的阴谋、对生活庸常的穿透，有着一种东方式的现代狡黠。在这篇文章里，文学女性有着多重的况味。从西王母起始而至荣灯，期间横亘着女性从神到人，从人的解放和人的张扬到人的心灵自由的模糊身影。从中可读出时代的女性进步同时面临更具精神性的危机。女性书写在这种危机中也就有了别样的价值。特别是在现代都市化过程中，女性及女性书写是都市时尚和消费的一个表征。都市化其实亦是女性化。比如，深圳，就其消费、时尚和生活质量而言，它是一个女性的城市。

本章小结：

本章的第一节论述了女性与文学的关系，即女性作为文学的描写客体和女性作为文学创作的主体两个角色；关于对“女性文学”的理解，学者在论述女性文学时通常认为其具有三个特征：具有鲜明女性意识、表现女性真实自我、女性视角观察社会。第二节主要介绍古代女性的生活环境和传统命运、古代女性文学创作的基本特点以及文学创作的历史脉络，对明清时期女性文学的特点进行重点概括。第三节介绍了女性在中国现代文学发展中的成长与形塑过程，以及女性如何在父权社会中自我觉醒、突破。将现代女性文学创作三十年分为三个时期，对不同时期的作家、作品进行概括论述。第四节，新时期女性文学四十年，介绍了女性在文学创作和文学批评方面所取得的成就。

本章在有限的篇幅中，以开阔的视野展示了中国女性文学创作的基本面貌，并对女性文学批评和研究的实践加以介绍，引导读者初步认识和理解以性别视角观照文学的必要性及可行性，启发读者从性别的角度丰富对文学、文化现象的思考。

材料分析：

材料一：

减字木兰花（李清照）

卖花担上，买得一枝春欲放。泪染轻匀，犹带彤霞晓露痕。
怕郎猜道，奴面不如花面好。云鬓斜簪，徒要教郎比并看。

减字木兰花（秦观）

天涯旧恨，独自凄凉人不问。欲见回肠，断尽金炉小篆香。
黛蛾长敛，任是春风吹不展。困倚危楼，过尽飞鸿字字愁。

分析讨论：

1. 这两首词分别塑造了怎样的女性人物形象？

2. 李清照和秦观在词中抒发的女性情感有何差异？请结合词作简要分析。

材料二：

记得我们学校里有过一个非正式的辩论会，一旦涉及男女问题，大家全都忘了原先的题目是什么，单单集中在这一点上，七嘴八舌，嬉笑怒骂，空气异常热烈。有一位女士以老新党的口吻侃侃谈到男子如何不公平，如何欺凌女子——这柔脆的、感情丰富的动物，利用她的情感来拘禁她，逼迫她作玩物，在生存竞争上女子之所以占下风全是因为机会不均等……

在男女的论战中，女人永远是来这么一套。当时我忍不住要驳她，倒不是因为我专门喜欢做偏锋文章，实在是听厌了这一切。一九三〇间女学生们人手一册的《玲珑》杂志就是一面传授影星美容秘诀，一面教导“美”了“容”的女子怎样严密防范男子的进攻，因为男子都是“心存不良”的，谈恋爱固然危险，便结婚也危险，因为结婚是恋爱的坟墓……

——摘自张爱玲《谈女人》

分析讨论：

结合材料，试分析张爱玲对女性自身处境的审视和反省。

延伸阅读 / 参考书目：

[1] 乔以钢，林丹娅 . 女性文学教程 [M]. 北京：高等教育出版社，2017.

[2][法]西蒙·波伏娃 . 第二性 [M]. 陶铁柱译 . 北京：中国书籍出版社，1998.

[3] 任一鸣 . 中国当代女性文学简史 [M]. 桂林：广西师范大学出版社，2009.

[4] 张京媛 . 当代女性主义文学批评 [M]. 北京：北京大学出版社，1992.

[5] 谭正璧 . 中国女性文学史 [M]. 天津：百花文艺出版社，2001.

其他资源 / 视频材料或网络资源链接：

1. 中国现代女性文学研究 – 北京师范大学 – 中国大学 MOOC(慕课)
https://www.icourse163.org/course/BNU–1207109829
2. 百家讲坛 李清照 康震 全 10 集 – 腾讯视频
https://v.qq.com/x/page/y0910ois18w.html
3.《大家》20111113 中国文学名家·冰心 – 大家 – 视频 – 央视网
http://tv.cntv.cn/video/C10309/bbb4e8308fe14b8c01217fb3fc802979

第三章 女性与教育研究

第一节 我国女性教育的现状与问题

一、我国女性受教育现状

（一）我国女性教育取得的成就

中华人民共和国成立以来，特别是第四次世界妇女大会以来，中国政府根据科教兴国的发展战略，确立了教育的优先发展战略地位，全面落实教育规划纲要、推进教育改革发展，政府和各类组织积极推进妇女教育。妇女接受各级各类教育者的比例不断扩大，妇女整体文化素质得到改善，妇女教育取得重大进展。

全国妇联第三次中国妇女地位调查表明：18 ~ 64 岁女性的平均受教育年限为 8.8 年，比 2000 年提高了 2.7 年，性别差距由十年前的 1.5 年缩短为 0.3 年。女性中接受过高中阶段及以上教育的占 33.7%，城乡分别为 54.2% 和 18.2%；中西部农村女性中，这一比例为 10.0%，比该地区农村男性低 4.6 个百分点。女性中接受过大学专科及以上高等教育的占 14.3%；城镇女性这一比例为 25.7%，比 10 年前提高 13.3 个百分点。

2017 年《中国妇女发展纲要（2011—2020 年）》统计监测报告显示，义务教育阶段已基本消除性别差距。2017 年，九年义务教育巩固率为 93.8%，比 2010 年提高 2.7 个百分点；小学学龄女童净入学率为 99.9%，与男童基本持平；义务教育阶段在校生中女生所占比重为 46.4%，略低于 2010 年。另《平等发展共享：新中国 70 年妇女事业的发展与进步》白皮书显示，全国 15 岁及以上女性人口文盲率由中华人民共和国成立前的 90% 降至 2017 年的 7.3%，实现历史巨变。2017 年，普通高等学校本专科在校女生占在校生总数的比例已达 52.5%，比 1978 年提高 28.4 个百分点，比 1949 年提高 32.7 个百分点；女研究生占研究生总数的比例已达 48.4%，比 1985 年提高 29.8 个百分点。白皮书亦指出，2017 年，女童小学净入学率达到 99.9%，与男童完全相同；普通小学和普通初中在校生中女生比例分别达到 46.5% 和 46.4%，比 1951 年分别提高 18.5 和 20.8 个百分点。同时，女童平等接受学前教育取得成效。2017 年，3 ~ 6 岁儿童毛入园率为 79.6%，全国接受学前教育的幼儿达 4 600 万，其中女童占比 46.7%。

可见，中华人民共和国成立 70 多年来，教育取得巨大成就，女性教育成绩卓著。在全国各级各类教育中，性别平等都有体现，女性受教育人数比例不断提升，两性比例趋于平衡，中国女性在教育机会上已经获得了与男性同等的入学权利，取得了巨大进步和历史性突破。

（二）我国女性教育面临的困难

虽然我国女性教育获得了巨大的进步，但是女性教育发展还不够平衡，并且面临一些特殊的困难。根据全国第六次人口普查数据，中国儿童人口有 2.8 亿，其中女童 1.3 亿，农村女童占 55.1%，当前农村偏远贫困地区女童教育问题依然存在。除此之外，高等教育专业性别隔离也是当前女性教育比较突出的问题。

1. 女童失学、辍学问题

2015 年《中国性别平等与妇女发展》白皮书中提到，保障少数民族妇女和偏远贫困地区女童等公平享有教育资源。制定积极政策，开设少数民族专门学校，采取倾斜性定向招生措施，大幅增加少数民族女性接受各级各类教育的资源。制定贫困女童和女生专项教育计划，确保偏远、贫困地区女生平等享有教育机会。加快农村寄宿制学校建设，改善农村女童的学习生活条件。出台专项政策，为流动儿童在流入地接受教育创造条件。但是由于区域、城乡差距等历史因素的影响，在我国老、少、边、穷地区女童失学、辍学问题仍然比较严重。特别是我国 44 个少数民族聚居的西部地区 9 个省区，由于家庭经济困难和家长观念陈旧，女童辍学问题比较突出。在失学儿童中，女童所占比例在 80% 以上，辍学也是女童居多。“在边远贫困少数民族地区学生辍学尤其是少数民族地区女童辍学仍然居高不下，我国每年有近 100 万的失学儿童，其中七成是女童，尤其是少数民族女童。”① 这些地区女童教育中突出问题表现为“三低一高”，

① 马兰芳 . 浅析少数民族地区女童辍学现状及对策 [C]//2020 年教育信息化与教育技术创新论坛（重庆会场）论文集 .2020-4.

即入学率低，巩固率低，在校学生中所占比例低，辍学率高。

相关研究显示，我国海南黎族地区男女童在辍学率上有较大差别，尤其是初中以后这种差别会变大。2016 ~ 2017 学年某黎族自治县黎族男女童小学六年巩固率分别为 100% 和 98%，大多数黎族女童能够读完小学，但是到了初中后就开始有明显辍学现象发生，男女生辍学率分别为 1.13% 和 2.8%，初中三年男女生巩固率为 95.7% 和 93.6%。从数据我们可以看出，女生辍学率比男生高，巩固率比男生低。这个时期女生大多会主动辍学，用她们的话说就是“不想读了”，“读书太难，学不会”，“每次考试都考不好，被同学笑话”，辍学后的女孩子都选择去城市打工。①

“春蕾计划”是中国少年儿童基金会于 1989 年发起并组织实施的一项救助贫困地区失学女童重返校园的社会公益事业。30 年来“春蕾计划”累计筹集爱心捐赠 21.18 亿，资助超过 369 万名女童、援建 1811 所春蕾学校、发放 217 万套护蕾手册，获得 2784 万人次捐赠。② 但是受资助女童后续教育状况仍不容乐观。来自山东省妇联的一份调查显示，曾经接受过“春蕾计划”资助的失学辍学女童中，仅有三分之一的人升入高中或中专继续学习，一半以上“春蕾”女童的后续教育无法得到保障。这部分无法继续学习的女童年龄大都在 16 ~ 18 岁之间。由于年龄小，虽然已接受了义务教育但又没有掌握一些实用技术和生存的基本技能，走向社会后很难承担起生活的重担。她们中的相当一部分只能回乡务农或滞留在家，给家庭和社会都造成了很大压力。所以，女童受教育状况在某些地区依然不乐观，需要全社会继续关心和支持女童教育。

总体来看，中华人民共和国成立 70 多年来女童教育获得了巨大的成就，但是老、边、少、穷地区的女童教育问题依然存在。仍然有一些特别贫困的家庭会因为需要让女童承担家务或者认为女孩不用读书等因素而让女童失学或辍学。正如 2015 年习近平总书记在中央扶贫开发工作会议上所讲，目前一些贫困地区教育发展面临很大困难，由于各种原因，贫困家庭孩子辍学失学还比较多，“读书无用论”观点也有所蔓延，不少贫困家庭子女受教育程度同普通家庭的差距在扩大。

2. 高等教育专业性别隔离

“性别隔离，又叫性别区隔，最早由爱德华・格罗斯提出，主要指在劳动力市场中劳动者因性别不同而被分配、集中到不同的职业类别，从事

① 王昭君，杨文娴，甘维 . 社会性别视角下海南黎族女童教育的审思 [J]. 海南热带海洋学院学报，2019(6)：51-56.

② 张绵绵 .“春蕾计划”30 年成果发布会举行 [N]. 人民日报，2019-10-11.

不同类型的工作。”[①] 高等教育中的性别隔离主要有两个方面：一是教育层次上的纵向隔离；二是学科专业领域间的横向隔离，即专业性别隔离。高等教育中专业性别隔离是指“某一性别的人口在某些学科和专业上高度集中，形成了与另一性别人口的专业隔离状态”。[②]

目前，普通高校中男女比例基本持平，但是专业性别隔离现象比较普遍。具体表现在：男生一般集中在机械、建筑、工程等理工科专业；女生一般集中在语言、文学、教育类等人文学科专业。例如，北京大学 2000 年招收的新生中，在语言、历史、法学、外国语和经济等学科专业中，女生比例远远高于男生，达 57% ~ 72%。而物理、力学与工程、数学、计算机技术、化学和化学分子工程等学科专业，则男生的比例远高于女生，达到 65.4% ~ 85.6%。[③] 近年大数据显示，海南大学 2018 级男生占比最多的学院是机电工程学院，男生占比 85.74%；女生占比最多的学院是外国语学院，女生占比 81.33%。海南师范大学 2018 级学生男女生比例为 3 ∶ 7；男生占比最多的学院是体育学院，女生占比最多的学院是外国语学院。[④] 专业性别隔离现象不仅在我国高校中普遍存在，在世界上其他国家高校中也有体现。朱剑、贾莹莹在世界八个地区选取了 40 个国家作为样本，分析发现世界范围内教育领域中专业性别隔离问题十分严峻，具体表现在工程制造专业与建筑学科依然是男性主导学科；而教育学、健康与福利学科仍然是女性主导学科。而在理学与农学中，男性在相当一部分国家中依然占绝对优势。[⑤] 事实上，高等教育中已经形成社会普遍认同的“男性学科”和“女性学科”。“男性学科”指社会普遍认为适合男性和男性相对大量集中的学科领域。“女性学科”指社会普遍认为适合女性和女性相对大量集中的学科领域。

从全球总体情况来看，“女性主导”的学科与专业与“男性主导”的学科与专业相比，在劳动力市场上普遍处于弱势地位。从这种意义上讲，女性高等教育的状况限制了她们参与社会的条件、资格和能力，从而也决定了她们在社会中普遍低下的地位。故有学者提出，“在高等教育专业方

① 翁秋敏．高等教育中专业性别隔离的成因分析——以场域理论为视角 [J]. 兰州教育学院学报，2018(1)：127-128.

② 王俊．论高等教育中学科专业的性别隔离 [J]. 高等教育研究，2005(7)：56.

③ 马万华．中国女性高等教育发展的历史、现状与问题 [J]. 教育发展研究，2005(3)：1-5.

④ http：//www.hkwb.net，2018-09-09.

⑤ 朱剑，贾莹莹．学科性别隔离的国际比较 [J]. 高教探索，2013(6)：100.

面的性别隔离是妇女平等参与发展的重大障碍”。[①] 所以，学科与专业的性别隔离不仅仅是个人选择的问题和单纯的教育问题，而且还是一个非常复杂的社会问题。因此，要重视高等教育领域中专业性别隔离问题，以帮助我们深入认识高等教育领域的性别偏见以及劳动力市场上的性别歧视，同时还能为解决这一问题提供思路与策略。

二、我国女性教育问题的社会性别分析

（一）性别平等视角

形成于20世纪60年代的社会性别概念是伴随着美国女权主义的第二次浪潮出现并发展的，它是女性主义学术和理论研究的核心概念。这一概念以及相关理论在1995年第四次世界妇女大会以后在中国学术界传播开来。社会性别指“人们所认识到的基于男女生理差别之上存在的社会性差异和社会性关系”。[②] 社会性别理论让我们了解到男女之间存在一定的生理差异，但是它更多的是强调男女的社会关系、权利关系等方面的差异或是不平等不是由于生理差异造成的，而是由于社会性别差异导致的。而社会性别差异是社会文化对基于生理差异基础上的男女两性在各个方面的塑造，并赋予其不同的社会分工、角色、权利等，进而形成社会对男女不同的角色期待、评价标准、权利分配等。当前以社会性别视角分析女性教育问题可以通过教育现象剖析不平等的性别文化制度，增强人们的性别观念，提高性别敏感度，能够清晰地认识到导致两性教育的性别不平等不是由于生理原因而是社会文化建构形成的社会性别差异，这对缩小两性实际存在于教育中的性别不平等有着重要意义。而“所谓性别平等视角就是能够充分知觉日常生活中潜藏着的性别偏见与性别不平等问题，并能够运用社会性别视角审视这些问题”。[③]

学校作为社会系统中的一个组成部分，不可避免地受社会意识形态的影响，通过性别平等视角去看，可以更清晰地发现教育领域中隐藏的性别差异。通过社会性别角分析教育机会、教育过程和教育结果的性别平等问题，可以让我们更好地认识教育中存在的男女差异性问题，并在一定

---

① 郑新蓉，杜芳琴．社会性别与妇女发展[M]．西安：陕西人民教育出版社，2000：274.

② 坎迪达·马奇，伊内斯·史密斯，迈阿特伊·姆霍帕德亚．社会性别分析框架指南[M]．北京：社会科学文献出版社，2004：17.

③ 韩贺南，张健．新编女性学[M]．北京：首都经济贸易大学出版社，2010：106.

程度上有助于使女性获得与男性同等的教育。

（二）女性教育问题的社会性别分析

1. 女童教育问题社会性别分析[①]

（1）社会的性别刻板印象影响

性别刻板印象"即把男刚强独立、女柔弱依从的所谓两性之间不相容的气质，以及男主外女主内的性别角色固化、定型化"[②]。在性别刻板印象影响下，男主外女主内、男强女弱被认为是理所当然的，女性的身份和地位被定格在了家庭中，生孩子、照顾好家庭便是她一生的任务。这种性别刻板印象在偏远农村地区尤为明显。

性别刻板印象同时也影响着家庭的教育观。家庭是儿童最早接受教育的地方，也是儿童进行社会化的首要场所。因为整个社会都认为男孩和女孩在未来社会的地位和扮演的角色不同，家长在教育孩子的过程中也会有意识地按照社会的期待来教育孩子。在农村家庭中家长比较器重男孩也更加重视男孩的教育，但是他们希望女孩子能够学会各种生活技能如洗衣、做饭等。女孩在家庭中感受到家长的这种性别观念，并促使其不断地发展、认同这种性别观念。所以，老、边、少、穷地区的社会、家庭和女孩自身都不重视教育问题，虽然他们也享有学校教育，可是旷课、辍学也是比较常见的现象，很多女孩子在念书的年龄就已经外出打工或订婚，这与当地经济状况有关，但更多的是与社会、家庭对男女性别观念的看法所延伸到其接受教育的态度有关。"许多父母，尤其是母亲的受教育水平低，教育意识淡薄，缺乏长远目光，认识不到女童教育的重要意义和作用，因而不重视女孩的教育。"[③]社会和家长对待女孩受教育的这种态度不仅影响了男女儿童对自身的认识、期待以及他们在社会中所扮演的角色，也影响他们对待学习的态度、行为以及未来就业。

（2）学校教育缺少社会性别意识

学校教育中的社会性别意识主要指"教师从社会性别的角度，以实现教育的社会性别公平为目的，对教育制度、学校管理、教学过程、课程教材以及师生关系等进行观察、分析和规划的观念和方法，进而在实际教学中有意识地克服这种与性别相关的刻板印象，以促进男女学生的全面发

① 部分内容参考王昭君，杨文娴，甘维．社会性别视角下海南黎族女童教育的审思[J]．海南热带海洋学院学报，2019(6)：51−56.

② 金一虹．独立女性：性别与社会[M]．北京：中国劳动社会保障出版社，2008：49.

③ 席春玲．90 年代以来我国女童教育研究述评[J]．妇女研究论丛，2002(5)：64.

展”。[①]但是当前绝大多数教师还无法从社会性别角度对男女学生进行认识，进而影响了教师在教育过程中对待男女学生的态度、思维方式和行为模式。

一方面，教师不能从社会性别角度看待男女差异。由于受到传统性别观念的影响，在对待男女学生差异性上，大多数教师认为主要是由于生理原因引起的，而忽视了由于社会文化环境所造成的女孩在某些方面弱于男孩。例如，大多数教师认为男孩的数理化要好于女生，尤其是随着年级的升高，女孩不易学数理化，换言之男孩比女孩聪明。但是教师的这种看法“并不来自在一种特定知识方面男女间生物赋性的不同，而是来自长期不变的社会期望，这种期望存在着性别上的差异”。[②]也就是说，女孩并不比男孩笨，大多数教师之所以会有这样的观念，只是由于他们忽略了社会文化影响下所形成的传统的性别期待。而传统的性别期待使得男女学生的社会差异性得以显现并扩大。正是由于教师无法从社会性别视角对待男女学生的差异，导致教师在课堂提问、评价等方面存在性别不平等现象。

另一方面，教师无法从社会性别视角对待男女平等。社会性别视角下的平等要求教师在教学过程中正视男女学生由于文化、生活背景所造成的差异性，在尊重、包容差异的前提下公平公正地对待男女学生。在教学活动中很多教师意识到男女平等，但是意识上的平等与实践中的平等往往相差甚远，教师实际践行的平等是一种无视性别差异的“一视同仁”的平等。教师在教学目标、教学方法、教学内容的选择上往往根据课程标准“一刀切”，从而忽略了当地女生可能拥有的特殊社会经验和感受，教师的这种行为对在课堂中原本就处于劣势地位的女生而言无疑使其在学习中陷入不利的境地。教师所追求的形式上的平等忽略并抹杀了男女学生性别差异的存在，导致教师在教学过程中出现性别盲视而不自知，最终结果不利于女生在学习上的发展。

（3）女童自我性别的消极认知

女童最初的性别认知常常是受家庭环境影响的，家庭中母亲的角色对其性别认识起到至关重要的作用，因为她们通常通过观察、模仿母亲来对女性及女性所扮演的角色进行认识，进而内化为自己对女性的认识。偏远农村地区落后的经济及文化环境使得当地父权制的思想依然存在，

① 周小李．论教师社会性别意识教育的必要性及途径 [J]. 现代教育科学，2007(2)：67.

② 勒妮·克莱尔．对女青年的科学培训——一种无可怀疑的教育 [M]. 王麟进等译．北京：中国对外翻译出版公司，1995：144.

表现为大多数家庭中的妇女往往没有什么社会地位，她们的角色就是妻子和母亲。母亲这种无地位感从小就被女童看在眼里，她们在家庭中从帮助母亲分担家务开始认识到自己在家庭、社会中的地位和角色，因此女童对自我性别的认知十分消极。另外，女童在学校中受到的待遇也对其消极的性别认知产生一定的影响。学校中教师对于性别的刻板印象以及无视性别差异所进行的教学都在一定程度上彰显出男生的优越感以及以男生为中心的地位，这使女童消极的性别认知得以扩展和加深。正是如此，女童从小耳濡目染的性别不平等通过学校教育被内化为她们对自我性别的约束和对男女不平等社会安排的认可。

如果整个社会都能坚持平等的性别观念，个体对于自我性别的认知应该是积极向上、能够发挥内在潜力的。但是偏远农村地区女童的性别观念受到当地社会和家庭中传统性别观念的桎梏，使得她们对自己在社会、家庭和学校里的地位、角色以及受到的教育态度是无力抵触的。由于女童长期处在父权制社会的影响下，男性高于女性的社会地位被认为是正常化的，她们可以主动旷课甚至辍学充当家庭劳动力；她们对学校教育过程中受到的不平等待遇很漠然。最后导致这一状况：女童在家庭和学校中的受教育状况不被重视不仅是男权制的结果，而且也内化为女童自我约束和正常化的行为规范的结果。

2. 专业性别隔离社会性别分析

（1）父权制历史下女性从属地位[①]

早在先秦时期，中国便已经出现了“男尊女卑”的思想萌芽，以孔子为代表的儒家学派在男女社会关系中强调“女从男”的思想，到了秦汉时期，独尊儒术成为当时的统一思想，董仲舒等人进一步提出了“君为臣纲，父为子纲，夫为妻纲”的三纲之说，男尊女卑的思想由此深入人心，即使到 21 世纪追求女性自由平等的今天，这种观点依旧对人们产生深刻的影响。父权制下的女性从属地位对专业性别隔离产生一定的影响。

首先，继母系社会以后，随着生产力的发展，男子在劳动中起着越来越重要的作用，家庭经济成为主要生产的重要目标，母权制被父权制彻底颠覆。在父权制度下，男性拥有绝对的支配权与话语权，他们通过自己的权力与权威，按照他们的想法，对女性进行支配与控制。女性对男性的顺从气质是维护社会关系的重要基础，“三从四德”的礼教规范对女性的言

① 参考田菊．高等教育中学科 / 专业选择的性别差异研究 [D]. 武汉：华中师范大学硕士论文，2014.

谈、举止、服饰和思想观念进行了全面和严格的规范，既把女性作为整体置于男性统治之下，又通过烦琐规范使男性统治合法化。

其次，由于男女生理结构上的差异，男性拥有比女性更好的体力，也就决定了男性是社会生产中的主导者。经济基础决定上层建筑，女性的经济地位低下是女性处于从属地位的深层原因。

最后，由于社会习俗、教育等因素的影响，女性逐渐接受并内化社会所规定的男性与女性的权力，并把自己规范在女性的那个圈子中，按照社会规范行事，即使在追求自由平等的今天，也很少有女性愿意去挣脱那几千年来的枷锁。在现实中人们普遍认为女人当家庭主妇并无不妥，但是当人们听说某一个男性当了“家庭主夫”，那可能就会表现出惊讶。社会中存在的两性对不同性别观念的内化与接受就进一步隐晦地巩固了父权制地位。

社会情境下的男性权威与女性的从属地位，对两性的专业选择产生一定的影响：首先，女性顺从气质的根深蒂固与话语权的缺失，使得她们在专业选择的过程中，比男性更顺从家庭和社会的决定或期望，家庭和社会更倾向于女性选择一些文科性的专业，就造成女性在文科专业的集中；其次，女性的从属地位使得女性过多地被禁锢在家庭这样的私人领域，在选择专业的过程中就必须考虑到未来照顾家庭的责任，因此就会考虑这个专业未来的职业是否稳定，能否顾及家庭等方面，而男性则在公众领域，拥有比女性更多的自由与就业机会，在选择专业的过程中更倾向于从个人兴趣出发，寻求内心的满足，因此那些风险小、投入少、未来工作稳定的专业更受到女性的青睐，反之则受到男性的青睐；最后，男性占据着社会的主要资源，在选择专业的过程中更愿意考虑就业前景比较好的专业，以获得未来的高收入与高地位。以教师职业为例，昔日神圣的“教师”，而今早已经回归成普通的人，教师职业对于男性显然并非最好的选择，由于优质资源被男性领域所占领，处于从属地位的女性只能退而求其次，师范专业就理所当然地成为她们的栖身之所，几乎成为“女性专业”。

（2）社会、家庭对性别角色的不同期待

“性别角色是社会文化所造就或赋予个体的一套行为规范和性别认同，是社会文化、社会环境对个体意识、个人行为的要求。”① 每一种文化对不同的性别都有不同的角色期待。在男权文化中，期待男人挑起养家的重任，获取社会性成就；期待女性担负起照顾性角色，给家人关怀和照

① 李静．社会性别角色获得与民族文化系统 [J]. 西北师大学报（社会科学版），2004，41(1)：115.

顾。如果偏离了这种期待，人们就会对他们的角色扮演给予很低的评价。例如，对一个因为忙工作很少照顾家人的女人，人们会说她不是一位好妻子、好母亲；对一个无法给家人物质上满足的男人，会被认为是无能的、失败的男人。

小孩从出生就在家庭的影响下开始性别角色社会化的过程，因为“性别角色发展是经验累积的结果，是后天学习获得的，是通过儿童的观察、模仿和成人的强化形成的”。[①] 比如，家长给男孩的玩具一般都是汽车、枪等，而女孩的玩具是洋娃娃；给男孩穿深色的衣服，要留短头发，女孩穿裙子，梳辫子；男孩子走路摔倒了家长会说，你是男孩子要坚强，女孩走路摔倒了家长会小心翼翼地扶起来并安慰……社会对性别角色的规范内化为他们本身的性别角色意识，并在生活中按照这个规范做出相应的男性行为和女性行为。

（3）学科性别刻板印象

性别刻板印象是社会文化影响下形成的一种对男女差异的刻板认识。“人相信性别有差异，赞同许多刻板印象的性别差异，并且认为全社会都是这样的。仍按照他人的性别刻板印象的期望来行动，规范自己的行为以符合性别刻板印象的自我建构，结果是所有的人都按照性别的刻板印象来做事情……在对性别刻板印象的遵从过程中，性别刻板印象变得越来越强大，越来越僵硬，越来越固定，越来越不容‘越轨’，它最终建立起一种性别的秩序，限制了人的自由。”[②] 由于这样的刻板印象广泛存在，很多人身处其中，因而就会觉得习以为常。在高等教育领域内也存在这种对于学科专业的性别刻板印象。“学科性别刻板印象是指人们持有的男生学习理工科能力和潜能强于女生的观念。”[③]

对学生而言，大多数学生比较认同女生适合文科而男生适合理工科的说法。女生在选择专业的时候大多选择“女性学科”，如教育学、文学、历史学、艺术学等；而男生则选择所谓“男性学科”比较多，如理学、工学、农学和军事学等。对于学生而言，这种学科刻板印象大多源于社会中对性别刻板印象的渗透，在社会化进程中，男女两性所扮演的不同角色以及角色分工深深地印刻在他们的心里，所以他们按照这种性别刻板印象来选择专业，并且也十分认同这种选择。

对教师而言，学科性别刻板印象影响他们对待不同性别学生的态度。

① 金一虹．独立女性：性别与社会 [M]. 北京：中国劳动社会保障出版社，2008：47.

② 李银河．女性主义 [M]. 济南：山东人民出版社，2005：131−132.

③ 宋淑娟，蓝秀华．学科性别刻板印象：隐性教育不公 [J]. 教学与管理，2012(6)：9.

"绝大部分教师认为男生的智力水平要超过女生，只要男生肯于努力学习，成绩会有大幅度提高，很快就能够超过女生。换言之，这些教师认为影响男生学习成绩主要是学习动机和积极性问题，而影响女生学习成绩主要是智力和能力问题。"① 因此，教师也会比较认同男生适合理工科而女生比较适合文史学科这样的看法。教师的这种态度对男女学生分别选择"男性学科"和"女性学科"具有一定的影响和作用。

家长同样具有学科性别刻板印象。他们会认为男生学习理工科比较适合并有前途，而女生比较适合文科并且稳定，未来可以照顾家庭、子女。父母的学科性别刻板印象一定程度上会影响个人对专业的选择。以师范专业为例，很多父母认同女性适合师范专业这样的刻板印象，这样的观念潜移默化地影响他们的子女，子女在家庭的影响下也会接受这一观点，因此师范专业中女生明显多于男生。

（4）职业性别隔离

职业性别隔离是指某一性别的人口在一些职业上的高度密集，形成与另一些人口职业的隔离状态。研究发现，女性往往集中的是收入低、工资低的职业，男性往往在声望高、工资高的职业，很多企业会因为性别的原因将女性排除在某些职业之外。例如，2011 年第三期中国妇女社会地位调查发现，2008 ~ 2011 年，高层人才所在单位中，20.6% 存在"只招男性或同等条件下优先招用男性"的情况；30.8% 存在"同等条件下男性晋升比女性快"的情况；47.0% 存在"在技术要求高、有发展前途的岗位上男性比女性多"的情况。

社会性别强调两性在社会文化建构下形成一定的性别特征和差异。正如波伏娃所说："女人不是生来就是女人的，她是变成女人的。"② 以父权制意识形态为中心的文化和实践建构了两性气质的差异，并通过历史、社会化过程、大众传媒等再生产出刻板的男性气质和女性气质。"男性气质被人们视为一种具有积极意义的东西，并且是必须遵循的行为规范。男人被建构成有理智、有逻辑、追求真理、强壮有力并具有'当然'权威的人。女性气质描述为女人的理想气质、女人之典范……贤惠和依从是女性气质之本，母性是女性的天命。"③ 因此，男性往往选择管理者、科学家、

① 甘维，王昭君．教师性别意识对学生发展影响研究 [J]．教书育人，2018(5)：29.

② [法] 西蒙娜·德·波伏娃．第二性 [M]．陶铁柱译．长沙：湖南文艺出版社，1986：26.

③ [美] 谢丽斯·克拉马雷，[澳] 戴尔·彭斯德．路特里奇国际妇女百科全书 [M]．国际妇女百科全书课题组翻译．北京：高等教育出版社，2007：652.

建筑师、金融家等凸显男性气质的工作；女性往往会选择护士、教师、社会工作、服务行业等职业。男性气质和女性气质影响下使得不同职业类型被固化并不断延续，造就了职业性别隔离。所以说，社会和体制上的障碍仍然阻碍着女孩从事科学、技术、工程和数学方面的职业。

职业隔离与专业性别隔离是相互的，因为职业隔离使得某一性别的学生涌入某些专业学习，这些学生毕业后又进入某些职业，加剧了职业性别隔离。所以，二者相互影响，如此循环。

第二节　促进教育平等策略[①]

一、建立性别平等文化环境

“实现社会性别公正的基础是法律上的平等。”[②] 当前我国《宪法》《教育法》《未成年人保护法》《中华人民共和国妇女权益保障法》中都明确承认妇女在政治、经济、社会、文化等领域与男子均享有同等权利。各地方政府要根据地方特点，制定地方行政法规等，让性别平等理念在地方性法规、政府规章、规范性文件中充分体现，政府通过行政手段推进社会性别主流化，从国家立法到地方政策法规的制定全方位保障女性受教育的权利。

平等的性别社会化环境的建立不仅需要完善的法律作为保障，更重要的是要加强法律的宣传，加大性别平等的执行力度，把男女平等基本国策落到实处。钱穆先生说：“一切问题，由文化问题所生；一切问题，由文化问题解决。”[③] 因此，地方政府和相关行政职能部门要承担起建立先进性别文化的职责，用先进性别文化取代传统性别文化。对地方政府和农村社区相关工作人员、学校师生、农村家长，加强形式多样的男女平等宣传教育，宣传重视女童教育及其未来就业的益处。地方政府可以借助大众传媒的力量如电视、广播、网络等向社会传播健康的性别文化，在全社会提倡男女在家庭和社会中平等相处、相互帮助、共同发展的两性相处模

① 部分内容参考王昭君，杨文娴，甘维．社会性别视角下海南黎族女童教育的审思[J]．海南热带海洋学院学报，2019(6)：51；甘维，王昭君．教师性别意识对学生发展影响研究[J]．教书育人，2018(5)：29.

② 宋健．社会性别视角下的中国社会政策[M]．北京：社会科学文献出版社，2012：4.

③ 钱穆．文化学大义[M]．台湾：中正书局印行，1981：3.

式；居委会、村委会可以通过标语、宣传单、小课堂等形式对两性平等的思想进行细致教育宣传，对农村贫困地区有损两性平等的思想观念要及时遏制并进行教育；教育部门可以联合地方村委会等对特殊家庭进行走访，了解女童辍学原因，通过“精准帮扶”的形式帮助女童父母摆脱传统性别观念的束缚，让父母认识到女童受教育的重要性。通过对先进性别文化的宣传在整个社会营造尊重女性、男女平等的舆论环境，从而为女性平等受教育创造良好的氛围，从整体上优化女童受教育的社会环境和家庭环境，使女孩更好地接受教育。

二、开展性别平等学习与培训

2015年《中国性别平等与妇女发展》白皮书中提到性别平等原则和理念逐步融入教学和科研。越来越多的学校开始在教育内容和教学方式中引入性别平等理念，一些地方尝试在中小学开设性别平等教育课程，引导学生树立男女平等的性别观念。在一些师资培训计划和师范类院校课程中增加性别平等内容，增强教育工作者的性别平等意识。提高各级各类学校和教育行政部门决策和管理层的女性比例，女性在高等教育教学及管理等领域的参与状况明显改善，2014年，高校女教师比例为48.1%，比1995年增长了18.1个百分点，到2019年该数据上升到50.75%。同时高等学校女性学学科建设不断加强。目前，百余所高校开设了440余门女性学和性别平等课程，女性学硕士、博士学位点不断增多，性别平等议题被纳入国家哲学社会科学规划，支持开展性别平等与妇女发展研究。

具体来说，开展性别平等学习与培训需要从如下几点着手。

首先，加强社会性别理论的学习。教育行政主管部门应当在现行的教师职业素质培训体系中着重增加社会性别理论的相关内容，介绍世界各国对社会性别理论的最新研究成果，指导教师更加全面系统地认识社会性别理论，并在教学实践中发现社会性别理论的存在和运行方式。继续教育培训部门要做好教师继续教育工作，尤其是偏远农村地区，要针对教师培训专门开设性别教育相关课程，如《女性学》《社会性别》等，帮助在职教师树立正确的两性平等意识，能够认识到传统性别观的缺陷及危害；教师通过社会性别视角检视自己的教育行为，对有损两性平等的教育行为及时修正；增强教师对性别的敏感度，更好地洞察当前教育过程中不平等的存在。教师在系统掌握了社会性别理论的基础上，就可以全面反思自己的社会性别定位和社会性别身份。教师作为一个重要的社会职业，其在教书育人的过程中是否贯彻了社会性别平等的原则，教育的立场是否正确，是否向学生灌输和传递了不正当的性别优越意识。通过开展反思，有助于巩固社会性别理论的影响力，矫正教学实践中的错误认知、做法和取向，并系统了解性别意识错位、扭曲、僵化在日常教学和生活中的具体表现形式，引发教师进行深层次的思考。

其次，教师应培养性别敏感意识。对于中小学教师来说，要注意培养敏锐的性别敏感意识，即对学生因性别差异所引发的不同行为及其背后的原因有着明确而深入的认识。通过相关课程的培训，教师应充分认识到男女生的社会差异性尤其是女生由于社会环境所导致的在学习方面的弱势，如因照看弟弟妹妹做家务，学习时间不够导致学习成绩下降、课堂反应不积极等。教师在课堂教学中可以根据男女学生的社会差异性“因材施教”，教师在制定教学目标时要多考虑女生的学习程度，制定女生可以完成的目标；课堂提问向女生倾斜，鼓励女生大胆回答问题，积极参与教学；在课堂评价上要多用正面积极的评价语，以免打击女生的学习积极性。教师的性别敏感意识，可以更好地帮助教师超越传统性别意识的桎梏，从社会性别视角看待分析男女学生存在的差异性，不仅有助于在教学中实现男女学生平等，而且可以更好地帮助女学生在未来专业选择及就业上实现与男性的平等。

教师性别敏感意识的培养还可以通过日常生活和教学实践过程来进行。例如，教师可以通过小组讨论、角色扮演等活动进行性别换位尝试，体会不同性别的差异性，增加直观感性认识；也可以在日常教学活动中加强与学生的沟通，针对教学生活中的一些因性别僵化印象所引发的现象进行分析和研究，不断增强性别敏感意识。

最后，教师应积极参与性别意识领域的研究。除了树立良好的性别意识以外，教师还可以加强对性别意识问题的研究，充分学习和借鉴国内外相关领域的最新理论成果，积极参与各级各类科研课题研究工作，通过研究不断获取社会性别以及先进性别文化的理论知识，提升自身的性别意识，从而纠正自己在教学中由于传统性别意识所产生的不当教学行为。相关部门在设置科研项目的过程中，应当将性别意识研究作为一项重点内容，为教师参与性别意识研究提供有效途径和经费保障。通过鼓励教师参与性别意识研究，全面提高该领域的研究成果，促进社会性别公平，进而从整体上提升教师的性别意识。

三、实施性别平等的监测与评估

通过性别视角下的监测与评估，让教育工作者能够戴上一副“社会性别眼镜”(A Gender Lens)来审视学校、观察师生互动过程，考察入学、教学内容、课堂环境、学校设施等方面的性别平等状况。只有充分关注并解决存在的问题，才能促进教育系统内真正的两性平等。

作为学校要自觉进行性别评估。学校要引用性别平等评估机制，对现有的学校规章制度、资源配置、课堂教学等进行评估，对无视男女学生性别差异的方面进行修正。因为在人类社会化进程中，男女两性一直都存在差异性，“当这些差异性在两性形式上平等或性别中立的名义下被忽略时，不同性别之间一直实际存在的不平等就会被掩盖或合理合法化”。[①] 所以，我们在学校教育中倡导男女平等，但是这并不等于“男女都一样”，学校教育要拥有性别意识，从社会性别视角认清两性差异，力求在差异中寻求教育平等。学校要打破“没有性别歧视就是性别平等”的观念，在规章制度的建立、教育资源分配、课堂教学等环节充分考虑女生的特点和需要。正如亚里士多德所言：“公正不仅在于同类同等对待之，还在于不同类不同等对待之。”未来实现教育领域的公平公正，有些性别差异是不可忽视的，尤其是基于环境导致的差异，我们应该正视由于环境造成的女童在教育领域中所受到的不公平待遇，通过各方努力为女性创设良好的受教育环境，实现学校教育过程中的性别平等。

联合国儿童基金会项目文件《爱生学校评估——东亚及太平洋地区项目管理者指南》中所提出的性别平等方面的表现性指标包括三个方面：(1)优质的、尊重性别差异的学习环境；(2)尊重性别差异的课程和学习材料；(3)性别平等的教学过程。

在监测与评估过程中，需要针对常见的性别不平等现象建立改进的目标，如下页表3-1中的内容就可以作为改进目标。[②] 教育行政部门可以在现有的评估体系中加入具有性别敏感性的内容，学校也可以利用这些指标进行自我监控。

① 孟鑫．西方女权主义研究[M]．北京：经济日报出版社，2010：150.
② 韩贺南，张健．新编女性学[M]．北京：首都经济贸易大学出版社，2010：118.

表 3-1　针对性别不平等现象建立改进目标

·避免"男（女）生应该怎样""不应该怎样"的提法。 ·学校的海报和宣传栏中应展示积极的男性和女性角色榜样，特别是那些从事非传统性别角色相关活动的男性和女性。 ·在学生未来职业和爱好引导方面，学校和教师能突破传统性别观念影响。 ·教师对教学资料中存在明显性别偏见的内容具有性别敏感性。 ·在课堂提问和反馈问题时教师不因学生的性别而降低和提升问题的难度。

四、提高女性社会性别自觉意识

女性教育若要获得大的发展，女性自身性别意识觉醒是关键。女性在受教育外部大环境改善的前提下，更应该从自身提高对性别的自觉意识，能认识到社会性别形成的机制以及教育中性别不公平的真实存在。这种认识应该是传统性别文化和先进性别文化激烈冲突后自发产生的，它是一种性别觉醒，只有认识到才能通过自身努力改变现状，积极构建女性自己在教育中的主体意识。因此，就大学生来说，必须从意识上消除不合理的性别偏见，认识到男女之间是平等的，并没有所谓的"男性学科"与"女性学科"之分，应该从个人实际出发，依据个人兴趣与未来理想，选择自己喜爱的专业。

另外，女性应该在社会生活和实践中对自己在社会关系中的重要性及地位有所认同，要充分认识自己作为独立的人与男性有着平等的关系。要重视自己的受教育问题，在受教育过程中应该同男生一样努力认真并享有同男性平等的受教育权利。社会性别自觉意识的建立是女性突破刻板传统性别定位构建积极自我性别角色的前提。女性要认识到自己未来在社会中的角色不仅仅局限于家庭中还应该存在于社会中，她们应该和男性一样具有平等的社会地位、承担同样的社会职责、产生同样的社会价值。只有女性提高社会性别意识，构建积极的自我性别角色，才能在受教育过程中以学习者的主体身份存在。正如波伏娃所提出的，一个人要想成为主体，而不是虚幻地迷恋别人为自己设定的形象，就必须创造性地生活、工作，否则就会沦为他 / 她者。

本章小结：

女性教育是培养造就女性的过程。这个过程是一种社会的、家庭的、制度的、传统的、心理的多方面的复杂交织发展的混合体。本章以女性在教育领域中的问题为出发点，对女性受教育存在的问题进行分析，并通过教育领域中的性别分析来对当前女性受教育问题进行反思，从社会性别视角探讨教育平等策略，以促进教育领域中女性教育发展。

材料分析：

材料一：

哈佛大学以自由精神著称，但历史上它更具有男性精英色彩。直到1946年，才有了第一名女学生；1963年，女生才有毕业证书；1972年，女生才能住宿。哈佛大学校长德鲁・福斯特是1972年哈佛大学建校以来第一位非哈佛毕业的校长，也是哈佛建校373年来28位校长中第一位女性校长。59岁上任的福斯特充分意识到了她出任哈佛校长的意义。在哈佛大学举行的新闻发布会上，福斯特说："我希望对我的任命能成为一个机会均等的象征，这是上一代人难以想象的事情。"她还强调称："我不是哈佛女校长，我是哈佛校长。"

（资料来源：王蕾蕾，李桂燕．女性学[M]. 北京：科学出版社，2013：98.）

分析讨论：

1. "我不是哈佛女校长，我是哈佛校长"这句话向我们传达了什么意义？
2. 当前职业领域是否还存在机会不均等的现象？

材料二：

笔者在西部农村女童访谈调查中发现，与男童相比，女童的受教育机会更可能因为家里需要劳力、需要照顾弟弟妹妹、应该结婚、家庭贫困、生病等原因而被剥夺，一旦成绩差些，就更逃脱不了这样的命运！访谈调查中，女童的故事各不相同，但从中都能透露出性别、农村、少数民族、贫困等因素以及这些多重弱势因素的结合所带给她们的影响，其中性别弱势的主线非常鲜明。不少女童从八九岁甚至更小开始，就要照顾弟弟妹妹、帮助妈妈或姐姐做饭、自己走山路放羊放牛或去砍柴。访谈中的一名17岁女孩还在读初一，是家里的长女，两个妹妹分别为14岁和10岁，最小的弟弟1岁，但她的父母还想再要一个男孩，她也支持父母，因为男孩将来可以照顾父母。当我们问她，如果家里将来只能供一个孩子上学，她会怎么选择，她说愿意放弃读书保证弟弟上学，因为她会嫁到别人家，而弟弟会支撑起这个家，支持弟弟理所应当。

［资料来源：和建花．弱势的叠加与突破——从营养与受教育状况看西部农村女童的生存和发展[J]. 山西师大学报（社会科学版），2017（6）.］

分析讨论：

1. 如何看待女童受教育机会少？

2. 为什么材料中的女童愿意把读书的机会让给弟弟？

延伸阅读 / 参考书目：

[1] 金一虹 . 独立女性：性别与社会 [M]. 北京：中国社会劳动保障出版社，2008.

[2] 李银河 . 女性主义 [M]. 济南：山东人民出版社，2005.

[3] 佟新 . 社会性别研究导论：两性不平等的社会机制分析 [M]. 北京：北京大学出版社，2005.

其他资源 / 视频材料或网络资源链接：

1. 女孩受教育重要性，米歇尔 · 奥巴马演讲

https://haokan.baidu.com/v?vid=6643639852977764443&pd=bjh&fr=bjhauthor&type=video

2. 风雨哈佛路，美国励志电影

http://www.ikanmv.com/v/25850-2-1.html

第四章　女性与就业研究

第一节　就业对女性发展的意义

就业指的是能够生产某种产品或从事某种服务的有报酬和收入的劳动，[①] 人类参与社会发展，其主要形式就是通过以劳动为主要内容的就业而进入一定职业完成的。女性就业，就是女性进入劳动力市场谋得职业、获得劳动报酬。对女性而言，就业具有特别重要的意义，女性就业是女性实现经济独立的重要途径和方式，也是女性获得男女平等权利、实现自身发展的前提和基础。

据国际劳工组织 (ILO) 发布的数据，2018 年中国女性以 60.9% 的劳动参与率居世界第一位，而国际平均水平为 48.5%。《财富》杂志发布的《2018 年全球最具影响力商界女性排行榜》中，中国女性占 14 席，占 28%，排名最高的位居全球第四名。胡润研究院发布的《2018 胡润全球白手起家女富豪榜》显示，榜单前 10 位中有 5 位来自中国，其中前 4 名均为中国女性。中国女企业家的世界排名大幅上升，不仅表明中国经济地位的崛起，也表明中国女性在职业领域经济领域的快速成长，标志着中国女性经济社会地位的全面提升。[②]

作为人类社会发展与进步的基本力量之一的女性，其社会地位和经济地位以及个人发展道路经历了漫长而曲折艰辛的发展过程后，才取得当今时代的辉煌成绩。21 世纪的今天，在女性成为社会上越来越重要的角色的背景下，每个女性如何审视女性自身，理性认知历史和自我，从人的全面发展的视野对女性就业、职业发展等问题进行深刻思考，对女性自身、对社会全面健康发展都具有重要意义。

---

① 祝平燕，周天枢，宋岩．女性学导论 [M]. 武汉：武汉大学出版社，2007：234.

② 张再生，裴桐．改革开放 40 年的女性发展与女性发展研究：回顾与展望 [J]. 理论与现代化，2018(6)：12.

本章内容基于对历史积淀和社会现状等方面的综合分析，在历史的长河和社会现实等背景下关照女性主体，以女性就业话题展开，从女性自我认知、社会性别分工、性别隔离、性别歧视等方面，对女性就业现状进行剖析，在厘清几个问题的基础上，帮助女大学生树立正确的性别观、价值观，从人的全面发展角度认知自我和进行选择，构建职场、家庭和社会中的理想女性形象，同时就国内外女性就业保障也做一些介绍，使女性对相关政策法规有一定认识。

一、女性自我认知

（一）我是谁？

每一个人都以某种性别存在于这个社会。生理性别与生俱来，它在某种意义上与种族、辈分或阶层一样，决定了人们的社会存在方式，决定了人们以何种角色“行走”于社会，性别对于每一个人来说，有着丰富的意义。

从生理学上，男女差异在胎儿长到 7 个星期开始出现，这一分化过程由遗传带来的性染色体的差别决定。正常人类的个体具有 23 对 46 条染色体，其中有 22 对 44 条是常染色体，与性无关，最后一对即第 23 对与性有关，称为性染色体，它们决定人类性的区分、性器官的发育和第二性征的产生。

除了男女两性在生理结构和生理机能方面的差异，人类作为社会的动物，社会文化对男女性别角色塑造起了重要作用。性别角色是以性别为标准进行划分的一种社会角色，包括男人角色和女人角色。它是指属于特定性别的个体在一定的社会群体中占有的适当位置及其被该社会和群体规定了的行为模式。在人类历史长河中，处于世界不同区域的每个社会、每个族群对性别角色的认知带有自身社会文化的烙印。

在《圣经 · 创世纪》里，有上帝用从男人身上取出的肋骨造了女人的说法，无独有偶，《古兰经》也有“男人掌管女人，因为真主把他们中的一个造得比另一个更好，因为男人用财产供养女人，所以好女人是驯服的”。（《古兰经》：第 4 章，7 世纪）叔本华表示，对女人必须使用暴力征服，他说：“要去找女人吗，不要忘记带上鞭子。”古今中外都有“男人是天，女人是地；男人是日，女人是月”男女两性互补之说。希腊神话中，万物经农业女神墨特尔精心照看，谷物生长，大地繁荣，但种子却掌握在男性主神宙斯手中。所有男女互补的学说，仍然以男性为正统，男性为主体，以女性为非主体。在中国的阴阳学说中，也强调“阳为贵”“阴卑不得自专，就阳而成之”，所谓“妇者，服也，伏于人也”，这些都是建立在阳尊阴卑、阳主阴从的基础上的。英语中 man 代表“人”，人的历史只是“他”的故事，即 history，男性掌握了世界的权柄，成为社会发展的主体，而女性则成为“第二性”。以上这些有关男性女性的说法，基本都是基于特定背景下各自社会的文化叙事，留下了隔离世界上各区域、各时代历史的、文化的女性认知烙印。

随着时代不断向前，人类文明的进步促使人类对女性认知的变化和女性自身的觉醒。当人类社会走进 17 ~ 18 世纪，在轰轰烈烈的启蒙运动弘扬“人权”的思想大搏杀中，女性作为“人”的价值首次得到洗礼。启蒙大师狄德罗说“女人和男人一样属于共同的人类”，启蒙运动发现了女性。[①] 在西方女权运动的感召下，蓬勃发展的中国女性解放运动同样使隐匿的中国女性浮出了历史地表。19 世纪末，资产阶级维新派的进步男子最早发出了“解放妇女”的呐喊，“废缠足，兴女学”运动践行着女性身心解放的主张，后经过辛亥革命时期的女子参政运动，五四运动时期对女性独立人格的追求，经过抗日战争、解放战争血与火的洗礼，在波澜起伏的民族民主革命裹挟下的中国女性解放运动，特别是 1949 年后新中国女性解放取得更大成就，毛主席的“妇女能顶半边天”“时代不同了，男女都一样”等使女性地位发生天翻地覆的变化。

尽管如此，对于女性的认识，社会上还是存在着各种各样的误区，生活中既有“三七是中药，三九是西药，三八是迷魂药”的调侃，也有“不论年龄高矮胖瘦美丑，愿你独立平等骄傲自由”；《常回家看看》里的歌词“常回家看看 / 回家看看 / 生活的烦恼跟妈妈说说 / 工作的事情跟爸爸谈谈”，对男性女性家庭角色的分配有着丰富的潜台词。到底哪个是真正的女性自身？我是谁？女性对于自身的认识需要在历史发展的进程中结合生理的、社会文化的背景去认知和确认。

我是女性，和男性一样是人类繁衍生殖的生物实体，是精神、人格、心理活动的独立社会实体，是一个独立的社会人。

（二）我从哪里来？

孟悦、戴锦华在有关中国女性文学的著作《浮出历史地表》绪论中这样描述从几千年历史长河初期登上文坛的中国女性文学：“……两千多年始终蜷伏于历史地心的缄默女性在这一瞬间（19、20 世纪之交）

① 阂冬潮．国际妇女运动（1789—1989）[M]．郑州：河南人民出版社，1991：6.

被喷出、挤出历史地表，第一次踏上了我们历史那黄色而浑浊的地平线……”[①] “历史地表”这个书名，也可以算是比较精准的对中国女性在历史发展长河中的地位状态进行的描述。

追溯女性地位的历史演变轨迹，最早可以到原始社会。人类社会在原始社会经历了母系氏族－父系氏族的变化，从夫从妻居、子从母姓、财产是母系继承制，到第一次人类社会大分工，促进母系氏族向父系氏族的过渡。男女两性在生产中的作用、地位发生逆转，妇女地位失落。本质上说，父系氏族社会中男女关系仍属平等。但是，后来演变为女人逐渐缺席，沉潜于深深的社会地表之下。以中国为例，之后的几千年封建社会，中国女性身心备受摧残，没有独立人格和地位，婚姻不自主，经济上无收入，社会上无地位，政治上无权利。鲁迅《祝福》中的祥林嫂式的命运写照完全是来自几千年积淀对女性精神命运戕害的现实写照……在民间有关女性的叙述中，多地流传的“望夫石”类的传说则是社会文化对女性塑造的另一种叙事。经历过维新变法、辛亥革命、五四运动等，女性的身份地位逐渐有了明显的变化，但是因为社会成见和积习造成的文化氛围使女性自我认知与社会认知还是呈现为极为复杂的情况，认识自我，从历史的、社会的辩证角度去观照女性，要充分认识“我从哪里来”的历史语境。

（三）我要到哪里去？

马克思、恩格斯认为，参加社会生产劳动是女性解放的一个先决条件。参加社会生产劳动使女性经济上独立，不再依附于男性，为女性解放开辟了可能性道路；参加社会生产劳动使女性建立了与外部世界的广泛联系，她们在社会交往中按照美的规律重塑和完善自我[②]。参加社会生产劳动使女性体验到自身的本质力量，是唤醒和发展女性主体意识进而提高女性改造世界能力的根本途径。[③]

女性有关自身存在终极意义的认识，首先要确立一个观念，就是每一个女性首先是一个人，一个社会的人。在这个主体认知的指导下去讨论女性到哪里去的话题。和其他所有人一样，多数女性的未来社会空间一是职场，通过劳动和就业实现作为一个人的终极价值；二是家庭（形式可以多元），从社会繁衍意义上讲，和男性一样走进家庭，尽到人类繁衍的社会责任，也是人生各种角色（母亲、奶奶等）的终极体验。好好工作、发挥

① 孟悦，戴锦华．浮出历史地表 [M]. 北京：中国人民大学出版社，2004：绪论．

② 杨凤．当代中国女性发展研究 [M]. 北京：人民出版社，2007：12.

③ “有中国特色社会主义妇女基本理论”课题组．改革开放以来妇女解放基本理论观点综述 [M]. 妇女研究论丛，2002(5)：54−61.

自己的最大潜能，完成对人类社会的贡献，找一个相爱的人，尽享美好爱情，为人妻为人母，从社会发展层面上，这也是社会责任的承担。

如何不受或少受成见影响，正确认识自身、塑造自己、发展自己、实现自我，就成为每个女性必须认真思考和做出选择的课题。

二、就业对促进女性发展的意义

作为女性，进入劳动力市场谋得职业、获得劳动报酬，是女性赖以生存和发展的基础，是女性参与社会生活的基本方式，是女性的一项基本权利。女性就业既关系到女性自身素质和经济地位的提高，又涉及男女社会地位、权利平等的问题，进而影响到社会的稳定和发展，是女性经济权利和社会地位的重要体现。就业可以促进女性自我全面发展和人类社会进步，对社会和女性自身都具有重要意义。

（一）就业是女性解放和获得独立的先决条件

因为历史的社会文化的原因，无论东方还是西方，女性活动的空间以后台的家庭为主，其劳动的属性也更多是以家务劳动体现。家务劳动一直处于私人领域，要使女性摆脱繁重的家务劳动，解决方法就是将家务劳动逐渐引向公共领域，使每个家庭所需要的服务由社会提供，女性才能有足够的时间和精力谋求个人发展。人类社会进入近现代社会，随着社会进步、人们观念的更新和女性自身的觉醒，女性走出家庭进入社会成为可能。社会就业是女性走出家庭、进入社会劳动的主要途径，女性劳动领域从家庭私人领域走向社会领域，她们通过社会劳动和就业获取劳动报酬，实现自我解放和经济独立，也实现其人生价值，这是女性劳动价值和社会价值的体现。

工作带来收入，经济独立使女性自尊自信，工作成就也让女性获得自我价值的评价，女性的解放与发展，借助就业的社会舞台得以实现。经济基础成为女性获取社会地位的保障，通过就业和经济独立，不同职业、文化层次的女性在不同的岗位上实现自身价值，使女性自强自立并增强其社会归属感。就业女性经济力量和精神力量变得强大，性别解放和两性平等也就有了实现的条件和基础。

（二）就业是女性参与社会经济发展的基本途径

占人类人口一半的女性的发展状况直接关系着人类社会的文明、进步和发展。自古以来女性与男性共同创造了人类文明，女性是人类文明缔造和延续的载体,在现代社会,就业是女性参与社会经济发展的重要形式和途径。女性广泛参与社会经济各方面的发展,推动社会整体文明程度的不断提高。女性在参与整个社会创造物质财富和精神财富的过程中,社会地位提高、两性关系协调发展,社会经济发展、文明进步,有女性积极参与的人类社会进步与发展才能体现全人类智慧的结晶。

女性以特有的细腻、热情、追求完美等特质,在参与经济发展过程中,创造出更多的价值,形成女性自身的人力资本增值和经济发展的良性循环。女性通过就业深度参与社会经济发展,在社会经济发展中发挥越来越重要的作用,真正发挥半边天的作用。同时,女性充分参与经济社会生活,视野开阔,有经济基础,也更有能力给下一代提供较好的教育和生活条件,不断提高人口素质,促进整个社会的可持续高质量发展。

(三)就业是女性获得个人全面发展的途径

女性的存在首先是作为人的存在,女性的发展也是作为人的发展。女性通过就业充分参与社会经济生活,在社会这个大舞台上女性充分施展自己的潜能,实现女性作为人的全面发展。女性与男性共同组成人类社会,在一定意义上,女性的生存环境与发展状况直接反映着社会进步的程度,没有女性的全面发展,也就不可能有人的全面发展和社会的全面进步。女性的全面发展是人的全面发展在女性身上的映照,是人的全面发展的重要内容。

美国社会心理学家马斯洛把人的需要划分为五个层次,按由低到高的次序为:生理需要、安全需要、社会需要、尊重需要、自我实现需要。人只有满足了低层次的需要,才会去追求高层次的需要。劳动就业除了帮助妇女获得经济独立外,还可以满足女性其他的需要,如人际交流的需要、被尊重的需要、稳定的需要、成就感的需要等。由于工作有一整套相对完善的升迁和加薪的机制,因此女性可以获得直观的成就,从而产生成就感和满足感。就业是女性独立自主、实现人生价值的主要条件,越来越多的女性把就业作为实现自身价值的重要途径。

就业使女性经济上自食其力,她们的家庭地位、社会地位都逐渐发生变化。她们在工作中与社会互动并提高自己的素质,培养了参与社会的竞争能力,强化了独立自主的人格意识,社会地位不断得到提高。由此,女性就业是参与社会生活的基本方式;是女性获得经济、社会资源与地位,保持人格独立和尊严的重要条件。

三、"干得好"与"嫁得好"

20世纪90年代中期开始出现的"干得好不如嫁得好"的命题与讨论，缘起于转型时期市场经济逐步推进、大量女性因企业改制而"下岗"和"转岗"的社会话题。

吴小英（2009）认为"干得好"和"嫁得好"都属于市场经济语境下新兴的话语，但二者又分别与国家话语和传统话语相契合。"干得好"强调基于个体主义原则的市场竞争能力，与改革开放后重视个人素质的国家话语相一致；而"嫁得好"则强调基于性别差异的身体消费，将传统话语中的性别角色定位极端化。[①] 她进一步提出，以"干得好不如嫁得好"为代表的市场话语因此具有多面性和复杂性，不能简单地等同于传统观念的回归，而是市场化时代女性建构积极的性别身份认同的一种策略。女性通过这一话语将自己在性别身份认同中处于第二性的负面符号意义提升为在身体消费市场上具有优势地位的正面符号意义，因此有着潜在的解放意义。[②]

2014年12月至2015年5月，全国妇联"男女平等价值观研究与相关理论探索"课题组先后在广东、湖北、上海三省（市）开展调研，在每个省（市）内选取一个城镇调查点和一个农村调查点，在每个调查点选取至少4位女性居民和4位男性居民，通过焦点小组的方式收集资料。广东的焦点小组规模较大，共有37人参与。湖北和上海的每个焦点小组规模都控制在4人，共有48人参与。三省（市）总计有69位城乡居民参与了焦点小组，其中男性33人，女性36人。除了广东农村的两个焦点小组为男女两性混合之外，其他焦点小组都是单一性别小组。在焦点小组成员的选择上，尽量做到年龄分布、职业地位和家庭经济状况的多样性。吴利娟（2017）[③] 通过对12个焦点小组座谈录音整理逐字稿的文本分析研究，对干得好与嫁得好的研究观点如下。

受访者对这个问题的阐述基本可以归纳为两种思路。一种是在"嫁得好"与"干得好"之间做选择，包括"干得好不如嫁得好"及其反向关系——"嫁得好不如干得好"——在访谈中都有人提到。另一种思路则认为"嫁得好"与"干得好"并不对立，二者可以并行不悖，访谈中提到的

① 吴小英．市场化背景下性别话语的转型 [J]．中国社会科学，2009：163-176.
② 吴小英．女性的生存状况和社会心态 [M]．北京：中国社会科学出版社，2010.
③ 吴利娟．多元表述中的社会性别规范生产 [J]．中华女子学院学报，2017(2)：69-76.

此类说法包括“干得好才能嫁得好”“干得好也要嫁得好”以及“嫁得好也要干得好”。在与“嫁得好”并置比较的逻辑中,“干得好”对女性的意义也得以显现。

访谈中,不少受访者表示“嫁得好”与“干得好”并不矛盾,提出了“干得好才能嫁得好”“干得好也要嫁得好”以及“嫁得好也要干得好”三种新的说法。在前面两种表述中,参照坐标仍然是地位获得和情感满足,而第三个说法则在一定程度上突破了这个双重维度,女性的自我价值成为论述时的新参照点。提出“干得好才能嫁得好”的受访者认为,“其实两件事情都很重要。你什么都不干,那怎么能嫁得好呢?女性本身就具备了干得好的充分能力,之后才可以嫁得好。你没有具备干得好的能力不可能嫁得好”。有的受访者认为婚姻美满、家庭幸福对女性来说非常重要,不然人生就有缺憾,因此“干得好”的同时也要“嫁得好”才行。“(女人)最起码要有家庭温暖,在外面才有动力去干活。”在“干得好也要嫁得好”的表述中,“干得好”或者是指一份让女性可以提高择偶条件的好工作,或者是指在外干活赚钱,都是工具性的意义。而“嫁得好”强调所具有的地位获得和情感满足的双重价值,在地位获得上让“干得好”更锦上添花,在情感满足上更是弥补“干得好”的不足,给予女性家庭的温暖和归属。而认为“嫁得好也要干得好”的受访者更多是从女性实现自我价值的角度来看待这个问题,如有年长的受访者说:“我自己认为女同志应该出去干活,真的,你要彻底地达到男女平等,在这方面女同志一定要自爱自尊,你一定要出去干活去。在外面证明我不一定比别人差,我离开你照样生活。你嫁得好,你离开这个男的,你能生活吗?你什么都不是。”在“嫁得好也要干得好”的表述中,“干得好”的含义从“证明自己”到“取得个人能力所及的成功”再到“有自己的一番事业”,论述的重心已经不再停留于社会经济地位的获取,而转移到个人自尊、个人成就和自我实现。因此,“干得好”本身也具有意义,而不仅仅是获取较高社会经济地位的工具。

研究发现,目前人们赋予“嫁得好”的意义确实变得更加多元,除了通过婚姻实现女性社会经济地位的提升这一含义之外,女性从婚姻中获得情感满足也成为“嫁得好”不可或缺的条件。而当人们将“嫁得好”与“干得好”并置的时候,在“干得好不如嫁得好”这一既有的说法之外出现了新的组合,包括同样将“嫁得好”与“干得好”视为对立关系的“嫁得好不如干得好”,还包括试图将二者统一起来的“干得好才能嫁得好”“干得好也要嫁得好”以及“嫁得好也要干得好”。无疑,对“嫁得好”与“干得好”之间关系的阐述也呈现出多元的特征。值得注意的是,在关于“嫁得好”与“干得好”的话语实践中,“嫁得好也要干得好”这种将女性自我实现的场所定位于家庭之外的表述，蕴藏着颠覆上述二元对立的社会性别规范的可能。①

第二节　性别分工与女性就业

一、性别分工

在工作领域和日常生活中，一项活动需要多人完成就会产生分工，有人擅长力气，有人精于技术，有人有耐心，有人做事麻利。常见的家庭分工，父母孩子都会根据自己的具体情况和家庭需要承担不同的家务劳动。现实中，很多分工和性别的关系很大。性别分工，指社会依据男女的不同性别而形成某些活动上的专门化，或操作不同的职能。②

在人类社会起初的生产领域中，基于性别的分工非常普遍。根据人类学研究提供的证据，在早期的采集和狩猎社会，男女之间就开始存在明显的性别分工。男人一般从事狩猎、设陷阱捕兽、捕鱼等活动，妇女则以哺育照料孩子、采集食物、捕猎小动物等活动为主。美国的社会学家古德指出："性别分工的总规则是非常明显的，在所有的社会中，有一系列任务是分配给女子的，而另外一系列任务是分配给男子的，此外还有一些两性都有份的。两性在社会化过程中，很早就知道上述任务是什么。"③

对以性别进行的劳动分工有多种理论解释。生物特性决定论主要从人的生物学特性去解释性别分工。基于在生命再生产过程中男性女性不同的角色作用，人类社会普遍存在男性以家庭外工作为主、女性以家务工作为主的劳动性别分工。因为女性担负了孕育、分娩、哺乳等，因此其分工主要是孩子的养育和家务；而男性负责家庭供养、保卫和其他市场活动。另外，还能从男性女性体格、心理（和孩子关系）和个性（男性更富于竞争性等）去解释。投资收益比较决定论代表人物是经济学家加里・贝克尔。他认为现代家庭会根据男女两性不同的比较优势进行劳动分工，以获取较高的效率。通常，男子在市场部门更有优势，因而他们把主要投

① 吴利娟．多元表述中的社会性别规范生产 [J]. 中华女子学院学报，2017(2)：69–76.

② 金一虹，钱焕琦．独立女性：性别与社会 [M]. 北京：中国劳动社会保障出版社，2008：67.

③ W. 古德．家庭 [M]. 北京：社会科学文献出版社，1986：103.

资用于提高市场效率。而女性在照料孩子和操持家务方面有着比男性更加有利的条件,所以她们在家庭部门的效益高于她们投身市场部门的效益,她们也更愿意在这方面做专门的人力资本的投资,把大部分的时间和精力用于这些活动上。性别角色决定论强调文化对分工的重要规范作用。这种理论解释男女性别分工差别,主要原因在于不同文化对性别角色规范的影响。一定的文化规定了相应的性别角色内容,而男女从出生起就一直受到这种性别角色规范的熏陶,于是逐步形成了男女不同的行为方式和劳动技能,并由此决定了家庭中男女不同的劳动分工类型。例如,费孝通先生指出:"分工所根据的差别有时是和所分的工作有关的,有时可以没有多大关系……两性分工只是社会利用了两性差别所安排出来的分工体系,并不完全是因男女生理和心理上的差别引起他们所能做的工作的不同。"①

两性劳动分工产生和变迁的原因极其错综复杂。很多研究都表明,劳动性别分工不纯粹是基于生物学上的差异,更多的是经济制度和文化规范使然。应该看到,随着经济的发展和技术进步,劳动的智力化程度越来越高,两性之间在生理上的差别对劳动的影响变得越来越不重要。就以以往最能表现男子体力优势的战争来说,现代战争更大程度上体现作战双方的高科技水平。因此,有越来越多的女性军人在军队中表现出自己的才干。至于在经营管理、网络电信、媒体生产等高新技术领域,女性更是得心应手。所以,在科技、生产力发达的前提下,完全有可能在一种先进的性别制度环境中,构建起更合理的劳动分工关系。

二、职业中的性别隔离

职业的性别隔离一词最早由爱德华·格罗斯在 1968 年的一篇论文中提出,意指在劳动力市场中劳动者因性别不同而被分配、集中到不同的职业类别,担任不同性质的工作。人类社会性别分工的一直延续必然造成很多职业和领域的性别隔离。职业性别隔离指的是某一性别的人口在某一职业上的高度密集形成与另一些人口职业的隔离状态,也就是指劳动力市场中存在"女性职业"和"男性职业"的现象。② 联合国在 1993 年的一份题为《世界妇女状况》的报告中指出:"在世界各地,工作场所是按性别分开的。"一些行业(职业)以男性为主,一些行业(职业)以女性为主。

① 费孝通.乡土中国 生育制度[M].北京:北京大学出版社,1998:121.

② Edward Gross. Plus Ca Change...? The Sexual Structure of Occupations over Time[J]. *Social Problems*, 1968(16): 198–208.

例如，矿山、冶炼、地质勘探、建筑、运输是高度男性化的行业，而纺织、服装、电子、服务业等是女性聚集的行业。以职业来说，政府官员、老板、银行家、电脑工程师、保安通常是被视为“男性职业”，而秘书、护士、幼儿园教师、家政服务等则被看作“女性职业”。①

职业性别隔离有横向隔离和纵向隔离之分。横向隔离指行业的隔离，男女从事不同的行业。一般说来，某些行业人们会认定是以男性为主，或者是男性擅长的职业，如建筑师、装修工、程序员、警察等，而护士、家政人员、空中乘务员、幼儿园教师等则被认为是一个女性为主的行业。②纵向隔离指的是职业的隔离，同一行业内女性居于某些固定职位或者相对较低的职位，而男性居于较高的职位，或者女性在行业中处于较为初级的阶段，而男性处于更高的阶段。③职业隔离调查的结果均表明，男人多从事职位较重要、技术性和收入较高的工作，而女性的工作大多是职位较低、服务性和收入较低的工作。职业性别隔离并非平行线的隔离，而是有等级的隔离。如果将就业结构比作金字塔的话，女性就业范围虽有所扩大，但仍旧处于金字塔的底层。

造成性别隔离的原因很多。从历史分工看，传统的妇女角色是单纯的家庭角色，女性所承担的责任和所履行的义务都围绕着家庭，无须走上社会担当社会角色，社会和家庭对女性的期望就是“贤妻良母”。在现代社会，女性因妇女解放而走出家庭参与社会活动，扮演着社会和家庭的双重角色，但已婚职业女性在精力、时间、情感、体力等方面处于不堪重负的境地，一定程度上影响到职业女性的工作成效。在社会成见认知方面，虽然女性承担生活的重压和人类自身生产的责任，然而“红颜祸水”“女子无才便是德”“头发长见识短”等社会偏见、成见积习难改，成为整个社会的集体无意识，这些观念影响着女性的招工、招生、毕业分配、住房分配等各个方面。生理差异导致的人类早期劳动分工一直影响着两性在就业中的地位，男性就业岗位一般都是更有主动性、竞争性和支配性的，女性就业岗位则多为被动性和依赖性的，女性因其生理机能必然经历的经期、孕期、产期、哺乳期、更年期等特殊时期也影响到其社会职业。受教育程度也成为制约女性就业地位的因素，因为各种积习成见导致女性受教育的机会受到影响，这也导致了因为没有良好的文化教育背景而制约了其就

① 金一虹，钱焕琦．独立女性：性别与社会 [M]. 北京：中国劳动社会保障出版社，2008：74.

② 沈奕斐．被建构的女性——当代社会性别理论 [M]. 上海：上海人民出版社，2005：236.

③ 祝平燕，周天枢，宋岩．女性学导论 [M]. 武汉：武汉大学出版社，2007：251.

业的岗位和质量。

三、职业中的性别歧视

什么是性别歧视？国际劳工组织曾经将性别歧视定义为：指以生理或社会性别为标准（或者其他社会标准，如民族、肤色、宗教或政治观点），采取区别对待、排斥或给予优待的做法，从而使两性无法获得平等的机会和待遇。性别歧视不仅表现在女性生命周期的各个阶段，也表现在就业、人力资源开发、社会参与等各个领域。

劳动力往往会因为一些非个人经济特征受到区别对待，在就业选择、晋升发展、工资待遇等方面限制了劳动力群体的生存与发展。其中因性别这一非个人经济特征造成的就业歧视是非常普遍的，也一直是女性在劳动力市场中最容易遭遇的问题。从实际情况来看，女性劳动力在就业过程中遭遇的歧视现象主要包括三个方面，即就业机会歧视、就业隔离歧视和工作待遇歧视。

（一）就业机会歧视

与男性相比，由于先天生理、传统文化等因素使女性劳动力在寻找工作的过程中会面临不平等的就业机会，就业不仅存在量上的差异，而且还存在质上的差异，这使得男性在同等条件下更加易于获得工作机会，而女性则要花费更多的时间与精力才能找到工作。

（二）就业隔离歧视

就业隔离歧视主要分为行业间隔离与职业间隔离。一方面是行业间隔离，这在劳动力市场就业性别歧视中是普遍存在的现象。由于性别角色定位等因素，女性就业人口会集中在技能要求低、工资薪金较低、社会声望低的行业或者部门中，女性与男性劳动力在行业中呈现失衡的状态；另一方面是职业间隔离，职业间的性别歧视比行业间的性别歧视还要广泛存在，高技术要求、集约化经营的行业领域会限制女性的发展，对于女性与男性给予不同的工作岗位，使女性员工集中在“金字塔”底层的工作岗位中[①]。

① 张然然．中国劳动力市场就业性别歧视问题研究 [D]. 辽宁大学，2017.

（三）工作待遇歧视

对于不同的劳动者来说，当其劳动生产率基本相同时，如果所获得的经济收入存在较大的差距，一般就会认为对收入低的一方存在待遇歧视。而待遇歧视最重要的表现是工资歧视。国家统计局针对城镇住户的调查数据显示，虽然如今高度市场化的劳动力市场吸引了大量的高学历女性，但是这些女性与男性的工资差距并没有减少。不论是从她们进入劳动力市场的时期，还是在职场发展中的积累来看，女性与男性的工资差距都在逐步扩大。[①]

《2016 年中国性别薪酬差异报告》显示，中国男女薪酬差距中 56% 是由地区、行业、学历以及工作经验等因素造成的，而其余 44% 的薪资差距是由性别差异或者歧视造成的。智联招聘 2017 年的调查报告显示，在获得晋升的时间成本上，女性需要投入更多时间，同时还会遭遇到来自上级或同级间更多的怀疑，从而拉长考核的周期，降低了获得晋升机会的概率。同样是据智联招聘关于女性职场现状的分析报告显示，在生育的最佳年龄段 25 到 35 岁之间，她们在职位晋升过程中遭受到的性别歧视是最为严重的，这一比例已经达到了 56%，一半以上的已婚无子女的女性遭受到了严重的性别歧视。

第三节　女性就业与职场成长

女性就业关乎其自身发展，还关系到整个劳动力结构的构建，关系到社会的发展。

一、性别观念对女性就业选择的影响

人的行为既受外在因素的影响，也受内在态度的支配。历史文化的传承、社会环境的改变以及教育水平的提高，对中国女性的性别观念都会产生影响，它也进一步影响女性的就业选择。

女性在对就业与职业、家庭与生活等方面进行选择时，一般会综合考虑其人力资本、年龄、家庭结构及职业期望。性别观念较为传统的女性更

① 张然然．中国劳动力市场就业性别歧视问题研究 [D]. 辽宁大学，2017.

重视家庭的成功，这势必影响女性的就业选择。社会学的研究表明，态度决定人的行为趋向。生活在社会中的人，态度的形成不是先天的，而是受后天环境、生活经历以及接触人群的影响，所以女性在做出就业选择时会受自我的性别角色定位以及成就动机的影响。

两性在社会化的过程中，受家庭、学校、周围群体的影响，形成了不同的职业期望。此外，劳动力市场上存在的歧视、职业隔离以及工资收入差距也会影响女性的就业选择。社会发展过程中构建的"伟大的母爱"的观念也强化了女性在家务劳动以及家庭照料方面的责任，进而产生女性在家庭和就业选择上的角色冲突。

根据中国综合社会调查有关数据分析性别角色观念对女性就业选择的影响，研究显示：受传统性别角色观念影响的女性，就业参与率呈下降趋势，性别观念传统女性更倾向于选择退出劳动力市场。性别角色观念通过对女性的成就动机、家庭关爱以及工作－家庭冲突感知来影响其就业选择。性别角色观念传统的女性更重视家庭成功，女性源于对家人的关爱选择陪伴子女成长而减少就业参与，此外观念传统的女性认为工作会影响家庭生活，进而减少就业参与率。随着经济发展、技术进步以及受教育水平的提高，女性的性别角色观念在逐渐向现代化转变，但传统的性别角色观念仍根深蒂固地影响着女性的就业选择。随着老龄化社会的到来及三孩政策的实施，提高女性就业和劳动力供给将具有理论和现实意义。

鉴于此，赵婷、岳圆圆（2019）等提出建议。第一，增加政府公办幼儿园的比例，建立完备的幼师管理体系，让更多优秀的教师加入幼师行业，增加幼儿的受教机会，缓解女性工作家庭冲突，让更多女性参与到就业中来。第二，通过技能培训等手段提高待业女性的人力资本禀赋，让其更好地参与就业。同时，对灵活就业及非正规就业给予政策支持及制度保障，让女性有更多的就业选择。第三，为减少女性的工作家庭冲突，鼓励男性多参与家庭责任分工，为女性参与就业提供更多支持，让女性走出家庭参与社会生产，降低其经济边缘化及社会依附化的比率，缓解老龄化社会劳动力短缺的压力，促进两性平等的真正实现。①

二、处理好职业与家务劳动的关系

因为社会文化观念的积淀，"男主外、女主内"的性别角色观念成为

① 赵婷，岳圆圆，范景明．性别角色观念对女性就业选择的影响[J]．劳动经济评论，2019，12(2)：78−93.

一种集体无意识的根深蒂固的观念潜藏在人们的意识深处，不只是男性，包括女性自身也常常受这些观念影响，所以职业化并没有自然而然改变以女性为主承担家务劳动的格局。这意味着职业妇女既要争取自己的职场空间，还要独自面对家务劳动。家务劳动的平等分担不是一个自然而然的过程。美国的一项研究表明，妇女走出家门参加全日制工作后，家务劳动的时间减少了（因为她有更多的支付能力购买服务，如花钱请人看孩子），但是妻子 1 周的工作时间仍然比丈夫多 8 个小时，妻子是否外出工作对丈夫是否参加家务劳动影响甚微。

如何解决女性职业发展和家庭角色之间的矛盾冲突，使女性做到事业和家庭角色均衡发展，是一个值得好好探讨的话题。女性自身和全社会需要改变“女人应该以家庭为生活重心”“家务活是女人的事”等观念。另外，还要配合国家的制度政策性倡导。比如，采取一切适当和特别措施改变男子和妇女在社会上和家庭中的传统任务，消除对妇女的歧视，实现男女充分的平等；鼓励男性与女性分担父母责任和家务、男女共同享有育儿假。中国颁布出台的《中国妇女发展纲要（2011—2020 年）》，制订的总目标是：将社会性别意识纳入法律体系和公共政策，促进妇女全面发展，促进两性和谐发展，促进妇女与经济社会同步发展。保障妇女平等享有基本医疗卫生服务，生命质量和健康水平明显提高；平等享有受教育的权利和机会，受教育程度持续提高；平等获得经济资源和参与经济发展，经济地位明显提升；平等参与国家和社会事务管理，参政水平不断提高；平等享有社会保障，社会福利水平显著提高；平等参与环境决策和管理，发展环境更为优化；保障妇女权益的法律体系更加完善，妇女的合法权益得到切实保护。这个总目标充分保障了女性在自我发展中的权利，也促进了男女职场和家庭的平等，对女性事业家庭的平衡提供了很好的社会保障和氛围。在瑞典，为人父母的男女都享有育儿假。事实上，越来越多的男性也逐渐改变了不做家务的习惯，因为他们逐渐从厨房家务中体会到生活的乐趣和情致，从照料孩子过程中体会到目睹孩子成长的快乐，很享受承担这份责任的参与感和满足感，家务劳动一定程度上舒缓平衡了工作的紧张，也给他们带来意想不到的快乐。

三、理性认知自身，塑造职场理想形象

只要是工作者，无论何种职业，无论职位高低，多数女性无法逃避职业与家庭的双重负担，无法回避社会角色与家庭角色的双重角色冲突。如何处理好这两个角色的关系，如何理性认知“女性”这个背负了很多历

史文化观念负担的自身角色，塑造女性理想职场形象，这是每个职业女性必须面对的。

首先，以人的全面发展观念引领，女性发展的理念和终极目标是自身的全面发展，女性的发展既不是向男性的归同，也不是与男性的对抗和消解，而是以马克思主义的人的全面自由发展理论来引领女性发展：做女人，做全面发展的人。对于中国女性来说，其经济、政治、文化地位已经得到了空前的提高，但在实现性别平等、女性全面自由发展所需要的社会经济条件成熟以前，还存在提升女性发展的大量空间。女性要在充分认识女性发展滞后于男性发展的基础上，积极寻求自身发展的对策，走出发展的困境。

其次，强化女性主体意识，提升女性自我发展能力。有了社会赋权女性的环境基础，女性本身也要增强主体意识。女性发展更重要的是女性自身素质的提高与完善，即女性心理意识深层结构的变革和女性价值世界中的自我意识的强化，要想在社会激烈竞争中立于不败之地，在日新月异的现代社会获得自身的发展，每一名女性都应该培养和增强主体意识，克服所有强加在自己身上的社会历史文化的积习成见观念，克服自卑、自弱和依附的消极心理，通过多渠道、多形式地学习科学文化知识和实用技术，不断丰富和积累生存竞争中所必须具备的多种技能，真正达到自尊、自爱、自信和自立。努力做到自主地决定和自由地选择适合自己的生活方式，在广泛的社会参与和实践活动中，以独立的个体和独特的生命价值、不同于男性的内涵和魅力走向社会、走向世界，做一名新时代的智慧女性。

此外，女性发展还需要社会的另一半——男性做出积极的回应，男性的理解、支持与合作是创造良好的女性发展的社会环境和女性主体意识增强的基础，也有利于两性的和谐发展。只有男性和女性一道颠覆“从来如此”的积习成见，才能达到女性全面解放。因此，男性要确认和接受女性的主体地位，正确判断和衡量女性的社会价值，这也是男性进一步发展的阶梯，更是促进女性发展的有力保障。

总之，只有全社会的女性和男性都行动起来，女性作为社会人的全面发展、女性的社会职场发展才能得到根本解决，女性也才能真正自由、充分而全面地发展自己。也只有这样，当代女性才能最大限度地发挥出自己的生命光辉，并与男性一起缔造一个完美的和谐社会。

第四节　女性就业政策和措施

就业保障有广义和狭义之分。狭义的就业保障主要是指国家为了鼓励和支持劳动者就业，或者为了解决失业问题而提供的政策和措施；广义的就业保障指在解决就业问题上的手段和目标的统一，即就业保障是鼓励和支持劳动者就业的政策和措施，亦是通过就业保障措施所期望达到的社会就业的理想境界。广义的就业保障关注就业率，还关注就业质量改善，因为就业是公民个人获取社会资源的重要渠道，就业质量关乎个人尊严、权利以及社会地位，因此就业质量保障更能体现社会的公正程度。广义上讲，女性就业保障即鼓励和支持女性劳动者就业的政策和措施，也包括保护妇女就业相关的其他权益的制度保护，使妇女工作更加体面和有尊严，通过实现自我价值提高妇女的社会地位[①]。

一、国际上以及各国女性就业社会保障制度

1944 年，《费城宣言》第 2 条 (a) 款指出："不分种族、信仰或性别，全体人类都有权在自由和尊严、经济稳定和机会平等的条件下追求物质福利和精神发展。" 1945 年，包括中国在内的 50 个国家的 288 名代表一致通过了《联合国宪章》(简称《宪章》)，《宪章》申明联合国的宗旨之一是"促进和鼓励尊重所有人的人权和基本自由，不分种族、性别、语言或宗教"。《世界人权宣言》第 22 条规定，作为社会成员，人人有权享受社会保障和实现自由发展个人尊严和人格所必需的各种经济、社会及文化权利；第 23 条规定，人人都有工作以及选择工作的权利，有权享受公正和适当的工作条件，并有权享受免于失业的保障。[②]《经济、社会及文化权利国际公约》第 7 条规定，缔约国应保证同工同酬，不受任何歧视，特别要保证妇女享受不差于男子所享受的工作条件，并享受同工同酬；所有人在行业中都享有同等的晋升机会，晋升仅需要考量个人资格和能力，不受其他因素的限制。英国 1970 年颁布的《平等工资法》和 1975 年颁布的《性别歧视法》等有关就业性别歧视的法律，建立了较为完善的立法体系和法律体系。美国立法包括 1963 年的《同酬法》、1964 年与 1991 年

① 周怡帆 . 社会性别视角下河南省女性就业保障研究 [D]. 广西民族大学，2015.

② 庞铁力 . 劳动权及其救济制度研究 [D]. 吉林大学，2012.

的《民权法案》、1967 年的《(反)就业年龄歧视法》及修正案、1978 年的《(反)怀孕歧视法》、1990 年的《身心障碍美国人法》、1991 年的《玻璃天花板法》等,全面禁止性别歧视,确立同工同酬,体现了美国在推动男女两性就业平等制度方面的努力。2016 年 4 月,日本正式实施《女性活跃法》,以扩大女性就业机会,减少劳动力不足的现象。该法规定拥有 300 名以上职员的企业要制定并公布包括录取女性的比例、管理层中女性的比例等项目。

1985 年联合国第三次世界妇女大会上最早提出了"社会性别主流化"(gender mainstreaming) 概念,1997 年联合国经济及社会理事会通过了对社会性别主流化的一致定义:"把性别问题纳入主流是一个过程,它对任何领域各个层面上的任何一个计划行动,包括立法、政策或项目计划对女性与男性产生的影响进行分析。"它是一个战略,把女性和男性的关注、经历作为在政治、经济和社会领域中设计、执行、跟踪、评估政策和项目计划不可分割的一部分来考虑,以使女性和男性能平等受益,不平等不再延续下去。它的最终目的是达到社会性别平等。香港地区为了推进社会性别主流化,成立了妇女事务委员会,是促进和保障女性权益的专门机构。该机构成立于 2001 年 1 月,专门就妇女事务的宏观策略提出建议,并制定长远目标和策略,确保妇女可尽展所长。委员会就妇女关注的政策和措施向政府提供意见,并发挥"促进妇女权益,启发新思维和催化改变",以及动员社区资源等策略性功能。目前委员会的工作策略包括提供有利的环境、通过能力提升增强妇女能力和推行公众教育三方面。2001 年日本修改《育儿休业法》,规定企业内职工如果有一岁以下的孩子需要照顾,职工可以申请休假,企业对此必须同意,申请休假的职工也包括男性职工。生育是女性的权利,抚养儿童是整个家庭的责任,因此在西方国家,男性的责任也被纳入生育保险制度中,在平衡女性工作与家庭中注入男性的权利和义务。北欧国家的女性和男性都有生育假期,方便母亲和父亲共同更好地照顾婴儿、照料家庭,而且这个假期是法律规定的,因此具有强制性,母亲和父亲必须履行该责任。尤其是芬兰的"父育假"充分体现了男性与女性对家庭以及子女的养育有着同等的责任,男性生育假期一定程度上对女性平等就业也起到了积极作用。

西方国家对女性权益的保障依然离不开健全的立法。英国在 1970 年前就出台了针对平等就业、平等工资待遇的专门法,英国政府 2007 年颁布的《性别平等责任实施细则》更加细化了性别平等的量化标准和实施准则,在保护性别平等方面被认为是 20 世纪 70 年代《性别歧视法》颁布以来取得的最大的进步。西方国家对保护妇女权益的立法以及在生育保障、养老保障、促进性别平等方面做出的努力，已形成相对完整的体系，值得中国借鉴。

二、中国女性劳动就业保障政策

中国政府一贯重视妇女的发展。1995 年中国承办的第四次世界妇女大会，对中国妇女发展起到了重要的推动作用，具有里程碑的意义。在这次会议上，中国政府庄严承诺，把男女平等作为促进社会发展的一项基本国策。中国是第四次世界妇女大会后承诺社会性别主流化的 49 个国家之一。1995 年中国政府制定的《妇女发展纲要（1995—2000 年）》，是中华人民共和国成立后首次在国家层面的专门针对妇女的发展计划，是推进中国妇女发展的纲领性文件。其把妇女发展的目标、任务纳入了经济社会发展的总体规划。2000 年中国政府制定第二份纲要《妇女发展纲要（2000—2010 年）》，为 21 世纪中国女性发展勾画了新的蓝图。世界妇女大会以来，中国党和政府真诚恪守向国际社会做出的承诺，把男女平等作为促进中国社会发展的一项基本国策，并采取了一系列有力措施，从完善法律政策、健全组织机构、强化运作机制等方面入手，促进男女平等和妇女发展，取得了显著的效果。

中国目前施行的《宪法》《劳动法》《妇女权益保障法》《女职工劳动保护规定》等，都具体规定了女性的劳动权益。国家和政府以一种积极的态度，关注女性的劳动权益，使女性劳动权益的保障制度化。除了一般劳动权的保护，主要体现在特殊劳动权的保护。

在女性劳动权益中，平等就业权是前提和基础。《宪法》第四十二条规定：中华人民共和国公民有劳动的权利和义务。《妇女权益保障法》第二十二条规定：各单位在录用职工时，除不适合妇女的工种或者岗位外，不得以性别为由拒绝录用妇女或者提高对妇女的录用标准。各单位在录用女职工时，应当依法与其签订劳动（聘用）合同或者服务协议，劳动（聘用）合同或者服务协议中不得规定限制女职工结婚、生育的内容。而且，在《劳动法》《妇女权益保障法》《女职工劳动保护规定》中，都明确规定了：任何单位不得以结婚、怀孕、产假、哺乳等为由，辞退女职工或者单方面解除劳动合同。

中国政府在劳动立法中，注重保护女性的身体健康和心理健康，从女性身体结构和生理机能出发，禁止安排女职工从事矿山、井下工作，以及禁止从事国家规定的劳动强度巨大的工作和其他禁止从事的劳动。应合理安排女性的工种和岗位，确保女性的身心健康，保护女性的合法劳动权益。

对于男女同工同酬，即同等的劳动应该领取同等的报酬，而且在工资的规定、升级和调整中，女性和男性应该同等对待，不能因为女性处于孕期、产期、哺乳期而降低基本工资等方面，这在《劳动法》《妇女权益保障法》《女职工劳动保护规定》中有明确规定。《劳动法》第三十六条规定：国家实行劳动者每日工作时间不超过八小时，平均每周工作时间不超过四十四小时的工时制度。第四十六条规定：工资分配应当遵循按劳分配原则，实行同工同酬。这就从制度层面约束了用人单位的行为，保护女性的合法权益。

针对女性特殊的生理机能，在各项法律文件中，都明确规定女职工在经期、孕期、产期、哺乳期要给予特殊保护，并且要求在女职工较多的单位，应该建立保障机制，配备保护措施，如设立孕妇休息室、女职工浴室、哺乳室，以此确保女职工在经期、孕期、产期、哺乳期的身心健康。

就业是民生之本，女性作为社会公民通过就业得到资源和财产的分配，既标志着社会平等也有利于女性自身的独立，就业使女性从依赖家庭、依赖男性中解放出来，使她们参与到社会经济生活中，她们在获得经济独立的同时获得自我解放和人格独立，通过参与社会经济生活，职场中的女性实现自身价值、自我完善和发展，获得一个人之为人的全面发展。虽然因为历史的、社会的成见和积习，就业中的性别歧视、性别隔离都是客观存在的，但是从国际到国内社会各方对女性就业权保障的政策也发生着与时俱进的巨大变化。未来，女性就业与个人发展得以顺利进行不仅需要女性个人主体意识的觉醒和不懈的坚持与努力奋斗，也需要国家政策的强力保障推进，需要一个充分考虑到性别差异和女性合法利益的社会环境，为女性提供一个制度化的保障。就业性别歧视针对的不是某一个女性，而是针对整个女性群体，只有每一位遭受歧视的女性勇敢发声，捍卫自己的正当就业权，就业性别歧视这个问题才能引起广泛关注，得到根本解决。

本章小结：

本章从女性如何认知自我开始，阐述了女性就业与自我发展的意义，旨在对女大学生树立正确的自我认知观念和正确的就业观有所启发；在此基础上对因为社会文化、历史等原因造成的性别分工、性别隔离和性别歧视进行了介绍，以便学生理性认知社会成见与影响。进一步，对职业女性平衡家庭与职业、塑造女性职场理想形象进行了探讨，最后还介绍了国际国内有关女性就业的政策和社会保障制度。

材料分析：

材料一：

电视剧《我的前半生》改编自亦舒的同名小说，讲述了主人公罗子君被丈夫陈俊生抛弃后重返职场、收获事业与爱情的故事。该剧通过尝试突破电视媒介表征中"家庭妇女"的刻板印象，来挣脱传统性别秩序多将妇女定格于"家庭空间"的束缚，并以自立自强的奋斗女性为镜像，试图在家庭与职场的空间切换中，探讨女性家庭、职业与自我发展女性主体意识等问题。

剧中罗子君的女性自我意识发展与职场叙事主题紧密缠绕。起初，她重返职场源于被丈夫抛弃，并非对职业需求的某种主体自觉。被迫离婚的罗子君开始自食其力。在此，职业的渴望和对自身发展的认识均被悬置。……在贺涵"金科玉律"的教导下，罗子君的职场道路畅通无阻。她拥有了对自身职业发展渐次强烈的主体意识，还有对感情的思考。在前夫欲言又止的试探中，重获选择权的罗子君明确地告诉前夫自己爱贺涵，并未用重归旧好、破镜重圆的思维规训自己。

内心独白不仅有助于刻画性格，还能呈现反思与自省，罗子君的独白贯穿全剧，将她的自我意识发展表达得淋漓尽致。罗子君从家庭到职场的回归和在职场中的历练打拼，不仅昭示着她心中依靠丈夫和婚姻的信念摇摇欲坠，还反映出她思想的不断成长。她开始意识到拥有一份属于自己的事业的重要性，并不断将这种意识转变为实际行动，努力勤奋工作，将事业置于生活的一个重要位置。

电视剧《我的前半生》突破家庭伦理剧常以家庭空间为轴心的主流叙事模式，转向妇女自我奋斗的文化表达，凸显女性事业在婚恋中的重要性，并在一定程度上影响受众的婚恋观。当女性完全依赖丈夫和婚姻的观念遭到质疑时，职场空间与家庭空间、职业女性身份与家庭主妇身份就开始变得难以割裂。然而，撕开幻象，可以看到在罗子君自立自强形象的外在包装下，潜藏的仍是"玛丽苏"的逻辑内核。那么，面对人生无常和依附他人的不可靠性，女性出路到底何在？作为一种文化产品，电视剧《我的前半生》的意义当然远不止吸引收视率，它更能激发思考，开启受众对女性生存处境和存在意义的思考空间。

（资料来源：《探讨与争鸣》杂志，2018 年第 8 期，42–44.）

服务员、营业员，我从来没想到我会成为他们其中的一员，仿佛我生下来就是陈太太，其实我是得意之后，忘了自己来时的路，我决定工作的这天往后，我见证了自己，可以低到尘土里的卑微，见证了人生的可塑性。

——电视剧《我的前半生》罗子君内心独白

子君，我问你，你觉得生活的意义是什么？我说的不是家里边干净，孩子成绩优秀，你光鲜亮丽，我事业有成，不是这个。你活着，你想要做什么呢？

——电视剧《我的前半生》陈俊生台词

分析讨论：

1. 电视剧《我的前半生》给女性什么启迪？

2. 对于子君的遭遇和成长，你的观点是什么？

3. 谈谈你对全职太太角色的理解。

材料二：

"又不是只有男生能干的活，凭什么不招女生？"这个问题，曾让成千上万的求职女青年投诉无门，只能"望 offer 兴叹"。

近日，华南师范大学的大四女生温语轩（化名）却收获了截然不同的结果。用人单位向她公开道歉、赔偿，让她感到"扬眉吐气"。学者评价，这是全国首例成功获赔的同类案件，"对于纠正招聘中存在的性别歧视现象，具有积极意义"。

与众不同的是，她没有告到法院。她究竟是如何成功维权的？

2012 年 10 月，温语轩在"智联招聘"上发现了"广州宝勒商贸有限公司销售职位"的招聘广告。她正兴奋地发现职务对口，却看到招聘广告中赫然写着"只招男性"。

"但销售人员，并不是只能男性担任的工种。我在大学时也有兼职销售的工作经历，专业也适合，我觉得自己完全可以胜任这份工作。"温语轩还是投递了自己的简历。

等了几天，企业的回复始终没有来。于是她拨通了该公司人事部的电话，虽然一再向对方解释，对方仍然没有更多的理由，只是一句："本公司的销售职位只招男生。"

"这样的遭遇不光是我，我身边的很多同学都经历过。为什么只因为我是女生，就要被拒绝？"温语轩的问题，没有得到用人单位的解答。

她们的遭遇并不是个别案例。此前不久，广州、北京、南京等 8 个城市的女大学生，向各地人社局、工商局集中举报了 267 家在"智联招聘"中发布"招聘仅限男性"这类性别歧视招聘信息的企业。同时，她们集体向北京市朝阳区人社局重点举报职业中介机构"智联招聘"长期大量发布歧视性招聘信息。

“2012年以前，很少有受害女性愿意站出来起诉涉嫌性别歧视的用人单位。”长期从事公益维权的黄溢智律师对中国青年报记者说：“受害群体的沉默，很难制约就业性别歧视。”中山大学性别教育论坛负责人柯倩婷教授认为，是“维权成本高，多数被歧视女性收入微薄”限制了她们参与维权。“打一场官司，需要耗费许多时间、精力、金钱。到最后不仅很难胜诉，找工作、正常生活都被耽误了。”

……

温语轩最终做了一个决定。“这是关系到我们切身利益的事，可是大多数人都选择沉默，情况就不会变。我必须站出来维权。”但她马上面临一个巨大障碍。她找到了广东律师庞琨，但律师坦率地告诉她：“我们也代理过这类案件，想通过司法途径解决，但法院都没有立案。法院基本不支持对用人单位在招聘时的性别歧视判决赔偿损失。”原因是，虽然我国多部法律均明文规定“妇女享有与男子平等的就业权利”。《妇女权益保障法（修正）》第23条、《劳动法》第13条都明文规定，在录用职工时，除国家规定的不适合妇女的工种或者岗位外，用人单位不得以性别为由，拒绝录用妇女或者提高对妇女的录用标准。但现实是，就业性别歧视引发的纠纷“很难通过司法途径解决”。“各地女性起诉用人单位歧视的案件即使能够成功立案，却总是最终落得败诉。”柯倩婷说。

在柯倩婷看来，就业性别歧视“司法维权难”的根本原因在于现有法律规定过于宽泛，对司法实践的指导不够。“缺乏实施细则，没有可操作性。”她举了一个具体实例。当法官问女大学生：“‘不招女生’究竟给你造成了多少身体伤害、实际物质损失？”女大学生往往答不上来，因为她从一开始就失去了“机会”。“司法实践里，多是以被歧视者损失的程度作为是否立案及判决的标准，但损失程度究竟为何，很难量化。”她说，这是司法实践中的难点。

但温语轩越过了艰难的“走司法程序”，找到了一条新路径。

2012年11月6日，温语轩来到广州市越秀区人力资源和社会保障局，向他们投诉了企业的性别歧视行为。接到投诉后，广州市越秀区人力资源和社会保障局劳动监察大队展开了调查。了解事实后，劳监队介入了投诉案件。

“这次我们改向行政机构投诉，一来是考虑到这一问题在司法实践上仍是空白，通过行政手段或许可以更好地解决；二是就业中的性别歧视在中国较为普遍，法官却很少对相关案件立案、判决。我认为需要对他们进行倡导，借助行政力量就是一个好办法。”庞琨告诉中国青年报记者。

经过71天的“拉锯战”,2013年1月15日,在越秀区人力资源和社会保障局劳动监察大队的调解下,广州宝勒商贸有限公司和温语轩达成了最终协议。

处理结果是:“广州宝勒商贸有限公司就招聘过程中存在性别歧视问题,在其公司首页和智联招聘网上向温语轩刊登道歉信。支付温语轩在投诉过程中所花费用共600元,并赔偿精神损失费1元。”

对于有关赔偿额问题,黄溢智告诉记者,“目前的现实是,相关机构对涉嫌性别歧视的用人单位处罚力度过低。罚款多的话两三万,少的话两三千。对于用人单位几乎没有威慑力”。他介绍,原人事部和国家工商总局的《人才市场管理规定》中明确,对就业歧视可以进行处罚,但在各地的《人才市场管理细则》中就没有制定处罚的标准。“具体落实上,还需要各地各部门出台相关政策性文件。”在他看来,行政机构的作用不应仅限于“仲裁与协调”,还可以增加对涉嫌歧视的用人单位的处罚力度,以“提高威慑力”。

温语轩的成功,被视为“个人的一小步,就业歧视维权的一大步”。

黄溢智认为,这证明了一条新路径的可行性。“在司法实践不成熟的情况下,可以通过劳动部门监管就业歧视。”实际上,《再就业促进法》中有相关规定,劳动就业部门对就业歧视问题负有监管职责。“但目前相关细则不够明确,各地也未运用。长期以来,行政部门对就业歧视的监督,很大程度上成为空白地带。”他举例,2012年也有北京的女大学生向劳动部门投诉,举报就业性别歧视的招聘广告。但是工作人员最后回复说是“工作疏忽”,仅采取了“删除招聘广告”的解决方式。而这次,广东给了被歧视女生“一个合理的答复”。他认为,各地行政部门对此类事件态度不一,最主要还是法律规定的实施细则仍不完善。“怎么处理、处罚标准都未明确,行政机构执行起来,也就有了差异。现阶段,我们也不能说处理不合法。”

黄溢智认为,行政机关作为的意义不仅在于这601元钱,还能激励更多当事人“站出来”,“保护自己的权益”。“目前站出来维权的人还不多,有人归咎于受害女生不够勇敢之类的。但我认为,是因为缺乏有力的制度来引领她们站出来。不能再是‘我投诉了,你不管’,或者‘你表面上管了,但没有赔偿’。”黄溢智还呼吁,行政机关需要建立、完善就业歧视的投诉制度,鼓励当事人遇到歧视多举报。

在采访中,学者专家均坦承,要改变我国用人单位“男性优先”的惯性思维,还有很长的一段路要走。

柯倩婷说:“企业在招聘过程中,往往受传统的性别分工观念影响,狭隘地认为一些工作只适合男性。他们对人才市场的认识滞后，未能突破‘男性优先’的选才思维，这也限制了他们的人才选用。”她指出，自上而下的途径，是通过细化法律法规。自下而上的途径，就是“通过民间公益组织的倡导，让更多的受害女性树立维权意识，并帮助她们利用法律武器维权”。“维权案例的增加，反过来亦会推进司法实践的进步。现有法律法规的缺陷，只能在司法实践面前完全暴露出来。否则，细化相关法律法规，遥遥无期。”

（资料来源：庄庆鸿，张铁婷．性别歧视案首次成功获赔 [N]. 中国青年报 2013-1-31，第 3 版 http：//zqb.cyol.com/html/2013-01/31/nw.D110000 zgqnb_20130131_2-03.htm）

分析讨论：

1. 阅读此案例，如果你是案例中的当事人，谈谈你的处理方式。

2. 延伸查阅相关国家文件，面对招聘或升职中的性别歧视，你将如何维权？

延伸阅读 / 参考书目：

[1] 祝平燕，周天枢，宋岩．女性学导论 [M]. 武汉：武汉大学出版社，2007.

[2] 骆晓戈等．女性学（第三版）[M] 长沙：湖南大学出版社，2013.

[3] 金一虹，钱焕琦．独立女性：性别与社会 [M]. 北京：中国社会劳动保障出版社，2008.

[4] 杨凤．当代中国女性发展研究 [M]. 北京：人民出版社，2007.

[5] 丁红卫．经济发展与女性就业 [M]. 北京：中国市场出版社，2000.

[6] 陈婷婷．女性婚育、就业与健康的社会性别研究 [M]. 广州：中山大学出版社，2020.

其他资源 / 视频材料或网络资源链接：

1. 女职工就业遇性别歧视如何维权？好看视频，远业说法

https://haokan.baidu.com/v?vid=5958457539949951530&pd=bjh&fr=bjhauthor&type=video

2. 两会天天评 0304：二孩时代如何破解女性就业歧视，中国网

http://www.le.com/ptv/vplay/28075921.html?ch=baidu_s

第五章　女性与婚姻家庭研究

第一节　家庭与家庭功能

家庭是每个人生活的第一环境和终身环境，对人的重要意义不言而喻。由于家庭与性别相关、与女性相关，从性别角度看待婚姻家庭关系，于女性发展有着极其重要的意义。什么是家庭，家庭是怎样产生和演变的？家庭的功能是什么？本节将介绍相关概念。

一、家庭的概念

家庭是指建立在婚姻、血缘或养育关系基础之上，由共同居住与生活的人群所构成的系统。从社会学角度看，家庭是社会的基本单元；从心理学角度来看，家庭给我们提供了亲密关系和亲密感的环境。在此系统中，成员之间通过交往和互动形成共有的文化与规则，创造安全与亲密的氛围，并互相提供情感与物质上的支持和帮助。奥地利心理学家西格蒙德·弗洛伊德认为，家庭是"肉体生活同社会机体生活之间的联系环节"[①]。

依据家庭结构的不同，社会学家将家庭模式分为核心家庭和扩展家庭两类。

（一）核心家庭

核心家庭是指由夫妻及其未婚子女组成的家庭。在实际的社会生活中，核心家庭还包括两种不完整的形式，即配偶家庭（未育或空巢家庭）和单亲家庭（由离异或配偶死亡所致单身父亲或母亲养育未成年子女的

① 李彩娜，赵然．家庭治疗 [M]. 北京：中国轻工业出版社，2014：4.

家庭)。未育家庭中还包含时下越来越流行的一种趋势——丁克家庭;空巢家庭则指子女离家后只剩老两口的家庭。

(二)扩展家庭

与核心家庭相对应,扩展家庭则指由两对或两对以上的夫妇及其未婚子女组成的家庭,并且这些家庭成员之间都有亲属关系。扩展家庭又包括主干家庭和联合家庭两类。

(1)主干家庭是指两对或两对以上均异(跨)代夫妇与未婚子女所组成的家庭。我们常说的三代同堂、四代同堂就属此类。常住家庭成员由夫妻及其未婚子女(或未婚兄弟姐妹)与夫妻任何一方的父母组成。

(2)联合家庭则是指两对或两对以上的同代夫妇及其未婚子女组成的家庭,如夫妻同丈夫的哥嫂及其未婚子女一起居住。

二、家庭的功能

家庭的功能或职能是指家庭在人类生活和社会发展中所发挥的作用,即家庭在社会中扮演的角色,包括自然功能和社会功能两个方面[①]。

(一)家庭的自然功能

家庭的自然功能是指家庭基于人类的自然属性所产生的功能,表现为家庭的生理学和生物学方面的特征。这既是家庭建立和产生的自然基础,也是人类自身得以延续的必备条件,主要包含性爱功能和生育功能。

1. 性爱功能

婚姻家庭的性爱功能是以男女两性的性爱需求为基础的,两性关系则成了维系婚姻家庭不可缺少的润滑剂。所以,男女之间的性别差异是婚姻家庭得以产生的生理学基础,如果家庭没有了此项功能,也就失去了它存在的基础。

2. 生育功能

生育功能即人口再生产的功能,指婚姻家庭在人类繁衍和发展过程中所起的作用。生育是两性结合的必然产物,是人作为自然界生物的本性体现。由于人的生育繁衍是通过家庭来实现的,所以生育功能就构成家庭的一个基本功能,这也是婚姻家庭自然属性的表现。

① 李彩娜,赵然.家庭治疗[M].北京:中国轻工业出版社,2014:6.

人类生育功能的体现不仅仅是将孩子生下来，还包括对孩子的养育。人类生育的婴孩都必须经过长期的养育才能独立生活。不管是生理还是心理方面的需要，其都离不开对家庭的依赖。

（二）家庭的社会功能

家庭的社会功能是指家庭基于其社会属性所产生的功能。婚姻家庭的社会功能主要包括经济功能、教育功能、抚养（保障）功能和情感功能等。

1. 经济功能

家庭的经济功能由两部分构成：家庭的生产功能和消费功能。家庭的生产功能表现为家庭具有在一定条件下组织生产、经营的功能；家庭的消费功能则表现为家庭在任何条件下所具有的得以维持生存所必需的消费功能。在我国，家庭的经济功能主要表现为消费功能，而且一直占据主导地位。

2. 教育功能

家庭是孩子的第一个社会化场所，家庭对孩子的教育影响是任何教育组织都不可替代的。人的个性、行为、态度、价值观等与其最初接受的家庭教育是分不开的，父母是子女最先接触并与之有密切交往的群体，其言行是子女最有可能的模仿对象和榜样，故有“孩子是父母的一面镜子”之说。

3. 抚养（保障）功能

抚养功能是指在家庭中，无经济能力的家庭成员依靠有经济能力的家庭成员的抚养从而正常维持生活的功能。养老育幼、扶助缺乏劳动能力又无生活来源的家庭成员是我国家庭的传统功能，尤其强调孝敬老人是重要的伦理标准，这就更赋予了家庭对家庭成员利益的保障功能。

4. 情感功能

家庭的情感与心理功能，即家庭可以给个体带来心理上和精神上的满足和慰藉，并提供个体需要的社会支持。“港湾”“避难所”或“心灵的驿站”等形容词也充分表达了家庭所具备的情感功能。当工作上遇到不顺、学业上遇到困难或当朋友背叛自己的时候，家人总会给自己最温暖的怀抱，弥补心灵的创伤。

家庭的诸多功能随着社会的变迁已发生了转移、弱化或退化，但人们对家庭情感功能的需求始终有增无减。

第二节　家庭生命周期与女性生命历程

一、家庭生命周期

家庭生命周期 (family life cycle) 是指核心家庭经历产生、发展、衰老和消亡过程的时间。具体来说，指的是从核心家庭的产生到结束，即从夫妻组织家庭开始到夫妻双方死亡为止的时间。一般把家庭生命周期划分为形成、扩展、稳定、收缩、空巢与解体六个阶段，标志是每一阶段的起始与结束的人口事件（表 5–1）。

表 5–1　家庭生命周期[①]

家庭生命阶段	转变阶段的情感过程	主要发展任务
离开家：单身青年人	为自己承担情感和经济上的责任	自我与原生家庭的分化
		建立亲密的同伴关系
		建立自我在工作和经济方面的独立性
通过婚姻组成家庭：新婚夫妻	对新系统的投入	形成新的家庭系统：夫妻亚系统
		重新调整与扩展家庭及朋友之间的关系，使配偶参与其中
		为怀孕和成为父母做准备
第一个孩子出生：成为父母	接纳新成员进入系统	调整夫妻系统，为孩子留出空间
		共同承担孩子抚养、赚钱和做家务的责任
		重新调整与扩展家庭的关系，纳入父母和祖父母的角色
家有青春期孩子	增加家庭界限的灵活性，包容孩子的独立性，应对祖父母所出现的问题	调整亲子关系，允许青少年在家庭系统中自由进出
		重新关注到中年期的婚姻与事业问题
		开始照顾老人

① 李彩娜，赵然．家庭治疗 [M]. 北京：中国轻工业出版社，2014：14.

续表

家庭生命阶段	转变阶段的情感过程	主要发展任务
孩子长大成人，离家独立生活	接纳家庭系统中的分离与新成员加入	再次协调夫妻亚系统
		与已经长大的孩子建立成人之间的关系
		重新调整人际关系以吸纳子女的配偶及姻亲以及孙子女
		应对自己的能力衰退以及父母（祖父母）的生活能力丧失甚至死亡
生命后期的家庭生活	接受代际角色的改变	面临心理功能的衰退，仍能维持自己和/或配偶的社会功能和兴趣：探索新的家庭或者社会角色
		培养并支持中间一代人中的核心角色
		为系统中年长者展现智慧和经验提供空间，支持他们，但不包办代替
		应对配偶、兄弟姐妹和其他同伴的丧失，为自己生命的结束做好准备；对自己的一生进行回顾与整合

家庭生活是一个线性的过程,它会沿着时间的方向不断地向前推进。每个家庭经历生命的不同阶段时都会面临不同性质的任务和挑战,每个家庭成员则需要改变自身从而适应阶段间的转换。生命周期就像一个校准的时钟,到点时家庭的内在功能和发展任务就要做出相应的调整,否则就容易出现问题。很多著名的家庭治疗师都认为家庭生命周期的概念为家庭治疗师提供了一个重要的背景和框架,治疗师必须结合家庭正在经历的生命阶段及相应阶段的发展任务去分析家庭问题的成因。

此外,家庭生命周期这一观点还为我们提供了一个更积极的视角去看待家庭,治疗师需要更多地关注家庭在阶段转换过程中的弹性和变化,相信家庭能够运用自身拥有的潜在力量和资源去应对这种改变,而不仅仅是将焦点放在家庭成员所表现出的症状或障碍上。

二、女性生命历程中的家庭角色

家庭生命周期与个体生命周期,彼此关联却又不尽相同。个体生命周期是指个体生命从受孕开始必然经历一些共同的阶段：胎儿期、婴儿期、幼儿期、儿童期、青春期、成年早期、成年中期、成年晚期、老年期和死亡。从出生到死亡，个体要扮演多种社会角色[①]。

按照女性生命周期变化，从家庭生活的角度而言，她要经历女儿、妻子、母亲等角色变迁；而从劳动生活的角度来说，她要经历学生、职业女性、退休老人等角色变迁。在此，仅就家庭角色进行探讨。

（一）女儿角色

女儿作为一个社会角色，是相对于父母而言的。社会对这一角色的期望与要求，一般是以父母的满意度为参照。在不同的历史时期，受不同的女性观与家庭观的影响，女儿角色的内涵也是不同的。

中国古代社会要求女儿绝对服从家长，女儿在一定程度上是父母的"财产"。家长对子女有人身支配权，家长可以把子女作为私有财产任意赠送或卖给别人。女儿的婚姻大事也完全由父母做主，所谓"父母之命，媒妁之言"。在经济上，家里全部财产都由家长管理、支配，女儿不得拥有私产和擅自开支财物。总之，传统家庭要求女子对父母绝对顺从，不能有自己的意志、感情、思想、财物等，长大后又在强制下进入婚姻，女儿角色是一个没有独立人格的社会角色。

现代社会，随着传统家长制的废除，女儿在法律上成为与父母和兄弟平等的个体。但受传统男尊女卑观念的影响，一些家庭（尤其是农村家庭）中仍然存在兄弟与姐妹之间不平等的现象，认为儿子才可为家族承继香火，女儿则是"将要泼出去的水"，因此剥夺她们的继承权、受教育权等权利。在中国，这种情况随着中国独生子女政策的实行，才得到一定程度的改变。

由于人们观念的更新和独生子女家庭的增多，女儿角色社会化不再以婚姻与人际定向为目的，而是全方位地培养，与儿子一样成为一个将来能够自立与自主的人。

（二）妻子角色

妻子角色是相对于丈夫来说的。当今社会对这一角色的期望与要求，并不完全是以丈夫的满意度为参照，而是以平等、融洽、互爱的夫妻关系为指针。

在中国传统社会，夫妻关系是一种主从关系，夫妻关系的准则是男尊女卑、夫为妻纲，社会对妻子角色所确立的规范以"三从四德"为核心，要求妻子服从丈夫，同时还要勤劳能干。经"父母之命，媒妁之言"而定下

① 骆晓戈．女性学 [M]. 长沙：湖南大学出版社，2013：14-18.

的婚姻，妻子也要托付终身，所谓“嫁鸡随鸡，嫁狗随狗”。

现代社会中，妻子角色已得到较大程度的改造与重塑，主从型夫妻关系逐渐让位于平等型夫妻关系。由于生育观、家庭观等思想观念的变化，婚姻中出现轻生育、重情感的倾向，强调以互爱为基础，注重婚姻质量成为人们婚姻生活追求的目标。基于平等婚姻关系的妻子角色在现代社会具有以下特点。

（1）妻子与丈夫是平等的伙伴，共同分担家庭劳动和管理家庭，在家庭事务中有平等的话语权。

（2）妻子不再局限于家庭或私人领域，而是与丈夫一样参加社会劳动，有自己的事业和经济来源，在经济上有一定的独立性。

（3）妻子角色作为生育工具、家庭保姆等功能大大减弱，而作为性爱与情感对象的功能大大增强，夫妻是以爱为纽带而结合在一起的生活伴侣。

（三）母亲角色

当代社会，核心家庭占主导地位，这意味着绝大多数妇女在婚后要生儿育女，丁克族、同性恋等在中国毕竟只占极少数。母亲角色在家庭生活中占有非常重要的地位，人们对母亲都怀有一种特殊的爱戴之情。具体原因分析如下。

首先，母亲在子女照料与教育中扮演着比父亲更为重要的角色。由于女性的生理特性，母亲与子女有着天然的血肉联系，再加上传统的“男主外，女主内”等观念影响，使得母亲在教养子女方面比父亲发挥着更大的作用。

其次，母亲除了照料孩子外，还承担着大量其他家务劳动。在传统社会中家庭中的日常琐事几乎全部由妇女承担，而这些大部分又都落在了母亲的肩上。这种由妇女做家务劳动的传统，虽然在现代社会中随着妇女的进一步解放而受到人们的猛烈抨击，但对于许多男性来说，观念与行动之间仍存在着较大的差距。国内外的相关调研均表明，虽然不赞成“男主外、女主内”分工模式的人占有很大的比例，但现实生活中，妇女每周从事家庭杂务和照料孩子的时间要比男性多得多。现代社会在家务劳动方面，观念的变革并没有导致行动的变革。

最后，母亲在家庭成员的情感交流与情感归属中处于中心地位。现代社会中，家庭成为情感交流的中心。家庭情感交流功能越来越超越其经济、生育、抚养与赡养等方面的功能。现代家庭的情感满足功能得到加强，以母亲为中心的情感型家庭取代了过去那种以父亲为中心的权力型家庭。母亲成为家庭情感归属的中心。

这里所谈及的母亲角色的三种功能是从家庭生活的角度而言的,并没有涉及她作为职业女性的一面。现代社会,母亲角色的功能发生了较大的变化。变化的趋势主要有两个,一是母亲照料孩子和操持家务的角色淡化,二是扮演母亲角色的同时又扮演职业女性角色。技术的进步使得生育率大大降低,社会化服务机构又不断增多和完善,大大缩减了育龄期妇女照料小孩和操持家务的时间,使她们有时间和机会从事社会劳动。

尽管如此,对于大多数现代女性而言,一旦步入婚姻领域,不可避免地面临婚姻家庭角色与职场工作角色的冲突与压力,面临各种角色平衡的挑战。现代社会,对一个已婚职业女性来说,婚姻家庭角色与职场工作角色汇集于一身,容易造成角色紧张与冲突。因此,现代女性要想在家庭或工作中扮演一个成功的角色,必须处理好与其他角色的各种关系,才能够与家人一道营造出一个和谐美满的家庭。而各种关系中最难处理的是家庭角色与工作角色的关系。

第三节　两种性别分工模式:角色冲突与解决方案

按照女性生命周期变化,从家庭生活的角度而言,她要经历女儿、妻子、母亲等角色变迁;从劳动生活的角度来说,她要经历学生、职业女性、退休老人等角色变迁。这些角色之间是互相联系的,有时甚至相互重合。有时候,一个人要同时扮演几种角色,如中年妇女有可能是女儿、妻子、母亲三种角色集于一身,如果对一些事务处理不当,就会造成角色紧张与失调,并损害和谐的家庭关系。

在社会学领域,把人的社会功能分为工具性功能(如创造经济财富、挣钱养家等)和表意性功能(照料、情感维护和支持等)两类。在传统社会来看,两性在家庭领域的分工也有两类角色分配模式,女性更多是表意性功能角色,男性更多是工具性功能角色,男人养家糊口,女人生儿育女、相夫教子。现代社会,女性进入职场同样挣钱养家糊口,同时承担表意与工具双重角色,压力巨大;同时,她们对男性的角色要求也是双重的,现代家庭中的性别角色冲突多根源于此。

工作与家庭因承担人口再生产这一生理功能和传统“男主外,女主内”的性别角色定位,职业女性肩负家庭劳务与社会生产双重责任。家庭职责是多维度的,但子女生养无疑是制约女性工作与家庭平衡的最重要因素。职业女性奔波于家庭－工作中，处于无休止的“两班倒”状态。女性的劳动参与率提高了生育的机会成本，故社会劳动参与显著且稳定地降低了个体生育水平；反之，生育功能也使她们失去时间和精力优势，造成“性别式的市场分割”，对其社会劳动参与带来负面影响。

在解决现代职业女性角色冲突问题上，一些国家做出了实践探索和尝试。其中最具有代表性的是日本模式与瑞典模式。

一、日本制造的“航空母舰”与“工蜂”——理想性别分工的神话①

第二次世界大战后，日本的经济社会发展是建立在“男主外、女主内”的分工模式上的。女人是“航空母舰”；男人是战斗机，在“航空母舰”上起飞。男人组成战斗队，和别的民族竞争，女人则为他们做后勤大队——育儿、料理家务。日本妇女就业率并不低，然而其多采用阶段性就业的模式——女子从学校毕业后从事工作，到结婚生子，然后回家相夫教子，一部分妇女在孩子比较大的时候会再次出来工作，还有一部分就一直做全职太太了。

虽然第二次世界大战后，日本取得了经济起飞的奇迹，但是这是一个建立在牺牲妇女发展基础上的经济发展模式。而且由于日本把两性的性别角色推向了两极，男性女性都不能得到全面的发展。

支撑这样一个模式的基础，就是要把男性变成不停歇劳作的“工蜂”，变成“挣钱机器”。日本的工作文化就是要求男性疯狂加班，拼命挣钱。没有班可加的日子也不能下班就回家，要参加社交活动、男性俱乐部，那样才得到社会尊重。有一个夸张的说法，在日本，因为做父亲的终日“两头黑”，日久天长，孩子都快不认识自己的父亲了。男性很少享受家庭生活，中年过劳死现象也较多见。到了老年，男性在家庭中的经济优势渐渐丧失，而他们在日常生活中对女性的依赖依旧。由于男性一生只发展了自己作为挣钱工具的角色，而在情感方面，无论是体验、表达还是给予，都存在某些缺损。因此，老年男性生活的质量远不如老年女性。

对女性而言，由于一生职业有一个明显的中断，极大地限制压缩了日本女性的职业空间。一方面，日本女大学生大多从事一般的事务性工作，特别是再次就业时她很难从事专业工作，往往采取非全日制就业模式。很多资质优秀的女性，其职业潜能远没有得到发挥。另一方面，由于女性被限定在家庭中扮演照料他人的角色，而家庭生活对一些受过现代教育

① 金一虹．独立女性：性别与社会[M]．北京：中国劳动社会保障出版社，2008：87.

的女性又缺少吸引力，她们便选择不婚不嫁甚至不育，以致生育率下降和人口老龄化已成为日本20世纪90年代以来的一个严重的社会问题。

二、鼓励男性平等分担家务的瑞典模式

在欧洲一些国家，妇女提出这样的口号“分一半权力给妇女，分一半家务给男人”。实际上，在北欧的一些国家，政府通过一系列的政策鼓励男人和女人一样分担家务。瑞典就是一个典型。

瑞典政府通过一系列公共政策强化妇女在劳动力市场的参与。例如，发展托儿所、育婴假、子女生活费补贴等。在瑞典，父母工作和育儿的双重负担在有国家税收支持的日托所那里得到缓解。公共托儿所包括各种日托中心和有执照的家庭托儿所。后者由当地社团组织，受到社团和国家两级资助，日托幼儿的父母只要支付10%的费用，而且单亲家庭和多子女家庭享有日托的优先权。

最引人注目的是鼓励男女共同育儿的育儿假制度。瑞典有关政策规定，新生儿父母有360天的假期，并可以领取病假工资。男方和女方都可以申请育儿假。此外，新生儿的父亲还可以享受10天的“父亲假”。在孩子满12周岁前，如果孩子生病，父母还享有不超过60天的带薪事假。

尽管瑞典政府倡导男人和女人在家庭中分担照顾孩子和其他家务劳动，很多家庭仍然按照传统规范来安排家庭中的无偿劳动。实际生活中，父亲申请育儿假的还比较少。但是我们看到，这种倡导和努力无疑是积极的和有益的。

如前所述，人的社会功能分为工具性功能（创造经济财富、挣钱养家等）和表意性功能（照料、情感维护和支持等）两类。那么，从现有的社会来看，也可以有两类角色分配模式的选择：一类是日本式的，将两类功能角色分别绝对地分配给男女两性，把这种分工推向极端；另一类是努力使男女两性均在两个维度上得到发展，即兼有工具和表意两种趋向。我们可以看到，无论如何，让男女两性只发展其中一个功能，都会导致人的片面、单向度的发展，都不符合人的全面发展目标。

三、解决思路与策略

现代女性如何应对家庭与工作角色的冲突，消除两种领域角色带来的焦虑与压力？每一个拥有婚姻家庭的职场女性都必须面对这样的挑

战。从各国的实践探索看，目前的解决策略可以分为以下几个层面。

（一）婚姻家庭领域，倡导构建平等互爱的家庭关系

从家庭而言，要使家庭中的男性与女性做到家庭与工作兼顾，包括女性劳动者本人在内的每个家庭成员都必须有一个正确的家庭观与工作观，即正确认识家庭、工作及其相互关系。外出工作的男女无论对家庭还是对工作单位，都应抱有同样的热情，在工作中是一个积极肯干的能手，在家庭中是一对充满爱心的夫妇，不能顾此失彼，尤其是不能因为工作而减少了对子女的教育和与家人的感情沟通。夫妻双方如果不能正确处理好工作与家庭的关系，就会给家庭生活带来一些负面影响。例如，由于母亲忙于工作，与孩子在一起进行感情沟通的时间大大减少了，就会造成家庭教育不足的问题，甚至影响到少年儿童身心的健康成长。丈夫忙于工作或在外工作的时间过长，导致夫妻情感交流的机会减少，也会影响夫妻关系。

另外，夫妻双方都必须认识到，家庭成员人人平等，每个人对家务劳动都有共同的责任和义务，尤其是夫妻之间，更应相互体谅、相互帮助，共同承担家务劳动，这样就可以减轻女性在家庭中的压力，这实际上也是家庭成员对外出工作女性的最好支持，为她在工作中创造业绩提供条件。只有建立和谐融洽的家庭关系和平等互爱的夫妻关系，职业女性才能更好地投入工作，在工作中创造出好的业绩，才能做到各种角色的平衡。

（二）社会生活领域，促进家务劳动社会化

家务劳动社会化，即将满足家庭成员生活需要的家务劳动，由家庭成员承担的部分转变为由社会组织和市场提供服务的过程。这是减少家庭成员家务劳动负担的重要途径。家务劳动社会化的程度是与一个国家或社会的经济发展水平相一致的，尤其是与服务业发展水平和经济市场化程度密切相关的。在经济发达的国家，由于社区服务与专业化的家政服务业十分发达，因此家务劳动的社会化程度较高。这方面在我国正处于初步发展阶段。目前，我国家政服务业提供的服务主要有：家庭保姆服务、钟点工服务、家庭教师服务、洗衣服务、提供生活用品及食物上门服务、照看老人及病人的服务、托儿服务等。

（三）用人单位和国家层面，建立有利于女性就业的社会保障与福利制度

建立有利于女性就业的社会保障与福利制度，可以减少女性就业障

碍和缓解女性工作的压力。因生理特点而造成的孕期与产假，是影响女性工作的一个重要因素，也是用人单位偏向于使用男性的重要原因。而这一问题是女性自己无法克服的(少数不生育的女性除外)，必须借助社会政策与社会福利。前文所提及的瑞典等一些北欧国家，实行各种家庭津贴、生育保险、儿童和老人照料休假、公共的托儿与养老服务等，为妇女就业提供了较好的政策与福利支持。

在我国，学前教育事业得到国家的大力支持，普惠性的公立幼儿园在城镇较为普遍，但0 ~ 3岁的托儿所还没有全面“复兴”。显然，为女性解除照看子女的后顾之忧，还有一段路要走。

第四节　家庭友好政策

工作和家庭的角色冲突是现代女性面临的压力来源之一，也是当下很多父母员工面临的困境。随着越来越多女性进入职场，加之人口流动性越来越大，导致父母难以照料家庭。在这些日趋复杂的挑战之下，倡导家庭友好政策的制定与有效实施，就成为国家治理与社会建设的必然选择。

一、什么是家庭友好政策

家庭友好政策 (family-friendly policy) 是指有助于员工平衡工作和家庭生活，并让他们能够从中受益的各项政策。女性工作与家庭失衡的困境可通过家庭友好政策的实施得到缓解。狭义的家庭友好政策主要是指政府和企业为有儿童照料需求的家庭提供的生育假期、照料服务、税收优惠和弹性工作制度等一系列政策安排的总和；广义的政策还包括稳定的工作和足额的薪水。当然，家庭友好政策还包括老年赡养。

因女性是育儿和养老责任的主要承担者，多数家庭政策向职业女性倾斜，致力于弥补她们在劳动力市场竞争中的弱势地位，避免因生养孩子而退出劳动力市场。因此，家庭友好政策在较少损害甚至不损害市场效率的前提下，是提高和稳定女性就业水平、提升其经济独立能力以及推动性别平等和社会性别主流化的重要手段和保障。许多低生育率国家都推行了家庭友好政策，在儿童早期照料与教育、带薪和无薪家庭照顾休假、家庭福利津贴与税收减免、家庭友好型工作安排等方面做出了具体规定。

国外经验表明，这些政策增加了婴幼儿养育社会支持的可及性和可得性，既消减了生育对女性职业发展的束缚，也缓解了工作对女性履行家庭责任的制约。

在这方面，欧盟国家的实践探索和经验值得借鉴。

二、欧盟典型国家家庭友好政策介绍[①]

自 20 世纪 60 年代以来，随着女性劳动参与率的提高，欧洲传统的“男性职工＋家庭主妇”的家庭模式逐渐转变成“双职工”模式。处在“双职工”模式中的女性既要工作以获取收入，又要承担照顾家人的主要责任，使得女性职工面临工作和生活的双重压力。女性往往因为家务劳动和生儿育女的“拖累”，在劳动力市场上遭遇性别歧视，进而导致就业竞争力受损。为帮助女性职工平衡工作和家庭间的冲突、促进劳动力市场和家庭生活领域中的性别平等，也为了应对人口老龄化程度加深、生育率下降、离婚率上升等新兴社会问题的挑战，以北欧国家为代表的欧盟国家率先制定和实施了家庭友好政策。

除前面所提到的瑞典，这里主要介绍丹麦、英国、德国、意大利四国的家庭友好政策。这些国家的家庭友好政策，主要集中在生育假期、儿童照料服务、家庭津贴和税收减免三方面。

（一）生育假期

生育假期又叫“育儿假”，也就是通常所说的产假，包括“母育假”和“父育假”，“父育假”是母亲产假期间的父亲育儿假。一些国家在带津贴的“育儿假”之后还有无津贴的“育儿假”，往往可以由父母双方共同享有。

（二）儿童照料服务

儿童照料服务又称“日间照料服务”，根据服务提供的地点，可以分为机构服务、家庭服务和私人服务三种。机构服务通常由政府负责开办专门的公共看护机构，并给予一定的财政补贴；家庭服务是由儿童看护人员提供上门服务；私人服务则是在儿童看护人员的家中照顾儿童。根据对儿童年龄组的划分，可以将儿童照料服务分为“单阶段”和“双阶段”两种：单阶段是指政府对不满初级教育入学年龄（一般是 6 岁）的儿童提供统一的教学场地、教师资格认定与薪酬等方面的组织管理，如丹麦和英

① 李亮亮．欧盟典型国家家庭友好政策 [J]．中国报道，2013(3)：23-24.

国；双阶段则通常以 3 岁为分界线，对 3 岁以下和 3 ～ 6 岁的儿童实行不同的照料服务，如德国和意大利。

（三）家庭津贴和税收减免

根据政策的覆盖范围，家庭津贴和税收减免政策可以分为普遍型和选择型两类。

丹麦提供普遍型的家庭津贴，基本无税收减免。补贴力度与子女数量有关，子女越多补贴力度越大。另外，针对孤儿和仍处在学生阶段的夫妻等特殊情况，丹麦政府提供了特别津贴项目。丹麦政府 2005 年的家庭福利总支出占 GDP 的 3.8%，其中儿童和家庭津贴支出占 1%，现金支出占 1.5%。

英国以选择型税收减免为主，兼顾普遍型家庭津贴。税收减免主要针对低收入家庭。需要说明的是，虽然英国实行个税制度，但税收减免却是根据家庭的收入总和来计算的。另外，享受儿童照料服务的家庭还可以获得额外的税收减免。

德国的普遍型家庭津贴将现金津贴和税收减免相结合，普遍津贴部分由儿童福利津贴构成，并以税收优惠的形式获得，所有儿童都可以享有这种津贴，直到其年满 18 岁。

意大利的家庭津贴是一种面向低收入家庭的选择型津贴。政府根据家计调查、税收减免以及就业情况，对符合条件的儿童予以补贴，直到其年满 18 岁。津贴水平维持在儿童父母个人工资的 20% 左右，针对单亲家庭或者残疾儿童等特殊情况，津贴水平可以提高至 25%。税收减免的程度根据家庭收入、子女数量以及父母就业情况而有所不同，对于单职工家庭、单亲家庭以及子女较多的家庭，减免力度有所加大，如表 5–2 所示。

表 5–2　欧盟四国家庭友好政策基本特征总结[①]

比较内容	丹麦	英国	德国	意大利
生育假期	产假时间较长，待遇水平较高	以母育假和育儿假为主，津贴水平中等	父育假和育儿假时间长，待遇水平高	父育假和育儿假时间较长，待遇水平一般
育儿假转移况	家庭权利，可转移，且可以一起休假	个人权利，不可转移	家庭权利，可转移，但不能同时休假	家庭权利，可转移，且可以同时休假

① 李亮亮．欧盟典型国家家庭友好政策 [J]．中国报道，2013(3)：23–24.

续表

比较内容	丹麦	英国	德国	意大利
儿童照料服务模式	以单阶段为主	针对 2 ~ 4 岁的儿童提供免费教育（准单阶段模式）	双阶段模式	双阶段模式
儿童照料服务收费情况	收费，但根据家庭收入、儿童数量、单亲家庭、居住地等进行减免	公共机构免费，部分受资助的私人机构免费。收费的机构会根据家庭收入进行费用减免	收费，但根据家庭收入、儿童数量、单亲家庭、居住地等进行减免	公共机构免费，受资助的私人机构收费，但根据家庭收入、儿童数量进行减免
家庭津贴	普遍型津贴，基本无税收减免	以选择型税收减免为主，兼顾普遍型津贴	普遍型津贴与选择型税收减免相结合	选择型津贴与普遍型税收减免相结合
针对已婚家庭的税收减免	个税制，但税收减免和抵扣按家庭总和收入计算	个税制，但税收减免和抵扣按家庭总和收入计算	按家庭总和收入收税	个税制

家庭友好政策是在欧洲社会人口出生率下降、人口老龄化程度加深的大背景下推出的，得益于该政策的实施，欧洲国家不仅保持了较高的女性就业率，也保持了平稳的人口出生率。由于各国福利体制以及所秉持的福利发展理念的差异，各国的家庭友好政策实践的侧重点有所不同。在看到各国差异的同时，这里更想强调各国家庭友好政策的共性——向女性尤其是职业女性的政策倾斜，因为无论是生育假期、儿童照料服务，还是家庭津贴和税收减免，这些政策对职业女性的帮助都是显而易见的。

三、完善托幼服务——中国政府的努力

儿童照料由社会化向家庭化的转变，使得子女生养成为影响女性工作与家庭平衡的重要因素。在计划经济时期，自上而下的国家意志，辅以托幼制度和服务上的长期保障及宣传上的高调支持，成功地帮助女性走出家庭、参与社会劳动。1978 年以来，国家层面出台的专门针对学前教育，尤其是托幼机构的政策文件多达 60 多份，体现出政府对托幼服务的高度重视。然而，随着改革开放进程的推进，在企业改制和社会多元复合转型中，公共托幼机构逐渐流失，家庭政策却尚未实现有效衔接，儿童照料成本几乎全部落到家庭尤其是女性身上。企业缺位和社会失责，公共

福利和服务政策及其配套措施缺失等，进一步激化了女性的工作与家庭矛盾。

因此，在中国全面三孩新政下，女性可能面临新一轮的工作与家庭冲突和“生”与“升”的艰难抉择。2020 年 3 月，国家统计局发布了《中华人民共和国 2019 年国民经济和社会发展统计公报》。公报显示，2019 年全国总出生人口为 1465 万人（2018 年 1523 万人），比上一年减少 58 万人。这是自 2017 年以来，中国新生儿数量连续 3 年下降。在相对宽松的政策环境下不升反降，显示出人们并未按政策生育，政府鼓励生育的政策遭遇消极回应。虽然正常的波动及女性年龄结构变化等可用来解释少生人口，但不少大城市的年轻夫妇尤其是女性表示，他们虽有二三孩生育意愿，但因生养成本过高，难以兼顾家庭和工作而不敢生，使得人生不可或缺的两个重要组成部分——家庭与工作，变得如同鱼与熊掌一样，必须取舍，难以兼得，或为“升”而放弃“生”，或因“生”而在“升”方面做出让步。

托幼服务势必会成为缓解中国职业女性工作与家庭矛盾的关键着力点。托幼服务是一项系统工程，涉及多个部门的协调，政府必须提高政策敏感度，从体系设立、资源筹措、部门统协、技能培训、服务管理等诸多方面齐头并进。有学者以机构服务的完善为例，提出几点初步思考与建议①。

一是立足社区，营建多样托幼机构。发挥社区力量、整合社区资源，建构并完善社区托幼或托管机制，开展家庭支持项目。同时，鼓励社会资本进入，扩建公私合营及私立托幼机构，改善既有托幼机构的质量，提供多样化和充裕的婴幼儿义务看护和教育服务。

二是立足企业，打造福利性托幼服务。鼓励有条件的大中型企业基于女性员工的年龄结构和二孩生育情况，在获得相关资质的情况下，在企业内开办托幼机构尤其是接收 1 ~ 3 岁婴幼儿的托儿所，这样可方便接送，减轻双职工家庭的负担。

三是推行“爱同堂”老幼日托服务并举模式。融合托育和养老服务，降低两类机构的运营成本，实现资源的有效整合，减轻女性抚幼、养老负担，推动工作与家庭协调发展。

① 杨菊华．缓解女性工作与家庭失衡的困境 [N]. 社会科学报，2016-11-3.

四是政府购买服务，实现正规机构照料[①]和非正式家庭照料模式互补。政府可通过购买服务，推广“家属照料型”模式[②]，既可补充正规机构照料的不足，亦可满足家庭多样化的需求，减轻家庭经济负担，通过家庭照料的制度化去“义务化”和“无偿化”，提升家庭照料的积极性，实现家庭生养功能“内化”与“外化”的结合。

四、联合国儿童基金会：《家庭友好政策：重塑未来工作场所》

为促进社会经济繁荣发展，国家和用人单位需要通过家庭友好政策对父母员工予以支持，以减轻他们所承担的孕育及抚养子女长大成人的重任。这类政策通常会向幼儿的父母及监护人提供三种必要的资源：时间、资金和服务。家庭、用人单位和国家在儿童成长早期这一重要阶段的共同投入会为儿童学业上的成功、家长事业上的成功、儿童及其家庭脱贫以及获得终身健康都打下坚实的基础。家庭友好政策不仅能减轻父母们的育儿压力，更能增进家庭的幸福，从而用人单位（企业）、家庭和孩子都受益。

联合国儿童基金会 2020 年推出了报告《家庭友好政策：重塑未来工作场所》（图 5–1），建议共涵盖四套有效政策，贯穿女性妊娠期到儿童正式入学的整个阶段[③]。

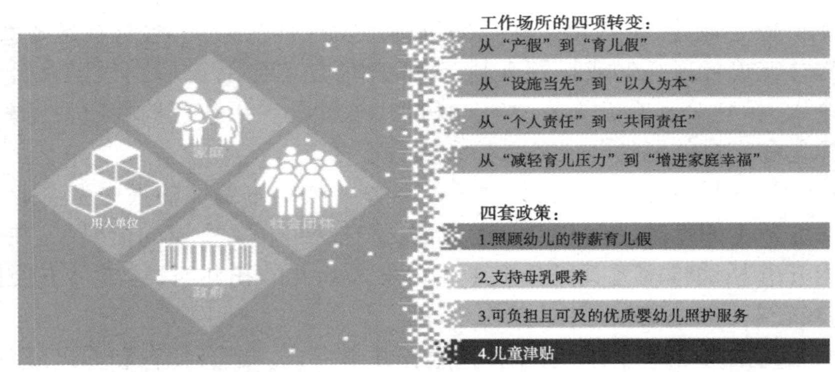

图 5–1　联合国儿童基金会《家庭友好政策：重塑未来工作场所》

① 正规机构照料模式，是指当前基本由政府民政部门、社会组织、民间非营利性企业主办开展的养老育幼及病患照料模式，如乡镇养老院、康养公寓、公立或私立托儿所、劳务派遣护工等等，这里的正规机构就是指政府民政部门、社会组织、民间非营利性企业。而实际上长期以来，照料责任绝大部分由家庭承担，照料工作被认为是“家务事”，被纳入“私领域”故称“非正式家庭照料模式”。尽管家庭照料模式支撑着照料工作的“大半壁江山”，但与“正规机构”的照料模式相比，目前并没有得到政府的大力支持，特别经费补贴等。

② 家属照料型模式是非正式家庭照料模式的一种，但却是非正式家庭照料模式的主要类型。

③ https：//www.unicef.cn/documents/family–friendly–policies.

如图 5–1 所示，这些政策强调了家长和家庭对于照料幼儿的时间、资金和服务需求，同时让他们可以履行工作职责、值守工作岗位、提升工作技能和提高工作效率，强调了政府、用人单位和社会团体在提倡和实施家庭友好政策中所能发挥的强有力的作用，这些对人和经济发展的投入，必将取得丰厚的回报。

想要行之有效，家庭友好政策应被设计为一套全面、均衡的，与时间、资金和服务相关的“政策包”以提供足够的支持。这些政策应考虑到不同的家庭形式和非常规的工作状况，以及女性作为劳动者或者照护人等一系列角色的情况。

儿童基金会认为，推动家庭友好政策的四个关键因素就好比钻石的四个角，它们分别是政府、用人单位（企业）、家庭和社会组织（包括国际组织、工会、社区化组织、非营利机构和非正式网络）。这一“关爱钻石”能够作为一种综合办法共同推进家庭友好政策。推行家庭友好政策既是当然之选，也是明智且公平之选[①]。

五、家庭友好政策的核心——关注与实施要点

家庭友好政策的核心是什么？如何诠释友好的家庭政策？各国还在不懈努力探索中。一个共识在逐渐达成[②]：首先，它必须是一种自上而下带有强制性的公共政策，其结果要有助于实现家庭成员地位平等，有利于家庭关系和谐稳定；其次，家庭友好政策必须有助于家庭各类功能完善，包括家庭关系的生产和再生产；最后，家庭友好政策必须有助于实现家庭成员间的资源共享和平等受益，包括生存和发展的时间资源和财富资源。从宏观层面看，可以指政府为有儿童及老人照料需求的家庭提供的生育假期、照料服务、税收优惠和弹性工作制度等一系列政策和制度的安排；从中观层面看，是企业和社区为员工家庭和居住人口在育儿、照料和生活便利等方面积极提供各类服务和帮助的设施；从微观层面看，是家庭内部夫妻之间、代际亲属之间实现相互尊重、理解和情感支持的道德保障。显然，将构建性别平等的家庭作为政策切入点，帮助妇女解决家庭 – 工作平衡，应该是家庭友好政策的核心。

家庭友好政策如何作为？一般而言，用人单位与政府可以通过以下途径来保持“家庭友好”。

---

① https：//www.unicef.cn/documents/family–friendly–policies.

② 王菊芬 . 培育“他为她”理念，夯实家庭友好政策基石 [N]. 中国妇女报，2018–4–17.

（1）用人单位为本部门员工制定上述那些“家庭友好政策”，打造“家庭友好型”工作场所。通过育儿假、弹性工作安排以及提供育儿服务等手段帮助工作中的父母照顾好子女。

（2）政府通过法律或其他方式来鼓励商业和公共生活领域“家庭友好政策”的实施，具体包括如下几点。

第一，政府可以强制企业制定“家庭友好政策”。政府利用其公信力和影响力来鼓励“家庭友好政策”。政府对“家庭友好政策”的学术研究予以支持，明确采取“家庭友好政策”的企业将会受益。

第二，使用减税或补贴政策来鼓励企业和其他实体采纳“家庭友好政策”。假如一个企业设立一个日间托儿中心，那么企业将会在税收上享受优惠或者可能在员工的孩子照料方面得到费用补贴。

第三，提供“家庭友好”措施和服务的公共资金。为公共教育提供经费支持，鼓励为家庭提供辅导帮助的公益组织（为虐待儿童的家庭提供帮助），家庭扫盲计划，妇女、婴儿和儿童家庭营养计划以及长期老人照顾提供资金支持。

第四，为以家庭为中心的公共设施提供资金和维护。在必要的医疗设施之外，政府尤其是地方政府可以建立或运行一些运动场所，如溜冰场、游泳场、社区中心、公共公园和其他设施来提供家庭聚会活动的场所。

第五节　家庭暴力——婚姻家庭中的亲密关系冲突

一、什么是家庭暴力

家庭暴力又被称为亲密关系暴力，它应该被理解为：任何对合法的、有联系的个体或者有亲密关系的个体有身体伤害意图的行为[①]。更具体的是指发生在家庭成员之间的，造成身体、精神、性或财产上损害的行为。其中家庭成员指配偶、父母、子女以及其他家庭成员。具有特殊亲密关系的人或曾经有过配偶、同居关系的人，也应视为家庭成员。

由于家庭暴力直接作用于受害者身体，使受害者身体或心理上感到痛苦，损害其身体健康和人格尊严。家庭暴力发生于有血缘、婚姻、收养关系生活在一起的家庭成员间。妇女和儿童是家庭暴力的主要受害者，

① ［美］罗斯·埃什尔曼等．心理学：关于家庭［M］．徐晶晶等译．桑标审校．上海：上海人民出版社，1999：453.

有些中老年人、男性和残疾人也会成为家庭暴力的受害者。家庭暴力会造成死亡、重伤、轻伤、身体疼痛或精神痛苦。反对家庭暴力，需要全社会的参与。同样，中国社会对家庭暴力现象存在着多个误区。第一，认为家庭暴力是私事，是家务事；家庭暴力就是伤害身体，而非伤害心理和性；文化素质高的家庭没有家庭暴力。而相关调研发现，在高学历层次家庭中，精神暴力在家庭暴力中占有较高比例。第二，认为家庭暴力就是丈夫对妻子施暴。事实上，妻子对丈夫，父母对孩子，孩子对父母，孩子对自己的亲兄弟姐妹、甚至对祖父母的暴力，同样广泛存在着。处在恋爱关系中的情侣遭遇亲密关系暴力，也属于家庭暴力范畴。

二、家庭暴力的类型

（一）根据暴力发生的性质分类

（1）身体暴力：加害人通过殴打或捆绑受害人或限制受害人人身自由等使受害人产生恐惧的行为。

（2）性暴力：是加害人强迫受害人以其感到屈辱、恐惧、抵触的方式接受性行为，或残害受害人性器官等性侵犯行为。

（3）精神暴力：是加害人以侮辱、谩骂或者不予理睬、不给治病、不肯离婚等手段对受害人进行精神折磨，使受害人产生屈辱、恐惧、无价值感等作为或不作为行为。

（4）经济控制：是加害人通过对夫妻共同财产和家庭收支状况的严格控制，摧毁受害人自尊心、自信心和自我价值感，以达到控制受害人的目的。

（二）根据暴力发生的对象及范围分类

1. 儿童虐待与暴力

贯穿世界历史，儿童一直是虐待和残暴行为包括性虐待、抽打和遗弃（婴儿夭折）的对象。今天只有少量遗弃事件被报道，而身体虐待和性虐待非常常见。

关于儿童性虐待，虐待儿童者、受害者和虐待的形式都随性别、血缘关系的类别不同而不同。儿童常被认为是无能力同意与成人的性行为的，因为他们没有力量去减少这种行为的卷入，他们常常也不理解他们同意了什么。性虐待通常包含暴力、控制或强迫的成分。男孩更容易被陌生人虐待，而女孩更容易被家庭成员虐待。

2. 妻子、女性伴侣虐待和暴力

通常认为，妻子是大多数家庭暴力的受害者，实际上同居伴侣中女性受到的身体攻击至少是婚后的两倍。许多身体攻击直接针对女性，有些受害女性认为她们的伴侣在特定的情况下有权力打她们的耳光或推打她们，施虐男性也认为对女伴进行暴力是允许的。

3. 丈夫、男性伴侣虐待和暴力

妇女对丈夫或男伴的暴力受到的关注远远少于女性虐待。一方面，妇女实施暴力报告数据更少；另一方面，传统社会的两性价值观使得男性不愿承认他们被自己的妻子殴打。更重要的是，女性受到虐待更容易被发现，因为她们遭受了比男性更严重的身体伤害。

有研究显示，男性施暴和女性施暴的数量相似。婚姻中高概率的妇女施暴也许可以解释为：妻子的攻击都是报复行为或者正当防卫，有些文化模式能容忍甚至接受婚内暴力，以及婚姻面对高强度的阻挠。与丈夫相比，妻子力量相对较小，不过有些妇女因从小受过训练而有力量对丈夫或者男伴施暴。

4. 夫妻间相互虐待和暴力

这包括妻子 / 女性受到虐待和丈夫 / 男性受到虐待，但实际上相互虐待比单独来自任何一方的虐待更常见。身体虐待如此，口头 / 符号攻击也同样如此，而且男性和女性对其伴侣所进行的口头 / 符号攻击量也基本相同。

5. 兄弟姐妹间虐待和暴力

家庭中最频繁也最容易被接受的暴力形式发生在兄弟姐妹间，通常解释为兄弟姐妹间的竞争或嫉妒。一方大概对另一方拥有的东西感到愤恨：父母的注意、特权、衣服、物体，诸如此类。差别也可能围绕着有限的资源：电脑、浴室、电话的使用，看什么电视或者谁将拥有剩下的糖果。当父母干涉进来，坚持做出偏爱一方的决定时，这些怨恨和差别可能会加重。感到愤恨的一方便虐待在年龄和个头上都与自己相当的另一方，这比虐待父母更公正和更容易被接受。

有时兄弟姐妹的纷争围绕着家里的劳动分配。兄弟姐妹通常为避免不喜欢的任务或家务而竞争，如洗碗、整理房间、打扫走廊等。如果较小的孩子只分得较少的家务，年龄差别可能会加剧这种状况。孩子意识到的不平等导致了冲突，然而不是所有的不平等都导致了虐待和暴力，但是打架和扔东西是许多小孩常见的反应。当一方小孩胜出时，父母进行干涉以停止打架，保护小的一方，并且可能会惩罚大的一方。不幸的是，这样做可能恶化了兄弟姐妹间竞争的一般问题。

6. 老年人虐待和暴力

关于老年人的研究文献提到，受到虐待的老年人越来越普遍，这是一个重大的问题。虐待的种类和严重性从被动的忽视（非故意的忽视、遗忘）到主动的忽视（财务剥削，不给药品、食物和补助），从语言或感情的虐待（骂人、威胁、羞辱）到身体虐待（打脸、推、伤害）。虐待的方式也可能是让老年的父母躺在床上或椅子上，给他们过多的药或其他的药品来使他们更容易被控制，用拳头或物体打他们以强化特定的行为，以及几乎任何可以想象到的行动。

受到虐待的老年人通常身体虚弱、精神或身体残疾、是女性、与施虐的人住在一起。一个最常引用的虐待原因就是：照看者因为照看老年人的需要而变得负担过重，这些经常引发看护者的失望、生气、怨恨或者暴力。在有些情况下，虐待明显是恶毒的、故意的；在另外一些情况下，看护者有很大的情绪和依赖性问题，并不是故意虐待，而是不能控制自己的行为。

7. 其他亲密者间的暴力

围绕着友谊和亲密关系的虐待和暴力也许在人们结婚和有孩子前就是其关系的一部分，在爱情的吸引及相互表露感情、彼此间逐渐亲近的背景下，关系逐渐走向排外性和婚姻。

三、家庭暴力带来的主要危害

保护妇女儿童合法权益、禁止家庭暴力，已纳入各国法制轨道。但家庭暴力并没有随之消除，仍然存在。它后果严重，危害性极大，主要体现在如下几点。

（1）家庭暴力侵害了受害者的人格尊严和身心健康，甚至威胁生命。多项调查表明：多数受害者都是在被施暴时惨遭残害。暴力行为严重地侵犯了受害者的人身权利和精神健康状况。

暴力对女性心理健康的破坏更严重。不管女性是否是生理或精神暴力的受害者或非受害者，她们都表现出了更高的抑郁分数和焦虑分数。一般来说，相比男性，暴力对女性的个人控制感有更负面的影响，对女性的自我感知和心理健康也更有害。长期受到家庭暴力的女性，会产生认知与情感障碍，形成“受虐妇女综合征”。

（2）家庭暴力给社会带来了不稳定因素。家庭暴力严重影响、破坏了社会组成细胞——家庭。在一个家庭中，如果经常发生家庭暴力，必然影响夫妻感情。当妻子无法忍受其丈夫的暴力时，以选择离婚、离家出走甚至以暴制暴等途径摆脱遭受的暴力，在致使家庭破裂、毁灭的同时也造成严重的社会治安事件和刑事犯罪案件。

如果不及时有效遏止家庭暴力，受害者本人又不知用法律保护自己，在忍气吞声、长期遭受暴力的扭曲心态下，往往会采取法律禁止的手段——杀人，产生恶性事件。这给社会带来了恶劣的后果，极大地危害了社会的安定。

（3）影响子女的正常生活和成长。经常发生家庭暴力的家庭，对孩子的身心健康有着严重的影响。特别是直接对孩子施暴时，更容易使孩子产生恐惧、焦虑、厌世心理，轻者影响孩子的情绪，使他们自卑、孤独，影响孩子的学习和生活；严重时，孩子会离家出走、荒废学业，甚至还会走上犯罪的道路。有些长期受虐的孩子还会出现智商偏低的情况。

那些目击父母受到虐待的孩子，他们可能容易受到各种各样行为或情感问题的影响。父母的婚内暴力与离婚、施虐行为、酗酒、毒品成瘾问题相关，这些变量转而又与许多子女的问题相联系。这些问题包括较差的亲子关系、较差的心理健康状况（如较低的自尊水平）、较低的生活满意度，以及在子女以后的关系中出现更多的暴力。例如，女儿对自己母亲处于无助环境的目击向自己传递着这样的信息：女性无力掌控自己的生活。这样的信息助长了女性的抑郁，她们更容易视受害者 / 母亲为一体。相比之下，目击父母暴力的男性可能更容易视攻击者 / 父亲为一体，这样就避免了抑郁。这些男性转而也更容易使自己变成施暴的丈夫。

一个生活领域的暴力可以外流到其他的生活领域。很明显，暴力引起了暴力，攻击也代代相传。那些经常大喊的父母也正是那些最容易打人的父母，语言和身体暴力都代代相传。幸运的是，大多数人能从这种暴力代代相传的循环中摆脱出来，但是这并没有排除日益增加的对孩子大喊大叫、打孩子或者打伴侣的可能性。

四、家庭暴力产生的原因

（一）控制与权力关系的产物

在探究家庭暴力的原因时，人们尤其是施暴者往往会找出许多所谓具体的原因，如施暴者有压力、醉酒或受暴者“有错”等。但这些原因都是表面的，性别暴力的真正根源在于不平等的社会性别关系，它深植于传统的社会性别制度中，而这也正是性别暴力广泛存在并难以消除的原因所在。性别暴力包括家庭暴力反映出施暴者和受暴者之间的权力控制关系，施暴者通过行使暴力向受暴者宣示自己的权力，使受暴者屈服，由此实现和维持了对受暴者的支配和控制。

在解释家庭暴力的原因上，理论的探索一直在进步。例如，许多理论将家庭暴力的原因置于个人，将家庭暴力归因于精神不正常、酗酒、吸毒。一些理论本质上是社会－心理的，将家庭暴力归因于社会学习、社会交换。另外，一些理论是社会文化方面的，归因于社会资源、冲突系统以及更大的文化圈。主张男女平等的学者提出，家庭暴力的根源在于性别、权力，它代表着男性维持权威和掌控女性的主张意图。

（二）ABCX 压力模型

关于家庭暴力，有学者从压力角度来探讨其产生的原因，并建立了一个压力模型——ABCX 模型[①]。根据这个模型，A（应激事件）与 B（家庭应对危机的资源）相互作用，这些与 C（家庭成员对事件的定义或赋予的意义）相互作用产生 X（危机）。这个顺序可以用一个公式来表示。

$$A+(B+C)=X$$

公式的两个主要方面是 B 和 C。如果这二者都适当，压力水平将很低或者不存在。如果其中一者或者二者都不恰当或不充分，压力水平将会很高。应激源事件（A）可能有各种各样的来源，可以来自家庭内部和外部。来源不同的话，事件的结果也容易有很大的不同。比如，社会学里的一个普遍原理便是一个群体外的特定事件，如战争、洪水或者萧条期往往会团结这个群体。如此，虽然有压力，但特定的外部事件往往使家庭统一成一个更有凝聚力的单元，而不是导致或促使它衰竭。同样地，当其他的人处于同样的情形或更糟的情形时，同样的事件也许不会被苛刻地定义为压力，知道别人也遭遇了同样的不幸，对我们降低焦虑与压力是有帮助的。

家庭内部所定义的压力事件也许更有破坏性，因为它们会引起一些问题，这些问题反映了家庭内部充足性的贫乏。这些事件也许是无法抚养家庭、精神崩溃、家庭暴力、自杀或者酗酒。无论是在家庭内还是在家庭外，扰乱家庭角色的事件范围都很大。这些事件涉及个人损失、失业

① ［美］罗斯·埃什尔曼等．心理学：关于家庭［M］．徐晶晶等译．桑标审校．上海：上海人民出版社，1999：449.

或者收入的损失——也涉及这些的增加；孩子、祖母（外祖母）或婆婆（岳母）的出现也许会带来破坏性，而失去这三者中的任何一位同样具有破坏性；突然获得的名誉或财产也许和失去这些一样具有破坏性；家庭社会地位的任何变化或者家庭成员在他们角色概念上的冲突也许都会引发更进一步的家庭危机。应该注意的是，无论是来自家庭内部还是外部，不是所有的事件或者变化都是压力应激源。比如，研究表明，重大的生活变化和角色转变（失业、离婚、退休、守寡、第一次婚姻、拥有第一个孩子等）常常被认为是压力应激事件，但当你先前角色的压力很高时，你实际上会减轻压力。就是说，当生活转变事件先于长期的角色问题时，并没有引发问题或者甚至是有益于心理健康，一个事件中的新压力实际上让你从现存的压力中解放出来。

什么因素促成了潜在的危机并从潜在的危机中脱身呢？解释取决于前面所呈现的公式里的 B 和 C。也就是说，家庭有多大程度的资源来应对事件（因素 B）？家庭在多大程度将事件定义为危机事件（因素 C）？应对危机的资源（因素 B）可能包括家庭适应性、家庭角色、亲属支援系统、收入、保险、朋友、宗教信念、教育、健康等。问题家庭常常没有足够的资源来处理应激源事件。家庭在多大程度上将事件定义为压力（因素 C）反映了他们在遇到危机时的价值体系和先前经验。与互动参考架构一致，事件的定义涉及它所附带的意义、评价或者关于事件严重性的说明，以及对事件使能（使其他事情成为可能）或去能（削弱或毁坏的可能）的看法。

五、家庭暴力的应对与预防——专家研究的视角

将 ABCX 模型应用于家庭和亲密情侣间的暴力时，可以发现：各种各样形式的暴力发生可能代表了或者也可能不能代表危急事件。正如之前所陈述的，一件危急事件取决于（B）成员可获得的资源和（C）行为所附属的定义或意义。

（1）ABCX 模型涉及一些事件（A），这些事件与家庭应对危机的资源（B）以及赋予事件的定义和意义（C）相互作用，从而决定危机的程度或水平（X）。如果 B 和 C 适当充分，压力或危机的水平将减到最小。如果不适当，压力或危机的水平将较高。

（2）虐待和暴力是许多婚姻或亲密关系中一个常见的应激源事件。各种各样关于暴力的观点或理论都倾向于将暴力归于社会的反常，而不是承认它是社会的自然结果和成分。

兄弟姐妹间、父母与孩子间、情侣之间的许多行为都被看成是可预料的、正常的行为。受到虐待的人的回应——忍受、反击或者逃避，除了取决于可获得的资源：力量、同伴支持、朋友和亲戚、金钱或者服务、警察和危机干预中心，特别是自尊，同样还将取决于事件的意义和对于事件的感知。

调查经受过虐待的妇女对于最近的暴力事件的反应，超过一半的人回答“哭”；其他的回答按照频率依次是：跑到另一个房间、打回去、跑出去、叫朋友或者亲戚；排在最后的回答才是叫警察[①]。有学者提出，要帮助被殴打的妇女，最重要、最有益的办法就是授权她们与丈夫协商来结束暴力虐待。一个尤为重要的干预服务（资源）可能是调节或解决冲突技巧的教学。其他重要的资源包括可提供帮助的资源，如警察、社会工作者、避难所、医疗服务等。

也有学者认为，家庭暴力干预政策和项目必须对准两个方面的因素，因为是它们使人们有可能去虐待他们所爱的人[②]。第一，消除将暴力视为解决家庭冲突和问题的方法的文化标准和价值观。第二，形成支持家庭、减少家庭内外部压力与不公正的项目和政策。这个目标怎样才能完成呢？第一个目标——消除支持暴力的这种文化标准和价值观——需要建立一个道德准则：不准打爱人和亲人。这意味着禁止打屁股和体罚。比如，瑞典和所有的其他斯堪的纳维亚国家（北欧地区）在这点上做出了榜样：禁止死刑，规定学校体罚孩子是非法的，立法禁止打屁股。手枪的持有也是严格控制的。瑞典的电视台也严格限制暴力节目。相比之下，大多数美国人对争论不太敏感，更能接受：死刑，体罚，打屁股，最低限度地控制枪支的售卖、登记以及电视、电影、体育活动和孩子游戏中的暴力。电视暴力与攻击行为有显著的正相关[③]。这个结果与年龄无关，也就是说，任何年龄都有这样的相关，这揭示：电视暴力的影响不仅局限于儿童或青少年。一般来说暴力包括家庭暴力、婚姻暴力、父母暴力和兄弟姐

---

① Ronald L. Simons, Kuei-Hsiu Lin, and Leslie C. Gordon. Socialization in the Family of Origin and Male Dating Violence: A Prospective Study Journal of Marriage and the Family[J]. *Journal of Marriage and the family*, 1998(60): 467–478; Vangie A. Foshee, Karl E. Bauman, and G. Fletcher Linder. Family Violence and the Perpetration of Adolescent Dating Violence: Examining Social Learning and Social Control Processes[J]. *Journal of Marriage and the Family*, 1999(61): 331–342.

② Sally K. Ward, Kathy Chapman, Ellen Cohn, Susan White, and Kirk Williams. Acquaintance Rape and the College Social Scene[J]. *Family Relations*, 1991(40): 65–71.

③ Julie A. Osland, Marguerite Fitch, and Edmond E. Willis. Likelihood to Rape in College Males[J]. *Sex Roles*, 1996(35): 171–183.

妹间的暴力，只要美化杀人、射击、打人和虐待的社会存在，暴力也仍将盛行。

形成支持家庭的项目和政策的第二个目标与第一个目标即改变标准和价值观紧密联系。许多国家针对儿童虐待、夫妻虐待和婚内强奸制定了政策。另外，努力消除贫困和失业，给所有的家庭提供充分的医疗护理，减少家庭和团体中性别、等级和种族的不平等，促进亲属、团体的联系和支援网络都有望减少家庭暴力。

六、中国反对家庭暴力法

从国家意志与法制层面，各国都开展了卓有成效的努力，中国也不例外[①]。有关此方面的内容，限于篇幅另文阐述，在此不再赘述。

本章小结：

本章从家庭功能、家庭中的性别分工出发，明确现代社会女性应有的婚姻家庭观，探讨当代女性所面临的困扰与挑战、亲密关系暴力问题，从家庭私人领域与政府公共政策层面展现家庭友好政策的内容，介绍当前国际社会促进两性和谐共处的策略与措施。

材料分析：

材料一：

在中国，由于救助的缺失，一些妇女在遭遇长期家暴后选择“以暴制暴”。2012 年底，四川资中受家暴妇女李彦杀夫一案，经最高人民法院核准李彦死刑。由于判决没有认可李彦长期遭受家暴、因家暴而杀人这一情节，判决结果出来后，四百多名律师、学界、NGO 组织、社会各界人士为李彦呼吁，希望最高法院能够刀下留人。最终，李彦一审死刑，二审为无期徒刑。

——四川李彦因家暴杀夫被判死刑案始末

（资料来源：网易女人 https://lady.163.com/special/sense/liyan.html）

① 谭琳.《中国反对家庭暴力法》释义 [M]. 北京：中国民主法制出版社，2016.

分析讨论：

1. 如何看待李彦在遭遇长期家暴后选择“以暴制暴”的行为？（建议结合网络资源检索，切实把握相关信息后作分析阐述）

2. 面对家庭暴力，我们应该怎么做？（不同性别、角色立场的思考）

3. 作为在校大学生，你认为如何结合专业背景开展反家暴的宣传倡导工作？（多元智能理论视角）

材料二：

复旦大学沈教授认为，“密集母职”这样一种家庭文化有三个特点：

第一，整个家庭生活以孩子为中心。在家庭中安排任何事情都首先以孩子为中心，孩子是家庭的中心。

第二，认为在孩子身上花的时间和精力越多越好。很多的家长特别是母亲觉得很内疚，自己不能像全职妈妈那样对孩子全程陪伴，可自己的家庭又以孩子为中心，自己一方面很内疚，对孩子是恨铁不成钢，但另一方面又想办法去补偿孩子。而全职太太反过来，觉得在职妈妈有工作，自己似乎是被社会抛弃。每种类型的妈妈都有自己的苦恼。

第三，与孩子荣辱与共。当孩子很有礼貌，考试考得好，就是自己教得很成功；反之，孩子考试考砸了，遇人不打招呼，那就是自己教育得不好。将孩子的每一个过失都与自己的教育挂钩。家庭氛围、夫妻关系也与孩子是否“出色”息息相关。

复旦大学沈奕斐博士：走出“密集母职”的困境，如何做不焦虑的家长？

（资料来源：网易订阅 http：//dy.163.com/article/F6MED43A0516CKQ8.html）

分析讨论：

1. 如何看待现代家庭的“密集母职”现象？

2. 现代女性如何走出“密集母职”困境？分享你的观点。

延伸阅读 / 参考书目：

[1] 骆晓戈等 . 女性学（第三版）[M]. 长沙：湖南大学出版社，2013.

[2] 金一虹 . 独立女性：性别与社会 [M]. 北京：中国社会劳动保障出版社，2008.

[3] 宋美娅等 . 妇女受暴口述实录 [M]. 北京：中国社会科学出版社，2003.

[4] 李银河 . 中国女性的感情与性 [M]. 北京：中国友谊出版社，2002.

[5] 谭琳.《中国反对家庭暴力法》释义 [M]. 北京：中国民主法制出版社，2016.

其他资源 / 视频材料或网络资源链接：

1. 沉默在尖叫——李阳家暴事件报道，柴静主持，央视《看见》栏目
https://tv.cctv.com/2011/09/26/VIDE1355592309910411.shtml
2. 克莱默夫妇——美国电影，1979 年第 52 届奥斯卡最佳影片奖
https://www.iqiyi.com/w_19s3r8q6op.html
3. 李彦因受家暴杀夫案始末，杀夫者李彦，网易女人频道
https://lady.163.com/special/sense/liyan.html

第六章　女性与健康研究（上）

第一节　健康的定义、内涵与外延

一、健康的概念

关于健康的概念，在中国大百科全书出版社出版的《简明不列颠百科全书》中的定义是："健康，使个体能长时期地适应环境的身体、情绪、精神及社交方面的能力。"健康是可以用身高、体重、体温、心肺功能、脉搏、血压、视力、体适能等来衡量。世界卫生组织（WHO）成立时，在它的宪章中所提到的健康概念为："健康乃是一种在身体上、心理上和社会上的完满状态，而不仅仅是没有疾病和虚弱的状态。"(Health is a state of complete physical, mental and social well-being and not merely the absence of disease or infirmity.) 在《辞海》中，把健康定义为：人体各个器官与系统发育良好、功能正常，体质强壮并具有良好的劳动能力。

要对健康做出确切的定义很难。因为即使没有显现出来的疾病，对于健康或不健康的感觉也具有很大的主观性。毫无疑问，身体健康不等于身体没有病。世界卫生组织关于健康的定义，把人的健康从生物学的层面扩展到了精神层面和社会关系（社会相互影响的质量）两个方面的健康状态，把人的身心、家庭和社会生活的健康状态均包括在内。健康的含义并不仅是传统所指的身体没有疾病而已。现代健康的含义是多元的、广泛的，包括生理、心理和社会适应性等方面。

二、健康的内涵

社会的发展让大众对健康概念的理解不断地拓展与外延。如今，健康已经成为一个多元化的概念，其中具有代表性的是 Wellness（全人健康)。全人健康是20世纪80年代以来被国际公认并使用的概念。它是传统健康的发展与补充。Wellness字面上是“良好”的含义,实质上更接近于一种以达到整体健康、幸福、财富为目标的个人健康行为。它着重个人的因素,通过采用能够增进健康的生活方式来实现。更确切地说,“全人健康”其实就是一种能够增进健康的、合理的、行之有效的高质量的生活。其内涵更加具体,不仅包括身体,还包括社会、情绪、环境、精神、智力方面的良好状态。这种积极的、高质量的、对社会有益处的生存状态是发展中的持续过程,是个体通过积极努力来促进自己的身体、智力、情绪等方面在尽可能长的时间里保持统一的内在联系,而为了达到这种联系,必须对个体进行必要的健康教育。因此,首先要通过自我有效地认识到自身现实的健康状况,要有一个自我的正确评价,继而以自我负责的态度,并通过合理有效的科学方法,让身体健康的各个要素得到均衡的全面发展,最终能得到较为理想的身心健康状态。这样才有足够的能力应对个人生活各方面的需要,争取更多的成功和实现自我的机会,使生活质量得到提升,生存质量得以延长。

三、健康的外延

“全人健康”是健康概念的补充与外延。一方面,“全人健康”注重几个构成健康的要素之间的联系,认为健康的各个要素的充分与平衡发展才是健康所追求的真正目标;另一方面,“全人健康”注重健康的实践,认为健康是一种能够不断地、主动地明确个人存在的健康问题,选择并采取适当的措施以达到最好健康状态的过程。根据文献与现阶段影响人类健康的主要因素,学者将改善个人健康水平的“全人健康”活动归纳整理为以下12个方面:参与体力活动、控制吸烟、合理性生活、安全活动、压力调节、规律医疗体检、降低心血管疾病危险性、健康教育、合理营养、精神生活、预防癌症和防止药物滥用。显而易见,与传统意义上的健康概念而言,“全人健康”的理念对于我们认识健康的内涵与外延、指导科学健康研究和改善个体健康水平都具有更深远的理论与实践意义。

第二节　女性身体健康

一、女性体态评估

体态的定义是指全身的位置关系，是我们刻意或者自然摆放身体各个肢体的方式。从美学的角度来说，这是一种为实现审美效果而刻意摆出的姿态。女性良好的体态给人一种视觉冲击，要求身体的各个部位保持在正确的位置上，不良的体态会导致肌肉酸痛，关节活动受阻。

女性体态评估的原则如下。

（一）观察是否对称

虽然说人体并不是绝对意义上的左右对称，但一般用肉眼看，是可以近似地认为是对称的。

（二）观察耗能是否较多

越是严重的体态异常，保持起来消耗的能量其实越多，因为异常体态增加了不必要的力矩，需要额外的能量去平衡。

（三）观察动作是否连贯流畅

比如，人在自然呼吸时，如果呼吸忽快忽慢、忽深忽浅，在没有其他病症的情况下，往往是体态存在问题。

（四）需要观察的部位

骨盆后倾、骨盆前倾、胸椎后凸、头前伸、脊柱侧弯、高低肩、圆肩驼背、骨盆前倾/旋转/侧倾斜、膝过伸等。

二、女性体态评估方法与手段

（一）简单的站立评估

山式站立，两脚打开与肩同宽，从正面、侧面和背后拍摄全身照片。良好的体态，意味着身体的各个关节都处于中立位对称的平衡。

评估流程：

整体观察：身体上下左右平衡、重心落在中心点等。

局部观察：借助身体体态表标志点观察。

观察呼吸是否有异常并记录观察结果。

最后思考问题的关联(年龄、生理性、病理性、环境等)。

具体方法：

(1)从镜面看，双肩、胸线等高，侧腰等长。

(2)头在脊柱的延长线上，脊柱位置在正常的生理弯曲位置。骨盆保持中正位。

(3)从后面看，耳垂在一条直线上。

(4)双肩等高，肩胛骨下角在一条直线上。

(5)从侧面看，脚踝、膝盖的外侧在一条直线上。

(6)髋外侧、肩峰、耳朵一条直线上。

(二)女性站立评估体态偏差

圆肩——颈椎前突，颈后大包，在职业女性中很常见，原因是长期错误姿势导致深层肌肉无力工作，从而使颈椎不稳定，增加受伤和颈椎病的概率。除了导致女性脊柱疾病，还会严重影响女性气质。

原因：

· 过度紧张的肌肉：胸大肌和胸小肌。

· 拉伸肌肉：前三角肌、胸部伸展。

· 活动不足的肌肉：肩袖、下斜方肌、前锯肌。

· 加强练习：肩膀外部旋转。

(三)站立评估体态偏差：骨盆后倾、骨盆前倾

骨盆后倾——骨盆后倾是由于各种原因导致骨盆整体向后倾斜，出现腰椎代偿性变直、驼背以及臀部下垂等一系列的症状。骨盆后倾的形成是多种后天因素的结果，大部分是因为生活习惯问题。比如，不良的坐姿(尤其是葛优躺)、运动方式不恰当、训练过度、运动不足、久坐过软的沙发等。

骨盆前倾——骨盆前倾是骨盆位置偏移的一种病态现象，较正确的骨盆位置是向前倾斜一定的角度。骨盆前倾最明显的症状是臀部后凸，腰臀比、BMI值和体重都在正常范围，小腹仍旧前凸。骨盆长时间前倾，不但会造成身材走形，严重还会加重下背部及颈部的负担，产生疼痛与肩颈酸痛等问题，甚至影响其他骨骼肌肉健康。

过度紧张的肌肉：腘绳肌、臀大肌、臀肌等。

拟解决办法：臀部、腘绳肌拉伸，用泡沫轴滚动筋膜放松。

活动不足的肌肉：髂腰肌、腹外斜肌、髋屈肌等。

加强练习：站立抬腿或剪刀踢练习。

（四）女性站立评估体态偏差：探颈

探颈——又称头前移或头前引，国外又叫 forward head posture，是由于各种原因造成颈前侧深层肌肉薄弱，浅层肌肉紧张性短缩，上斜方肌、肩胛提肌紧张性拉长，而且这些肌肉的张力过高会引起机械感受器活跃，导致前庭系统功能紊乱，一句话说，就是感觉不到自己头的正确位置，表现为颈部前倾。

· 活动紧张的肌肉：颈部伸肌、上斜方肌和肩胛提肌。

· 拉伸：颈部放松，胸锁乳突肌伸展。

· 活动不足的肌肉：颈部屈肌。

· 加强锻炼：等距的颈部运动。

（五）女性站立评估体态偏差：高低肩

高低肩——高低肩的实质主要是脊柱弯曲的畸形，因身体两侧受力不均衡导致肩部的变低以及脊柱的侧弯。

· 过度活动的肌肉：一侧的斜方肌过高。

· 拉伸：侧颈部拉伸。

· 活动不足的肌肉：高侧的前锯肌。

· 加强练习：站立推墙练习。

（六）女性站立评估体态偏差：脊柱侧弯

脊柱侧弯——又称脊柱侧凸，实质是一种脊柱上的三维畸形，包括冠状位、矢状位和轴位上的序列异常。通常，其弯曲成“C”型或“S”型。在一些情况下，其侧凸角度是稳定的，但相当部位的脊柱侧弯的侧凸角度往往随时间而增加。

特发性脊柱侧凸，我们多认为与遗传、激素、内分泌、生长发育异常以及神经平衡系统功能障碍等因素有关。先天性脊柱侧凸始于出生前脊柱发育形成时。长期不良体态的习惯也会导致脊柱侧弯。

加强练习：竖脊肌、背阔肌练习。

（七）女性站立评估体态偏差：高低髋、X 型腿、O 型腿

高低髋（长短腿）——因臀部肌肉群原因（臀部肌肉紧张、两侧肌肉发展不均衡等）导致高低髋，髋骨的高低不等直接导致长短腿。

X 型腿——又叫膝外翻，是以双腿自然伸直或站立时，两膝能相碰，两足内踝分离而不能靠拢为主要表现的畸形疾病。

O 型腿——医学上称为“膝内翻”。以两下肢自然伸直或站立时，两足内踝能相碰而两膝不能靠拢为主要表现的畸形疾病。缺钙和遗传是 O 型腿形成的两个基础，但更直接的原因，还是在于走姿、站姿、坐姿及一些运动。

· 过度紧张的肌肉：内侧和外侧的腹斜肌、髋外展肌、竖脊肌和斜方肌等。

· 伸展：胫带伸展，坐立的臀部伸展，梨状肌伸展。

· 活动不足的肌肉：因人而异。

· 加强练习：避免进行高强度练习，减少脚踝、膝盖、臀部和腰部的损伤风险。

第三节　女性身体健康机能指标评估

没有女人就没有世界，没有女人就没有家庭，一个家庭中女人如果不健康，家庭生活也会受到很大影响，因此女性健康是家庭幸福的基石。全社会必须重视女性健康，保护女性的健康，要想达到这个目的，就必须对女性的身体特点有所了解，才能够预防女性的一些常见疾病，使女性的一生保持良好的健康状态。最客观地判断是否健康的标准就是指标数字。

（1）正常心率：60 ~ 80 次 / 分。一个健康成人的心率范围是 60 ~ 100 次 / 分；健康女性大多都在 60 ~ 80 次 / 分之间；小朋友的心率要比成人快，3 岁以下的婴幼儿常在 100 次 / 分以上。高血压患者的心率超过每分钟 80 次时就需要进行心率管理。

（2）正常血压值：120 / 80 mmHg。根据 2017 年版美国高血压指南，高血压标准定义为 ≥ 130 / 80 mmHg，在美国，如果血压的低压在 80 mmHg 以上，高压在 130 毫米汞柱以上，就是高血压病人了。

（3）正常血脂值：总胆固醇 3.1 ~ 5.2 mmol/L，甘油三酯在 1.7 mmol/L

以内。

（4）正常血糖值：3.9 ~ 6.1 mol/L。正常人的空腹血糖浓度为 3.9 ~ 6.1 mol/L，若超过 7.0 mol/L 被称为高血糖。重复测定空腹血糖≥7.0 mol/L 可确诊为糖尿病。

（5）正常腰围值：女性在 80 cm 以下，男性在 85 cm 以下。腰腹部脂肪过多，就会破坏胰脏系统，加大高血压、血脂异常、脂肪肝、糖尿病等疾病的患病风险。《中国成人超重和肥胖症预防控制指南》明确规定：男性腰围 85 cm，女性腰围 80 cm 即为超标。

（6）正常牙齿数：80 岁有 20 颗。口腔健康的标准，首先是没有炎症，没有牙龈出血、异味、肿痛等症状。除此之外，2001 年，世界卫生组织还向全世界公布了一个口腔健康的硬指标：80 岁人的嘴里至少还有 20 颗能够正常咀嚼、保证生理需要的功能牙，也被称作“8020”。

（7）正常视力值：1.0 ~ 1.5。视力检查最常用的是国际标准视力表，检查距离为 5 m，正常视力为 1.0 ~ 1.5，小于 1.0 则为近视。

（8）正常肺活量：男性为 3 500 ~ 4 000 mL，女性为 2 500 ~ 3 500 mL。肺活量检测数值低，说明机体摄氧能力和排出废气的能力差，人体内部的氧供应就不充裕，机体的一些工作就不能正常进行。一旦机体出现需要大量消耗氧气的情况（如长时间学习、工作、剧烈运动时），就会出现氧供应的严重不足，从而导致诸如头痛、头晕、胸闷、精神萎靡、注意力不集中、记忆力下降、失眠等状况。

（9）正常握力值：一般大于 50。加拿大研究人员在世界知名医学期刊《柳叶刀》上发表最新研究揭示了握力与健康的关系。他们调查十多个国家，调查发现握力指数值为 50 是一个临界值。一旦发现握力低于 50，就该考虑是不是心脏功能下降，或者出现了全身性的动脉硬化，应去医院心内科做个检查了。

（10）正常步速：0.8 ~ 0.9 m / s。美国研究人员发现：走路速度的快慢可以很好地预测寿命的长短，而且在 75 岁以上人群中相对更准确。多数老人走路速度是每秒钟 0.8 ~ 0.9 m，那些走路速度低于每秒钟 0.6 m 的人死亡的可能性会增加，而走路速度超过每秒钟 1 m 的人寿命较长。

（11）正常体温：36 ℃ ~ 37 ℃。按体温状况，发热分为：低热 37.4 ~ 38℃，中等发热 38.1 ~ 39℃，高热 39.1 ~ 41℃，超高热 41℃以上。当体温高于 41℃或低于 35℃时，将严重影响人体各系统，甚至危及生命。

第四节　女性生理阶段与运动

一、女性的生理特点

女性一生各期的生理特点如下。

（一）胎儿期

父母精卵结合成受精卵是妊娠的开始。《灵枢 · 决气》曰："两神相搏，合而成形。"从受精后及受精卵在子宫内种植、生长、发育、成熟的时期为胎儿期。需 10 个妊娠月，即 280 天。

（二）新生儿期

婴儿出生后的 4 周内，称为新生儿期。

（三）儿童期

新生儿期以后至 12 岁左右的阶段为儿童期。

（四）青春期

从月经初潮至生殖器官逐渐发育成熟的时期称青春期。
此期显著的生理特性表现如下。
（1）全身发育、身高、体型已逐渐发育为女性特有的体型。
（2）内外生殖器发育渐趋成熟，第二性征发育，呈现女性特有的体态。
（3）月经来潮是青春期开始的一个重要标志。
（4）具有生育能力。

（五）性成熟期

性成熟期又称生育期。一般自 18 岁左右开始，即中医从"三七"至"七七"之年（21 ~ 49 岁），历时 30 年。此期生殖功能经过成熟—旺盛—开始衰退的生理过程。

（六）围绝经期

"七七"之年，此期肾气渐虚，冲任二脉虚衰，天癸渐竭，生殖器官及乳房也逐渐萎缩，中医称“经断前后”或“绝经前后”。

（七）老年期

老年期一般指 60 岁以后的妇女。

二、女子生理特点与运动能力

同男子相比，女子在身体结构和功能上有许多不同的特点。女性的体形一般躯干较长，肩、胸较窄，骨盆较宽，形成上体长而窄、下肢短而粗、肩窄盆宽的特殊体形。

女性皮下脂肪丰满，约占体重的 20% ～ 28%，主要分布在胸、腹、臀和大腿等部位的皮下，约为男子的 2 倍。尤其在运动能力方面，女性的运动能力如有氧能力、无氧能力、力量、速度、柔韧等方面存在明显的性别差异。

（1）女性骨骼肌的特点。骨骼肌是人体健康的基础和运动能力的保障。在体重相似的男女之间，骨骼肌的重量却不同，成年女性的肌肉成分占体重的 21% ～ 35%，相比成年男性而言，女性肌肉成分只是男性肌肉成分的 80% ～ 89%，肌肉力量明显弱于男性。目前认为，女子骨骼肌的体积小，是造成力量性别差异的直接原因。尽管女子的绝对力量低于男子，但是相对瘦体重的力量，或者骨骼肌单位横断面积的力量（即比肌力），男女间却无明显差异。体育运动可以使男女的力量增加，但女子骨骼肌横断面积的增加幅度较低，因此力量提高的幅度不及男子。女子肌力的增长主要是通过改善神经的控制，增强神经冲动的传递，使原来不活动的肌纤维活动起来，即通过改善运动单位的募集能力来实现，与骨骼肌体积增加的关系不密切。女子的骨骼肌的特性与其雄性激素水平较低有关。实验证明，雄性激素可以使骨骼肌的体积明显增加。由于女子的雄性激素含量低，刺激骨骼肌增大的作用就不明显，所以其体积较男性小。

（2）女性骨骼的特点。骨是人体运动的杠杆。女性的骨骼重量占体重的 15%，较男子轻 10%。骨组织中水分和有机物的含量较多，无机盐含量却较少，加上骨密质的厚度较薄，关节囊和韧带较松，因此骨骼的抗弯及抗压能力均低于男子，也不能承受过重的负荷，但弹性和韧性优于男子；尤其是女子的骨杠杆较短较细、骨骼粗隆、结节较小、骨骼肌附着面不大等因素，与女子的力量较低均有一定的关系。

（3）女性的力量特性。通常女子的力量弱于同龄男子，肌肉力量平均为男子的 23% 左右。尤其在爆发力方面，男女间存在着明显的差异。

爆发力主要取决于骨骼肌的力量和收缩的速度。

（4）一般认为，女性的柔韧性优于男子，这与女子运动器官的结构和功能特点有关。女性关节周围组织的体积较小，关节囊松弛，韧带、肌腱、肌肉的弹性伸展性较好，因而关节活动范围大，动作幅度大。有研究表明，男女在运动能力方面存在性别差异。女性在精细动作方面的协调和动作程序性的速度优于男性。

三、月经周期与运动

（一）月经周期

月经周期（又称作经期、生理期）是指进入青春期后的人类女性在生理上的循环周期，也是人类的生殖周期。通常把月经的第一天到下次月经来临前一天称作一个月经周期，每一月经周期平均约 28 天。按子宫内膜的组织学变化，月经周期分为三个阶段。

（1）增生期（排卵前期、卵泡期）。相当于月经周期的第 5 ~ 14 天。卵泡分泌雌性激素，使子宫内膜逐渐修复和增厚，血管和腺体增生，卵泡发育直至成熟排卵。

（2）分泌期。由排卵起到下次月经来临之前，即月经周期的第 15 ~ 28 天。黄体生长成熟，并分泌大量孕激素和雌性激素。在激素作用下，子宫内膜及腺体继续增长，并分泌黏液，为受精卵的种植和发育准备条件。

（3）月经期。卵细胞若未受精，黄体逐渐萎缩，激素分泌急剧减少，子宫内膜血管痉挛，使子宫内膜缺血坏死而剥离。血管破裂出血，血液及脱落的内膜碎片经阴道排出。历时约 3 ~ 5 天。一般女子在 13 ~ 14 岁开始出现第一次月经，称初潮。45 ~ 50 岁为月经终止期。

（二）月经周期与运动

月经周期中由于女性激素水平的规律性波动，导致机体的运动能力发生相应变化。在月经周期不同时相中，人体运动能力的变化具有鲜明的个体差异。但有研究证实，人体有氧工作能力及整体体能以黄体期为最强，卵泡期及排卵期其次，经前期及月经期最弱。因此，对于参加健身运动的女性来说，即使在月经期亦可参加适当的体育活动，这是因为适度的体育活动能改善人体机能状态，促进血液循环，改善盆腔生殖器官的血液供应，并可通过运动时腹肌、盆底肌收缩与舒张交替进行，对子宫起到一定的按摩作用，促进经血排出。一般认为，经期运动负荷量应适度，强度不宜过大，一些跳跃、速度和腹压增大的练习应该避免，以免造成经血量过多或子宫位置的改变。

四、妊娠期与运动

孕期运动的益处如下。

（1）促进新陈代谢，增加机体的能量和肌肉力量。

（2）促进血液循环，增加胎盘血流，促进胎儿生长发育。

（3）促进肠蠕动，增进食欲，减少便秘。

（4）降低妊娠期糖尿病的发生，维持血糖水平的恒定。

在运动前，应进行评估，有妊娠合并症和并发症的孕妇应咨询医生，选择运动与否及运动类型。

第五节　女性运动与营养

一、运动营养

运动营养是指人体根据不同的运动项目特点从外界摄入各种营养素，以满足由于运动而产生的对各种营养素的需求。

二、营养素

营养素 (nutrient) 是指食物中可给人体提供能量、构成机体和组织修复以及具有生理调节功能的化学成分。凡是能维持人体健康以及提供生长、发育和劳动所需要的各种物质都称为营养素。人体所必需的营养素有蛋白质、脂肪、碳水化合物、维生素、水、无机盐（矿物质）和膳食纤维（纤维素）7 类，还包含许多非必需营养素。

已知有 40 ~ 45 种人体必需的营养素，其中人体最主要的营养素有碳水化合物、蛋白质、脂肪、水、矿物质、维生素。其中碳水化合物、脂肪和蛋白质在食品中存在和摄入的量较大，称为宏量营养素或常量营养素。而维生素和矿物质在平衡膳食中仅需少量，故称为微量营养素。矿物质中又分常量元素和微量元素，常量元素在人体内含量相对较多，微量元素在人体内含量很少。不能在体内合成,必须从食物中获得,称为“必需营养素”; 另一部分营养素可以在体内由其他食物成分转换生成,不一定需要由食物中直接获得,称为“非必需营养素”。

人们在进食含有这些营养素的食品之后,机体可进一步利用它们,并用来制造许多身体机能活动所必需的其他物质,如酶和激素等。从营养学和食品科学或食品加工的角度来说,应尽量保持这些营养素不受破坏。不少学者把膳食纤维也列为营养素,并称为第七类营养素。

(一)水

水是生命的源泉,人对水的需要仅次于氧气,水是维持生命必需的物质,机体的物质代谢、生理活动均离不开水的参与。人体细胞的重要成分是水,正常成人体内水分大约为 70%,婴儿身体的 80% 左右是水,老年人身体的 55% 是水。每天每公斤体重需水约 150 mL,母乳中绝大部分是水,若为母乳喂养,要适当调整喂水情况,可以用 150 mL 乘体重的公斤数得出需水量,再减去食入的奶量,就可得出应喂水的量。

水来源于各种食物和饮水。人如果不摄入某一种维生素或矿物质,也许还能继续活几周或带病活上若干年,但人如果没有水,只能活几天。水有利于体内化学反应的进行,在生物体内还起到运输物质的作用。水对于维持生物体温度的稳定起到很大作用。

(二)蛋白质

蛋白质是维持生命不可缺少的物质。人体组织、器官由细胞构成,细胞结构的主要成分为蛋白质。机体的生长、组织的修复、各种酶和激素对体内生化反应的调节、抵御疾病的抗体的组成、维持渗透压、传递遗传信息,无一不是蛋白质在起作用。婴幼儿生长迅速,蛋白质需要量高于成人,平均每天每公斤体重需要 2 g 以上。肉、蛋、奶、豆类含丰富优质蛋白质,是每日必须提供的。蛋白质的摄入需注意如下几点。

(1)搭配的原则。例如,动、植物食品的搭配,多品种食物的搭配。

(2)不过量提供的原则。婴幼儿期蛋白质热量占总热量 12% ~ 14% 为宜,过多会影响蛋白质正常功能的发挥,造成蛋白质消耗,影响体内氮平衡。

(3)不过少提供的原则。蛋白质提供过少明显影响生长发育的速度,生化反应下降,抗病能力下降,甚至导致营养不良,结果不仅仅造成生长落后,还会因影响脑细胞发育,造成智力落后。

（三）脂肪

脂肪是储存和供给能量的主要营养素。通常脂类可按不同组成分为五类，即单纯脂、复合脂、萜类和类固醇及其衍生物、衍生脂类及结合脂类。脂类物质具有重要的生物功能，脂肪是生物体的能量提供者。脂类也是组成生物体的重要成分，如磷脂是构成生物膜的重要组分，油脂的主要功能是贮存和供应热量，在代谢中可以提供比糖类和蛋白质约高一倍的热量。

（四）碳水化合物

碳水化合物是为生命活动提供能源的主要营养素，它广泛存在于米、面、薯类、豆类、各种杂粮中，是人类最重要、最经济的食物。这类食物每日提供的热卡应占总热卡的60% ~ 65%。任何碳水化合物到体内经生化反应最终均分解为糖，因此亦称之为糖类。除供能外，它还促进其他营养素的代谢，与蛋白质、脂肪结合成糖蛋白、糖脂，组成抗体、酶、激素、细胞膜、神经组织、核糖核酸等具有重要功能的物质。这类食物的重要性不言而喻，但也需提醒家长不要过早过多地加米粉，过多地在孩子食物中加糖，这会导致肥胖，给孩子日后的健康埋下祸根。

（五）纤维素

纤维素是不被消化的碳水化合物，但其作用不可忽视。纤维素分水溶性和非水溶性两类。非水溶性纤维素不被人体消化吸收，只停留在肠道内，可刺激消化液的产生和促进肠道蠕动，吸收水分利于排便，对肠道菌群的建立也起有利的作用；水溶性纤维素可以进入血液循环，降低血浆胆固醇水平，改善血糖生成反应，影响营养素的吸收速度和部位。水果、蔬菜、谷类、豆类均含较多纤维素，可供选择。

（六）维生素

维生素对维持人体生长发育和生理功能起重要作用，可提升酶的活力或为辅酶之一。维生素可分两类，一类为脂溶类维生素，包括维生素A、D、E、K，它们可在体内储存，不需每日提供，过量会引起中毒；另一类为水溶性维生素，包括维生素B族、维生素C等，这一类占大多数，它们不在体内储存，需每日由食物提供，它们在体内代谢快不易中毒。脂溶类维生素可在人的肝脏中贮存。维生素A、D、B、C、E、K、叶酸……各司其职，缺一不可，并能为人体对抗物质的吸收起到一定的作用。因此，给孩子提供新鲜蔬菜、水果、肝、蛋黄，适当吃点粗粮，多晒晒太阳，就显得格外必要了。

（七）矿物质

矿物质是人体主要组成物质，碳、氢、氧、氮约占人体重总量的96%，钙、磷、钾、钠、氯、镁、硫占3.95%，其余则为微量元素共41种，常被人们提到的有铁、锌、铜、硒、碘等。每种元素均有其重要的、独特的、不可替代的作用，各元素间又有密切相关的联系，在儿童营养学研究中，这部分占很大比例。矿物质虽不供能，但有重要的生理功能：构成骨骼的主要成分；维持神经、肌肉正常生理功能；组成酶的成分；维持渗透压，保持酸碱平衡。矿物质缺乏与疾病相关，如说缺钙与佝偻病，缺铁与贫血，缺锌与生长发育落后，缺碘与生长迟缓、智力落后等，均应引起足够的重视。

（八）膳食纤维

膳食纤维的定义有两种，一种是从生理学角度将膳食纤维定义为哺乳动物消化系统内未被消化的植物细胞的残存物，包括纤维素、半纤维素、果胶、抗性淀粉和木质素等；另外一种是从化学角度将膳食纤维定义为植物的非淀粉多糖加木质素。

膳食纤维可分为可溶性膳食纤维和非可溶性膳食纤维。前者包括部分半纤维素、果胶和树胶等，后者包括纤维素、木质素等。其中苹果胶原作为一种天然大分子水溶性膳食纤维，具有强力吸附、排除人体“辐射物”（正电荷物质）的作用，是人体必需的营养平衡素。它具有独特的分子结构和不能被人体直接消化的生理特性，从而可以自然吸附“毒素”“负营养”“重金属”“自由基”等人体内难以自我代谢的有害物质并排出体外，从而达到营养平衡。经常食用苹果胶原可以预防和抑制心血管疾病、肠胃疾病、呼吸道疾病、代谢性疾病和肿瘤等人体的多种疾病。

如何选择适合自己的营养素呢？其实，选择营养素的时候，最主要的依据是个人的情况以及需要。

因此，在补充营养素之前，首先要确定自己是否真的缺乏某种营养素，最好的方法是到医院和正规的体检单位做一个简单或者详细的检查。如果确实缺乏某种营养素，可以适当地多吃富含相应营养素的食物。如果通过以上的手段还不能解决体内营养缺乏的情况，则应在专业的营养师或者营养顾问的指导下，适当使用营养素补充剂。

选择营养素补充剂的时候要注意如下三点。

第一，要选择经过权威部门审批、认可的营养素补充剂。

第二,选择物有所值的产品,不要片面追求高价格。

第三,身体需要什么补什么,不要盲目跟风,要选择适合自己身体情况的营养素。

第六节　女性健身认识误区

一、误区一:节食减肥

女性对体重的把控恐怕是最关注的热点之一,通过问卷调查与访谈发现,女性注重体重控制的高达85%。在进行"减肥"与"减脂"两个概念调查中发现,大部分女性认为这二者概念一样,认为减肥即减脂。在问卷调查中发现,女性对减肥的方法排序依次为:不吃主食、节食、过午不食、运动、运动加饮食、绝食。除了运动与运动加饮食外,其他节食减肥都属于"减肥",不是减脂,是不健康的。

原因在于:当出现节食减肥的时候,控制了饮食摄入,相对来讲就控制了营养物质的进入,尤其是优质蛋白摄入,优质蛋白摄入不足的时候,便会影响整个身体的机能。胶原蛋白摄入不足时会让皮肤变得暗沉、无光泽、易衰老;蛋白质摄入不足时,体内酶与激素不能充分生长,会引起新陈代谢紊乱、内分泌失调、长痘;缺少蛋白质的摄入会导致抵抗力下降;蛋白质不足时因为渗透压无法调节还会引起水肿。

节食减肥会导致各种维生素不足,容易引起肠胃及泌尿系统感染,甚至影响生殖系统。缺少维生素B会降低碳水化合物及脂肪代谢,易肥胖。缺少维生素会使胶原蛋白合成出现障碍,影响皮肤的弹性及光泽,身体排毒功能出现障碍,抵抗力明显下降。

当出现节食减肥时,因为体内基础代谢的刚性需求,必将导致体内蛋白质被消耗。当营养吸收不足时,身体会优先消耗体内蛋白质而非脂肪,而蛋白质通常不会被完全分解,从而产生自由基,而自由基是人体疾病及衰老的罪魁祸首。

节食减肥,尤其是长期节食会使我们身体缺乏营养,人体为了维持生命的正常活动,基础代谢率会降低。基础代谢率下降,成为易胖体质。这也是节食减肥遇到瓶颈的原因。

通过问卷调查与访谈得知,绝大多数女性节食减肥者会越减越肥胖。其真相就是节食减肥减不下来后,很多减肥者开始恢复正常饮食。而此时脂肪细胞由于长时间被抑制，就像紧绷的弹簧恢复了原来的弹性，加速成长及扩张。外加因为节食而低得可怜的基础代谢率，使脂肪如雨后春笋般堆积起来。

二、误区二：哪里肥胖减哪里

通过问卷调查、访谈以及实践健身教学过程，大部分女性认为，系统的健身太麻烦、太费事，只是觉得哪里肥胖运动哪里，其实质根本就无法实现，脂肪是不可能局部消耗的，也就是说你不可能人为地只减某一部位的脂肪，脂肪是通过有氧运动全身消耗的。不可能小腿上脂肪多就只减小腿，腹部脂肪多就减腹部。

三、误区三：减重不等于减脂肪

据调查统计，女性对减重与减脂肪存在着模棱两可的认识误区，认为减重等同于减脂肪。减去十斤体重并不等于减掉十斤脂肪，减重与减脂肪的概念并不相同。比如说，同样是减肥，有些人减肥后明明瘦了很多，但从体重来看下降并不明显，这是因为脂肪本身重量很轻，当体内脂肪减少后，称体重时，会发现体重下降并不会很多，是因为身上被减掉的是比重较轻的油脂，而不是比重较重的水分。真正健康有效的减肥应该以减脂为目标，并通过监测身体肌肉、水分、脂肪等指标的变化，从而达到只减脂而不减其他营养成分的目的。

四、误区四：只做瑜伽能减肥

85% 的女性认为做瑜伽能有效减肥，但是实际上做瑜伽并不能起到减脂的目的，因为瑜伽主要是对肌肉、韧带的一种拉伸，配合了呼吸和冥想，大部分练习情况是静态的，能起到放松身心的作用，减脂效果并不显著，但是用作减脂健身的辅助手段是很不错的选择，适用于运动之后练习。

五、误区五：减肥药减肥

据调查发现，市面上的减肥药大部分成分都是泻药。通过服用减肥药，有些确实能起到减掉体重的效果。但是减肥药的过量摄入，能迅速破坏肠胃的消化吸收功能，阻止消化系统的正常工作，让身体处于脱水状态，破坏身体的正常成分。身体成分指的是身体脂肪组织和非脂肪组织的含量在体重中所占的百分比。通常状况下，人的身体主要是由水、蛋白质、脂肪、无机物四种成分构成的，普通成年人的正常比例是：水占 55%，蛋白质占 20%，体脂肪占 20%，无机物占 5%。也可以说，这是实现人体成分均衡和维持身体健康状况的一个最基本的条件。减肥药刚好是将破坏聚焦到人体成分中水的比重，减掉水的比重相对来讲是立竿见影的，但是及时地补充水分后又会回到原点。

目前，减脂主要集中为以下两种方法：一种是手术抽脂，即对特殊人群（超级肥胖）进行手术抽脂，但是就目前科研论文中所说，进行手术抽脂的后果有两个，一是会导致皮肤的严重松弛，二是会出现科技水平无法预测到的伤害；另外一种减掉脂肪的方法就是把脂肪转化为动能和生物能，作为代谢物给消耗掉，也就是运动减脂。

六、误区六：进行抗阻锻炼，“举铁”便能成为肌肉女

通过问卷调查发现，65% 的女性最担心自己变成“肌肉女”，在实践健身教学过程中，女性往往排斥器械抗阻训练，理由是进行抗阻训练会变成可怕的“肌肉女”。“肌肉女”说的是肌肉维度的大小。在健身行业中确实有一些专业健身女性，也会有一些健身爱好者类似“肌肉女”，但实际上女性在健身过程中，要想增加肌肉的维度，需要花很大的代价，进行长时间的高强度抗阻训练才能做到。因为肌肉维度的增大需要足够的营养、高强度的抗阻训练和充分的休息，女性只有维度特别小、影响美观的时候，才会有意识地增加肌肉维度。在其他时候都是指提高肌肉的比例。

七、误区七：如果长时间不练习，肌肉会转变成脂肪

在实践教学过程中发现，绝大部分女性在进行健身抗阻训练过程中喜欢抗阻训练带来的肌肉线条的变化，但 53% 的女性担心如果长时间不练习，或者中断抗阻训练后肌肉会转化成脂肪。这是一个对肌肉和脂肪概念的认识误区，肌肉是人体的一个重要组织，每个正常人都约有 639 块肌肉，分布在全身上下，而脂肪是过剩营养的堆积，主要在皮肤与肌肉之间，犹如“穿”在体表。这里有一个非常形象的比喻，肌肉和脂肪就像鸡蛋黄和鸡蛋白一样分布在人体内，蛋黄不可能变成蛋白，蛋白也不可能转变成蛋黄。即使是长时间不锻炼，肌肉会松弛，但不会变成肥肉，若想肌肉恢复弹性，只需要继续锻炼就可以了。

八、误区八：经常跑步腿会变粗

82%的女性认为最好的有氧运动是跑步，但在调查中发现，55%的女性认为跑步与腿粗存在着必然的联系，甚至认为经常跑步会导致腿变粗。这是对跑步的误解以及缺乏跑步的运动常识，最简单的例子，我们可以看到马拉松运动员，他们的体型绝大部分都是身材轻巧，体态匀称，他们的腿并没有因为经常跑步而变得粗壮无比。跑步是减脂的最佳运动项目之一，女性之所以认为经常跑步腿会变粗是因为运动之后大小腿肌肉会有暂时性的充血和乳酸堆积，甚至到第二天也有。这个时候因为肌肉充血以及肌肉的紧绷度增加会导致肌肉围度暂时变大，但经过主动拉伸与休息恢复，这种状态马上就能恢复了。

九、误区九：健身能丰胸

女性爱美，非常关注自身身体的变化，作为女性第二性征的乳房尤为重要，很大一部分女性认为健身能够丰胸，但在实践过程中发现，并非如此。据研究论证，女性上胸围维度75%受遗传基因影响，青春期期间的营养与护理等占25%。也就是说，青春期后的发育决定了女性胸围的大小，健身锻炼能使女性体型更加和谐，但绝不能丰胸。

十、误区十：震动减肥

通过调查发现，绝大部分女性对震动减肥表示赞同，48%的女性认为震动能有效减掉脂肪，达到减肥的目的。这个认识是毫无科学依据的，这是因为脂肪都是在细胞里面的，震动只是能起到放松肌肉的功效，不能把脂肪细胞通过共振打碎，因此不能起到减肥的效果。

本章小结：

女性健康涵盖身体健康、心理健康以及良好的社会适应性，通过体态评估指标准确评估女性体型，通过运动健身矫正女性体态。同时，正确把握运动与营养的平衡，做到正确认识健身行为。

材料分析：

最近有一组节目幕后花絮在网上疯传，动图中的女性演员闫妮身穿一字领紧身衣，一个劲地活蹦乱跳“尬舞”，可爱的同时展现了让人羡慕的好身材，这真的是“佟掌柜”闫妮？要知道1971年出生的闫妮今年已经50岁了，女儿已经大学毕业了，但母女两人在一起看演唱会、去旅行，完全就是姐妹花、好闺蜜的模样。

通过《武林外传》里那个傻乎乎、大大咧咧的佟掌柜角色大众认识闫妮。戏中的佟湘玉是个“时尚绝缘体”，认真化个妆都能化成“猴屁股”。2011年前的她被贴上了厚厚的“佟掌柜”标签，戏里戏外的衣品都是一样的朴实无华，身材也和一般的中年妇女没差，一不注意就发福了。接受采访的时候她还自嘲一点都不懂时尚，把《VOGUE》记成《Logo》，还曾被同剧组的朋友们吐槽，“闫妮有种特异功能，总能从一堆衣服中，挑出最丑的一件穿”。

但再看现在的闫妮，就算发布会上和相差十多岁的女演员站在一起，一点都没在怕的。除了归功于造型团队彻头彻尾转型的功劳，她对自己的身材也进行了不小的改造。“起初我想我这个年龄的人再减肥有什么用，没想到还挺有用的。”——闫妮用瘦身近30斤、几乎脱胎换骨的全新形象展现出了冻龄女神的一面。

她说自己一开始一直跳操，但大家都不看好她，说跳这种“大妈操”哪里能瘦，但她还是坚持跳了下来。当然仅仅跳操是不够的，为了瘦身她从节食到运动，能坚持下来的招数都试过了，其间的各种煎熬也只有闫妮自己知道。

参加综艺节目学跳水，喜欢上游泳，就开始练游泳。闲下来就泡健身房，还请了私教训练拳击。哪里有什么中年危机，大家看到的都是脊柱沟、大美背，甚至还有清晰的马甲线，完全就是一位气质女神！

继袁姗姗、王德顺之后，闫妮又是一位靠健身来为下半场人生翻盘的明星。瘦身健身没有什么年龄限制，更没有什么晚不晚一说，当你说太晚了的时候，这就是你退却的借口。

分析讨论：

1. 女演员闫妮华丽转身反映了什么？简单阐明形体调节在女性中的重要性。

2. 你如何评价当下女性钟爱健身？

延伸阅读 / 参考书目：

[1] 王键 . 运动生理学 [M]. 北京：高等教育出版社，2009.

[2] 国家体育总局职业技能鉴定指导中心组 . 健身教练 [M]. 北京：高等教育出版社，2016.

[3] [英] 简 · 约翰逊 . 体态评估操作指南 [M]. 陈方灿，江昊妍译 . 天津：天津科技翻译出版公司，2017.

其他资源 / 视频材料或网络资源链接：

1. 女性健身网络平台
www.fearless-fitness.com
2. 营养学网站
http://ifbb.com

第七章　女性与健康研究（下）

健康是人类永恒的话题，人们对健康的认识正在发生着极大的变化。1948年，联合国世界卫生组织（WHO）指出：健康不仅仅是指没有疾病，而且还包括身体上、心理上和社会适应方面的完好状态。1989年，世界卫生组织又将健康的概念补充为：健康应包括生理、心理、社会适应和道德品质的良好状态。那种认为只要身体没有疾病、生理机能正常就等于健康的观念正在被一种新的健康观替代，健康应从心理、医学和社会多维的角度来评价，健康的概念已从传统的生物医学模式走向生物—心理—社会模式。[①]

在新的健康观念的影响下，人们越来越重视心理健康，对心理健康的理解以及评价心理健康的标准呈现出多样化的视角，为个体全面健康发展指明了方向。女性是社会的重要组成部分，在社会发展中发挥着不可替代的作用。现代女性肩负着多重角色，面临着来自职场、家庭、社会等多方面的压力，其心理健康也受到了强烈的冲击。关注女性的心理健康，维护女性的心理健康，不仅对于女性的发展有着重要意义，对于家庭的和谐、整个社会的和谐发展也有着十分重要的意义。

第一节　心理健康的概念与标准

心理健康是一门既古老又年轻的学问，作为一种思想，早在距今两千多年前就已萌芽，中国古代以及西方都流传着大量心理健康的思想。作为一门科学，它是在19世纪中叶到20世纪才逐步建立起来的，随着社会的变革特别是现代化进程的推进，心理健康逐渐发展成为一门由心理学工作者、医学工作者、教育工作者和社会工作者共同关注的边缘性学科。什么是心理健康，评价一个人心理健康与否有哪些标准，是本节主要讨论

① 魏青．女大学生心理健康指导[M]．成都：西南交通大学出版社，2006.

的两个问题。

一、心理健康的概念

心理健康原称为心理卫生 (mental health)，又称为精神卫生，原文是 mental hygiene。hygiene 一词系古希腊语“健康女神”之意，后来以 health 代替 hygiene，称为心理健康。对于心理健康概念的界定，学者们从不同角度进行了描述。

精神医学家孟尼格尔 (Karl Menninger) 认为，心理健康是指人们对于环境及相互间具有高效率及快乐的适应情况，不只是要有效率，也不只是要能有满足感，或是能愉快地接受生活的规范，而是需要三者俱备。心理健康的人应能保持平静的情绪、敏锐的智能、适于社会环境的行为和愉快的气质。①

心理学家英格里斯 (H. B. English) 认为，心理健康是指一种持续的心理情况，当事者在那种情况下能进行良好的适应，具有生命力，并能充分发展其身心的潜能；这乃是一种积极的、丰富的情况，而不仅仅是免于心理疾病。②

1946 年，第三届国际心理卫生大会将心理健康定义为：心理健康是指在身体、智能以及情感上与他人心理健康不相矛盾的范围内，将个人心境发展到最佳状态。③

由这些界定可以得出，心理健康是个体的一种良好的心理状态，它使个体能保持内在精神世界的协调以及外在良好的社会适应行为。

二、心理健康的标准

心理健康如何衡量？是否有具体的判断标准？综合多种观点，这里将心理健康的标准概括为以下几条。

第一，有正确的自我观念，了解自己，悦纳自己。心理健康的人能够对自己有一个客观全面的认识，知道自己是谁，了解自己的优点和缺点，既不盲目自大，又不妄自菲薄，能克服缺点，不断地完善和发展自己，对于无法改变的缺点，则坦然接受，积极悦纳自己。

第二，能协调和控制情绪，保持良好的心境。心理健康的人情绪较稳

① 魏青．女大学生心理健康指导 [M]. 成都：西南交通大学出版社，2006.
② 同上．
③ 同上．

定，能经常保持愉快、开朗、乐观的心境，对生活和未来充满希望，虽然也有悲、忧、哀、愁等消极的体验，但可以主动调节，同时能够合理表达和宣泄情绪。

第三，有和谐的人际关系，乐于交往。心理健康的人能够用尊重、信任、友爱、宽容、理解的态度与人相处；在人际交往中能接受和给予爱和友谊；能够与集体保持和谐的关系，有良好的人际安全感；能与他人同心协力、合作共事，并乐于助人。

第四，能保持完整和谐的人格。心理健康的人，心理和行为表现为和谐统一，所思、所做、所言能够协调一致；有积极进取的人生观，并以此为中心把自己的需要、愿望、目标和行动统一起来，不会产生自我同一性混乱。

第五，有良好的社会适应能力。心理健康的人具有较好的认识社会环境以及处理个人和环境关系的能力。在环境改变时能够面对现实，对环境做出客观的认识和评价，使个人行为符合新环境的要求；能同社会保持良好的接触，能调整自己的需要和愿望，使自己的思想、行为、目标与社会协调一致。

第六，心理行为符合年龄特征及社会角色要求。在人的生命发展的不同年龄阶段，心理和行为表现出许多不同特点，心理健康的人认识、情感、行为都应符合其所处的年龄段的特征。同时，一个心理健康的人，其行为也应符合其所充当的社会角色的要求。

心理健康是多维度多视角的，我们在理解其概念及其标准的时候，应该把握以下几点。

（1）心理健康是一种理想的心理状态，是我们努力的方向，大多数人在人生的不同阶段会遇到心理困惑，从而产生或轻或重的心理问题，不一定能达到这种理想状态。

（2）心理健康是一个连续的状态，完全健康的人处于白色区域，心理变态的人处于黑色区域，从心理健康到心理变态经历了一个中间灰色区域，而大多数人都在这个灰色区域徘徊。

（3）心理健康的状态不是固定不变的，而是动态变化的过程。如果心理有了困惑或者出现失衡，能及时进行调整或寻求专业帮助，就能恢复到健康的状态；反之，则容易从一般心理问题走向严重心理问题，甚至心理变态。此外，随着人的成长、经验的积累、环境的改变，心理健康状况也会有所改变。

第二节　女性心理健康状况及分析

随着社会的发展，女性在社会生活中扮演着越来越丰富的角色，其在教育、职业、参政等方面被社会所关注，女性的心理健康问题也成为关注的焦点。中国女性发展的道路表明，提高女性心理健康水平不仅有利于改善她们的生存与发展状况，而且还能促进整个社会的和谐以及全面小康社会的建设。现代女性的心理健康状况如何，影响女性心理健康的因素有哪些，如何维护女性心理健康，是本节讨论的主要问题。

一、女性心理健康现状

一项关于吉林省成年女性心理健康状况的研究得出以下几个结论：吉林省成年女性心理健康状况阳性率偏高，老年女性心理健康问题尤为突出；成年女性中，居住地为农村、文化程度较低、丧偶和家庭人均月收入较低的女性是易出现心理健康问题的高危人群。吉林省成年女性心理健康的影响因素呈现年龄上的差异，总体上，平均睡眠时间长是成年女性心理健康的保护因素；锻炼频率较低、饮食不规律、患有慢性胃肠炎和妇科炎症是成年女性心理健康的危险因素。[①]由中国科学院心理研究所主编的《中国国民心理健康发展报告（2017—2018）》中提到，性别差异是心理健康领域的常见现象。调查显示，成年女性心理健康指数显著低于男性，抑郁、焦虑等情绪障碍发生率高于男性，但是在情绪体验和人际交往方面比男性更好。

针对 1995 ~ 1999 年的中国自杀率研究发现，农村自杀率是城市的 3 ~ 5 倍，其中女性自杀率比男性高 25%。而之后的一项研究发现，2002 ~ 2011 年，中国的年平均自杀率下降到每 10 万人 9.8 例，降幅达 58%。对这一降幅贡献最大的是 35 岁以下的农村女性自杀率大幅度降低，减少了约 90%，但农村妇女的心理健康状况仍然较差，特别是留守的农村妇女，抑郁、焦虑等问题相对男性更为普遍。

中国学龄儿童的心理异常总患病率为 15.6%，其中女性高于男性。研究表明，1990 ~ 2004 年的 15 年间，高中生的心理健康水平缓慢下降，

---

① 吕欣．吉林省成年女性心理健康状况及其影响因素分析 [D]. 长春：吉林大学，2018.

而 2004 ~ 2012 年，下降趋势不再明显。其中女生的情况更差，近 20 多年来下滑也更快。

公务员群体和科技工作者整体上心理健康状况良好，不同性别公务员、科技工作者心理健康水平差异显著，女性公务员心理健康水平明显好于男性，女性科技工作者拥有较多积极、健康的情绪，生活满意度和幸福感较高。

清华大学国际传播研究中心和澳佳宝研究院联合发布了 2019 年《中国职场女性心理健康绿皮书》（简称《绿皮书》）。《绿皮书》发现，中国职场女性心理问题呈现普遍化和年轻化趋势，逾八成职场女性在过去一年中都面临焦虑和抑郁问题的困扰，80 后、90 后尤甚，不同年龄群体的中国职场女性普遍存在不同程度的焦虑或抑郁症状。值得注意的是，调研数据显示，随着年龄层的下降，职场女性中出现焦虑或抑郁状态的比例呈现明显的上升趋势。约 85% 的职场女性在过去一年中曾出现过焦虑或抑郁的症状，其中约三成女性“时不时感到焦虑和抑郁”，7% 的女性甚至表示自己“总是处于焦虑或抑郁状态”。就近三个月而言，近半数的职场女性表示自己易怒、易着急，或者是感到烦乱或害怕；四成左右的职场女性则感觉自己有衰弱和疲乏感，或者闷闷不乐、情绪低沉。

工作、经济压力和外貌成为职场女性心理问题最主要的三大来源，而包括熬夜、移动电子设备过度使用等现代生活方式也给职场女性心理健康问题造成了隐患。工作压力、经济状况横跨不同年龄阶段，成为影响中国职场女性心理健康的第一大和第二大因素。越年轻的一代，在这两方面的困扰越多。69% 的 80 后和 78% 的 90 后受访者均认为工作压力是主要的影响因素，45% 的 80 后和 67% 的 90 后受访者也都提到了经济状况这一影响因素，这些比例均远高于通常被认为处于人生“丰收阶段”的 60 后、70 后。此外，年轻一代对自己的外貌身材尤为在意。在 80 后和 90 后受访者中，超过四成的受访者称会因此感到压力，越年轻的一代，在这两方面的困扰越多。

《绿皮书》还指出，绝大多数职场女性在孕产期出现抑郁情况，其中产后抑郁最为普遍。而在调节方式方面，职场女性心理问题主要依赖自我调节，较少寻求心理专业人士的帮助。仅有约 6% 的中国职场女性倾向于通过咨询心理专业人士进行问题疏导。在没有咨询过心理专业人士的那部分人群中，超过四成的受访者认为没有必要咨询，可以通过自我调节来解决。

二、影响女性心理健康的因素

现代社会，女性心理健康面临着来自多方面的威胁，概括起来，影响女性心理健康的因素主要有以下几个方面。

（一）性别文化与制度

有相关研究将导致女性心理健康问题的影响因素分为两组：一组是中间变量，包括生理与年龄等自然因素，婚育家庭等生活因素，学业、职业等发展因素，突发事件等偶然因素，它们直接影响女性心理健康；另一组是初始变量，它们决定着中间变量对女性健康的影响程度和性质。研究发现，在中间变量的影响下，决定男女两性关系性质的性别文化与体现这种文化精神的社会经济政治制度是影响女性心理健康的最重要因素。①

伴随着改革开放的进程，两性平等与和谐已逐步成为我国性别文化的主流与导向，在这种性别文化的变革中，各种制度也在发生相应的变化，逐步形成更有利于两性协调发展的制度环境。但是，绵延数千年的传统性别文化还影响着女性在资源配置以及机会面前真正的性别平等，当机会与资源的供给和需求发生矛盾时，以男性需求的满足为中心的传统文化取向的负面作用就更加突出。即使在公共领域做到了性别平等，在婚姻家庭等私人领域里还不同程度地沿袭着传统性别分工的格局。②

据了解，2019 年中国女性平均月薪为 7245 元，薪酬均值为男性的 77%；全国妇联妇女研究所对全国的女大学生进行的调研显示，高达 86.6% 的女大学生受到一种或多种就业歧视；智联招聘《2019 中国职场女性现状调查报告》显示，女性因“性别歧视”导致晋升受阻的比例是男性的 10.6 倍。

“以前在外企筛选求职简历时，经常看到女性应聘者对子女情况做介绍。近两年，在国内企业的应聘求职简历中，也开始出现这样的介绍，言下之意很清楚——已经有了两个孩子，肯定不会再生了，可见现在这种性别歧视并没有任何减退。”一位职业女性如是说。

不平等的性别文化与制度本身，使得女性的心理健康受到各种威胁，并承担了更多的心理恐慌与重负。

---

① 罗慧兰 . 女性心理学 [M]. 长沙：湖南大学出版社，2013：278.
② 同上，第 279 页 .

（二）女性自身的心理特点

林语堂先生谈女人时曾说过：“她们的重情感轻理智的表面之下，她们能攫住现实，而且比男人更接近人生，我很尊重这个，她们懂得人生，而男人却只知理论。她们了解男人，而男人却永不了解女人。”可见，女性与男性在心理特征上表现出极大的不同。

在认知上，女性触觉、嗅觉、痛觉的感受性高于男性，这就造成女性遇到事情时更敏感或更容易反应过度。在情绪情感方面，女性的主观体验较强，感受性高，情绪持续时间长，迁移范围更大，控制能力更弱，易于流露自己的感情。这些方面使得女性更容易出现心理问题。

此外，女性的心理发展在不同阶段有着不同的特点，表现出典型的心理特征。例如，青春期女孩的情感内容丰富多彩，而且善于用各种方式表达内心丰富的情感；波动性和敏感性较大，在情绪方面常表现出不稳定性和高度的敏感性，遇到挫折或成功容易动感情。她们有时兴高采烈、热情高涨，有时沮丧焦虑、神经质、爱发脾气，这种情绪的变化会持续几分钟、几个小时甚至数天之久，这种情绪的变化影响学习，并且影响和他人的关系。女孩比男孩在青春期更容易出现心理问题。这一时期的女孩，在压力情境下更容易受到情绪问题的伤害，如抑郁。女孩比男孩表现出更多抑郁症状，如悲伤、想哭、感觉孤独和没有人爱。与男孩相比，女孩和家庭与朋友的关系更亲密，那么这些关系的中断也可能导致抑郁。女性高比例的抑郁首先出现在青春期早期和中期，并可能持续到成人期。据统计，这一年龄阶段女性的自杀率最高。

又如，青年女性的情绪逐渐显现出平衡、和谐和稳定的特征，具体表现为强烈、粗暴的情绪减少，温和、细腻的情绪占据主导地位。她们的情绪更容易转化为心境，持续时间较长，对心理状态和行为的影响变大，情绪体验也更加深刻。她们能够有意识地控制自己的情绪，避免直接的、冲动的情绪外露，尽可能以间接的形式表达自己的情绪。这一时期女性自我意识的发展表现为把原来主要朝向外界的目光转向自己，以了解自己的内心世界，这就使得自我意识分化为理想自我和现实自我，从而导致自我意识矛盾出现，表现为现实自我落后于理想自我。所以，此时期的女性常常感到人生的矛盾太多，内心痛苦而茫然，她们苦苦思索，力求摆脱这种痛苦和不安。同时，根据埃里克森的人格发展阶段理论，此阶段女性面临的发展任务是建立亲密感，减少孤独感，由此带来的亲密关系问题，往往成为困扰此阶段女性的重要心理问题。

（三）现代社会生活所带来的种种压力

现代社会是一个经济高速发展、信息爆炸的新时代，高竞争、高效率、高节奏成为现代生活的特点，每个人都面临着不同程度的压力，过度的压力是造成心理健康问题的主要因素。而作为身兼多重身份的女性，其面临着比男性更多的压力。

在职场上，随着女性更多地参与社会生活，女性在职场上的活跃度和重要性越来越明显，也面临着和男性一样的竞争和就业压力，据《绿皮书》调查得出，在职场女性的压力来源中，46% 的女性认为想要升职加薪是压力的主要来源，同时 26% 的女性认为工作强度大、时间长也给她们造成了很大压力，超过二成女性每周工作时长超过 45 小时。调查还显示，经济压力是影响职业女性生育计划的重要因素，50% 的职业女性认为养育孩子的责任太大，42% 是因为经济压力，36% 是因为工作压力。而受到传统社会文化观念及制度的影响，职场对女性并不太公平和友好，职场性别歧视的现象经常发生。女性即使付出和男性同样多的努力，拥有和男性相同的甚至高于男性的能力，但在职场上不能获得同样的回报，在社会上甚至广为流传“干得好不如嫁得好”，这对女性的心理造成了极大的失衡感。

在婚育方面，随着女性自我意识的增强，婚恋观也有了一定的改变，越来越多的女性追求实现个人价值。但是，传统的婚恋观要求女性到了一定的年纪要结婚生子、传宗接代，把时间和精力投入到家庭中；女性自身的生理特点也限制不能过晚生育，否则将面临较高的生育风险。面对实现自我价值和婚育的冲突，很多女性常常陷入极大的压力和焦虑中，“剩女”焦虑成为职场女性常见的一种现象，产后抑郁也成为孕产期女性高发的一种心理疾病，严重影响着女性的心理健康。

在家庭方面，随着社会的发展和妇女解放，女性的生活内容发生了极大的变化，现代女性完全打破了传统妇女只承担家庭角色的习俗，她们除了家庭角色外，还走入了社会，担负起了众多的社会角色，多重角色的冲突给女性带来了很大的压力。面对角色冲突的困扰，为保障家庭、社会需要和自我心态平衡，越来越多的女性将事业和家庭两不误的完美角色作为自己的追求目标，在事业与家庭、社会角色和家庭角色面前，女性的选择倾向往往是两全其美。但在我国现有的社会条件下，任何一种完美的追求都意味着很大的付出，对女性尤为如此。于是，女性为此平添了许多沉重的压力，增强了对角色冲突的主观感受，处在工作和家庭双肩挑而带来的心力交瘁、内外交困、自责内疚和不安的困境中，女性的身心健康受到极大的威胁和伤害。

三、维护女性心理健康的方法

（一）倡导性别平等

性别关系是人类最为重要的社会关系，当这种关系处在一个不平衡的状态时，女性往往也容易产生各种心理问题。性别平等对于促进女性心理健康具有十分重要的意义，性别平等观念对女性人格的形成起着重要的作用。传统社会以男性为中心，所塑造的是依附型女性人格。现代社会虽然尊重女性，倡导男女平等，但传统性别观念依然根深蒂固，不仅贬低女性的价值和贡献，而且将女性边缘化，形成女性人格的依赖。社会性别观念认为，只有改变女性被边缘化的状态，实现女性主体性，反对男性的垄断，才能实现社会的公正，实现男女平等。性别平等就要做到尊重女性的需要；平等地对待女性，在职业等领域消除性别歧视；调动女性的潜能，相信她们能依靠自己的力量解决面临的问题。

性别平等不仅是女性解放的目标，也是社会文明进步的标志，是女性作为完整独立的主体人格的思想基础和外在条件。具备性别平等意识，就能够挑战传统社会建构的以男性为中心的观念以及与此相关的社会现象，提升女性的自尊自信，发挥女性的主体性，唤起女性的主体意识，促进女性的成长。

（二）形成良好的自我概念

自我评价的能力是一种基本的心理素质，一个人能对自己做出实事求是的评价，才能形成正确的自我观念，做到自尊、自爱、自信、自强，从而保持乐观进取、积极向上的健康心态。相反，如果一个人不能客观地评价自己，就会导致自我观念上的偏离现象，自我评价过高，可能造成妄自尊大、目空一切等不良个性特征；自我评价过低，可能造成妄自菲薄、胆怯退缩等不良个性特征，这些都会妨碍个人潜能的发挥，降低主体对环境的适应能力。有些女性在自我认知与自我评价中容易出现走极端的现象，要么觉得自己一无是处，不相信自己的能力，觉得自己无法担任更多的责任；要么觉得自己一切皆好，表现出一副气势凌人的样子。于是，一旦在某方面稍有成绩，便沾沾自喜；一旦在某方面受挫，又会全盘否定自己的价值。所以，要纠正单一的自我概念，建立起多元的自我概念，全面、正确地认识自己。

（三）加强心理健康保健意识，学习心理调适的方法

在平常生活中，女性要加强心理健康保健意识，面对压力所带来的紧张负面情绪，可以通过学习一些方法进行自我调适，以维持心理健康，具体方法如下。

1. 暗示调节

心理学研究表明，暗示作用对人的心理活动和行为具有显著的影响，内部语言可以引起或抑止不好的心理和行为。自我暗示即通过内部语言来提醒和安慰自己，如提醒自己不要灰心、不要着急等，以此来缓解心理压力，调节不良情绪，如阿Q精神，酸葡萄、酸柠檬心理都属于此类方法。

2. 放松调节

放松调节是通过对身体各部位主要肌肉的系统放松练习，抑制伴随紧张而产生的血压升高、头痛以及手脚冒汗等生理反应，从而减轻心理上的压力和紧张焦虑情绪，用放松的方法来调节因挫折所引起的紧张不安感。放松分为呼吸放松、肌肉放松以及想象放松。

呼吸放松是指通过某种特定的呼吸方法来解除精神紧张、压抑、焦虑和急躁等。比如，紧张时，采用深呼吸的方法可减缓紧张感，平时也可以到空气新鲜的大自然中去做呼吸训练，使情绪得到良好调节。

肌肉放松是指通过肌肉的一张一弛进行放松，可以运用到身体的各个部位进行练习，如头部、颈部、肩部、腿部等。

想象放松是指在想象中对现实生活中使自己感到紧张焦虑的事件进行放松，并使之迁移，从而达到能在真实的挫折情境和紧张的场合下应对各种不良的情绪反应。想象放松的基本做法是：首先学会有效地放松；其次把挫折和紧张事件按紧张的等级从低到高排列出来，制成等级表；最后由低向高进行想象训练，就能达到改善情绪的目的。

3. 认知调节

美国心理学家艾利斯认为，人的情绪和行为障碍不是由于某一激发事件直接引起的，而是由于经受这一事件的个体对它不正确的认知和评价所引起的信念，最后导致在特定情景下的情绪和行为后果。因此，可以通过改变不合理信念达到调节情绪的目的。

（四）积极寻求心理帮助

女性在现实生活中出现的各种心理问题若得不到及时的辅导和调整，长期压抑会导致心理障碍与心理疾病，影响女性的身心健康。因此，当女性面临的压力大到自己无法调节，或者缺乏相关心理调适方法时，应该求助于专业心理咨询机构。心理辅导、心理咨询与心理治疗是运用心理学有关理论和知识来帮助来访者解决各种心理问题、排遣各种负面情绪、调整心态、调适行为、恢复正常心理行为的一种专业技术和手段。社会中很多人对心理咨询存有偏见，认为求助于心理机构进行心理咨询的人是不正常的人，很多女性有心理求助的需求，但是在这种社会偏见的影响下，害怕去专业机构求助，导致心理问题积压，最后造成悲剧性的后果。因此，现代女性应该改变这种观念，加强心理保健的意义，这样才能更好地维持身心健康。

第三节　女大学生常见心理行为问题及调适

随着我国高等教育的发展，女大学生在高校所占比例越来越大，2018 年全国高校新入学的本科大学生群体性别比例调查显示，女生所占比例超过 55%。女大学生作为一个被关注的群体，其心理健康问题也引起了越来越多人的重视和研究。本节从自我意识、人际关系、恋爱、情绪四个方面讨论女大学生常见的心理问题，并提出相关调适方法。

一、自我意识方面的问题及调适

自我意识是个人对自己的意识，一般包括个体对自己身心状况、特征的意识以及对自己与他人、与周围客观世界关系的意识。从结构上看，自我意识由自我认知、自我体验和自我监控三种成分构成。自我认知是指主观我对客观我的认识和评价，包括自我感觉、自我观察、自我分析和自我评价等，是对“我是一个什么样的人”这个问题的回答；自我体验是在自我认知的基础上所表现出来的自己对自己的情绪体验，包括自尊感、自信心、自豪感、成功感、自卑感等，是对“我是否满意自己”这个问题的回答；自我监控是指个体对自己心理活动和行为的调节与控制，包括自我检查、自我监督、自我控制等，是对“我应该如何做”这个问题的回答。健康的自我意识是心理健康的重要组成部分,部分女大学生在自我意识形成与发展的过程中出现偏差,导致诸多心理健康问题,影响她们的生活与学习。

(一)女大学生常见自我意识方面的问题

(1)过度自我中心。过度自我中心通常表现为个体只从自我角度出发,按照自己的标准去认识和评价事物,不考虑他人的想法和感受。有些女大学生受成长环境以及自身心理发展的影响,容易陷入过度自我中心,常常认为自己是对的,别人都是错的,希望周围的人按照她的想法对待她。这种类型的女大学生要么盲目乐观、自以为是,要么悲观沮丧、自我否定,容易引起别人的反感和不满,不易被周围环境和他人接受与认可,造成人际关系紧张。

(2)错误的自我评价。女大学生自我意识发展过程中容易陷入两种错误中,一种是过高的自我评价,另一种则是过低的自我评价。过高或过低的自我评价往往会导致个体自我意识在确立过程中的过分自负或过分自卑这两大心理缺陷。

有些女大学生喜欢高估自我,对自己肯定的评价远远超出自己的实际能力和表现,用放大镜看自己的长处,很少认识到自己的缺点和短处,同时用显微镜看别人的短处,很少看到别人的长处。这种类型的女大学生要么以幻想的自我代替现实中真实的自我,只接受幻想中完美的自我,而不能接纳现实中平凡的、不完美的自我,受到一点挫折就一蹶不振,严重时容易引发过激行为;要么以"我好你不好,我行你不行"的思维模式与人交往,喜欢居高临下、颐指气使,以为谁都比不上自己,一旦遇到挫折,总把失败的责任推到别人身上,很难与他人处理好人际关系,严重时容易引发反社会行为。

有些女大学生,过低评价自己,经常处于自我拒绝状态。她们对理想的期望较高,而又无法达到,对现实不满意,而又无法改进。由此,她们产生否定自己、拒绝接纳自我的心理倾向。这类女大学生往往对自我过分怀疑,压抑自我的积极性,并可能引发严重的情感损伤和内心冲突。她们的心理体验常伴随较多的自卑感、自信心丧失、情绪消沉、意志薄弱、孤僻、抑郁等现象,尤其是当面对新的环境、挫折和重大生活事件时,常常会产生过激行为,甚至酿成悲剧。近几年来发生的大学生自杀事件中有相当一部分就是由此心理问题所导致的。

(3)自我同一性混乱。自我同一性是一个与自我、人格的发展有密切关系的多层次、多维度的心理学概念,玛西亚等心理学家这样界定它:

同一性是指个体将自身动力、能力、信仰和历史进行组织、纳入一个连贯一致的自我形象中。简单地说，自我同一性是指生理的自我、心理的自我与社会的自我整合统一。心理学家埃里克森将人的一生的人格发展分为八个阶段，每个阶段都有发展的任务以及面临的危机，青少年期面临的发展任务为建立自我同一性，如果不能完成，就会造成角色混乱。女大学生在同一性的发展阶段，容易出现混乱状态，如不能对自己有一个较好的认知，出现“我是谁”的迷茫；对未来缺乏目标和方向，产生“我想做什么”“我能做什么”的困惑。很多女大学生缺乏学习的热情，没有对专业的探索精神，抱着只想混一纸文凭的心态，导致大学期间浑浑噩噩，空虚无聊。这是同一性混乱的表现。

（二）调适方法

1. 准确地认识自我

德国著名作家约翰·保罗曾说：“一个人的真正伟大之处，就在于他能够认识自我。”只有对自己的价值观、愿望、动机、个性等特征有一个正确的、全面的认识和评价，才能够取长补短、调控自我、发展自我和完善自我，提高自己参与社会的积极性，协调自己与他人的交往，处理好个人与社会、个人与他人的关系。因此，准确地认识自我是自我意识健全的前提条件。女大学生可以通过以下方法认识自我。

第一，通过自我反省认识自我。女生可以养成写日记的习惯，通过写日记梳理自我认识和自我体验，反省自我，同时可以发泄不良的情绪。

第二，在他人的评价中认识自我。他人是一面镜子，能帮助我们从不同的角度认识自己。女大学生应多参与社会交往，多利用“镜子”的功能更全面地认识自己。

第三，在与他人的比较中认识自我。有比较才有鉴别，而比较就必须有恰当的参照系。女大学生可以通过与同龄伙伴在个性、能力、与人交往的态度、情感表示方式等方面进行比较，找出自己的特点，确定自己在群体中的地位，进一步认识自己。

第四，通过活动成果的价值来认识自我。个体的价值常常是通过活动成果的价值来评判的。女大学生应多参加比赛、社团等实践活动，在活动中进行学习，在活动中反思，在活动中积累经验，在活动中更多地发现自己的潜能。

2. 积极地悦纳自我

心理研究表明，心理健康者更多地表现出对自我的接受和认可，而心理障碍者则明显地表现出对自我的不满和排斥。有些女大学生对自己的容貌、性格、能力、家庭等某些方面不满，而又无法改变，便产生了自我排斥的心理。对自己的不满过于强烈，就会加剧心理矛盾，产生心理疾病。由此可见，悦纳自我是形成健康心理的重要元素。女大学生要学会悦纳自我，须做到以下几点。

首先，要全面、正确地评价自我。要正确对待女性在社会发展进程中的地位和作用，避免消极悲观的态度和以偏概全的非理性思维；不夸大自己的长处，也不放大自己的不足。

其次，悦纳是全方位的，要用接纳的态度对待优劣。对那些与生俱来的优势不必沾沾自喜，而对于那些无法改变的劣势，更不必耿耿于怀；用接纳与包容的态度，把优势发挥到极致，直面无法改变的劣势，尽可能地完善自我。

最后，要正确地对待失败。失败乃成功之母，成功固然令人欣喜，但失败也可以让人积累经验，从而为成功创造条件。女大学生在失败面前要转换角度，既要总结失败的原因，又要善于发觉失败中暗藏的机会和希望。

3. 有意识地自我塑造

认识自我，悦纳自我，都是为了更好地塑造自我、实现自我。大学阶段是人生重要的准备期，这个时期的女大学生尤其需要注意塑造自我，为在日后的社会竞争中取得成功打下良好的基础。女大学生有效塑造自我可以从以下几个方面进行。

第一，要确立明确的行动目标。人的行为特点是有目的的行为，一般来说，有目标指向的行为较无目标指向的行为成就要大得多。女大学生在大学期间要做好职业生涯规划，确立短期、中期、长期等各种类型的目标，根据目标形成行动方案，在目标的指引下行动。

第二，确立合理的理想自我。理想自我是女大学生的一盏明灯，激起她们奋斗的热情，指引她们一步步地实现自己、超越自己。女大学生在确立理想自我的时候，必须认真学习，积极实践，认真反思，提高自己的知识经验储备以及思辨能力，确立符合社会实际的理想自我，而不是让理想自我只停留在梦里。

第三，围绕自我塑造的目标，挖掘自身潜能，进行自我完善和自我超越。女大学生应注重提高自身修养，广泛阅读，开阔视野，拓宽思维，培养多方面的兴趣爱好，建立积极的认知模式，学会应对来自外部和内部的心理困扰，健康和谐地自我发展、自我完善。

二、人际关系方面的问题及调适

大学是人际关系走向社会化的重要时期，大学生有着强烈的人际交往需求，但是由于缺乏交往技巧以及受自身认知、性格等方面的影响，由人际关系引发的心理问题在大学生中最常见。和男大学生相比，女大学生更感性，人际交往的需求更强烈，在交往的过程中更注重情感的因素，再加上女性心理的特点，由不良人际关系引发的心理问题在女大学生中尤为常见和突出。

（一）女大学生常见人际关系方面的问题

1. 认知偏差

人际交往的成功，有赖于对自己、对他人以及对自己与他人之间交往状态的正确认识。正确认识自己，才能在交往中扬己之长、避己之短，提升自己在交往中的人际吸引力；正确认识他人，才能在交往中掌握主动权，采取正确的交往策略；正确定位自己与他人的关系，才能在交往中表现出得体的交往行为。如果在这些方面存在认知上的偏差，就很可能导致交往失败。女大学生在认知上更容易受到晕轮效应、刻板印象、定势效应、投射效应等因素的影响，导致对他人的认知发生偏差，给交往造成一定的负面影响。例如，女大学生会对外表吸引人的同学赋予较多理想的人格特征，这是晕轮效应。女大学生很容易在人际交往过程中机械地将交往对象归于某一类人，不管他是否呈现出该类人的特征，总要把对该类人的评价强加于他，这是刻板印象。女大学生认知他人时，常常会不自觉地产生一种有准备的心理状态（出现原有的某种想法），并从这种心理状态出发，按照事物一定的外部联系进行认知和评价，于是也就产生了定势效应，女大学生尤其喜欢用这种定势效应来处理宿舍的人际关系。女大学生喜欢用自己的主观愿望去投射别人，如自己喜欢别人，认为别人也同样喜欢自己；讨厌别人，认为别人也同样讨厌自己，这是投射效应。

2. 情绪障碍

女大学生情感丰富而强烈，在交往过程中容易因为情绪化色彩浓重而造成交往障碍，常见的情绪性障碍主要有孤僻、嫉妒、猜疑和自卑等心理。例如，有的女大学生孤芳自赏、自命清高，不愿与人为伍，常有孤独心理；有的女大学生对别人的长处、取得的成绩十分不满，抱有憎恨心理，冷嘲热讽，甚至做出不道德的行为；有的女大学生总觉得别人在背后说自己的坏话、看不起自己，认为人人不可信、不可交，常有消极心理；有的女大学生缺乏对自己的正确认知，总觉得自己不如别人，害怕当众出丑，害怕失去尊严和面子，常有忧郁心理。女大学生的这些情绪障碍，严重影响到她们的人际交往，让她们体验不到舒适、亲密的关系，从而导致心理行为问题。

3. 行为障碍

行为是思想支配的结果，是情感的外在表现，交往中的行为障碍通常是伴随着认知和情绪障碍一同出现的。女大学生交往中的行为障碍主要表现在任性和退缩两个方面。有些女大学生由于成长环境优越，从小父母对其几乎是有求必应、百依百顺，这就导致了她们过分地以自我为中心，不太顾及环境和他人，她们的行事原则就是“我愿意，我乐意，我喜欢，怎么着？”，要求别人迁就自己。久而久之，这种任性行为会让身边的人逃之夭夭、避而远之。有些女大学生性格内向腼腆，她们在交往中不敢采取主动，在交往中缩手缩脚，像蜗牛一样把自己包裹在一个封闭的状态中，这是交往中典型的退缩行为，这种行为令她们失去了许多建立良好关系的机会，使她们感到懊恼，经常埋怨自己“没用”“没出息”，造成了极大的心理负担。

（二）调适方法

1. 打破认知偏差

人际交往中的认知偏差是对交往对象真实情况的歪曲反映，表现出人在人际认知中的非理性状态，影响到良好人际关系的建立。女大学生在人际关系中，应该多觉察对他人以及对自己的评价，是否从一个公平、公正的角度进行评价，评价时是否受到刻板印象、投射等主观因素的影响。只有这样，才能不带“有色眼光”看人，理性地对待他人和自己，建立良好的人际关系。

2. 保持平和的心态

女大学生在人际交往中情感性很强，她们对人的认识极易受情绪波动的影响，更加在乎周围人对自身的态度评价。当他人肯定和表扬了自己，情绪就很好，觉得一切都是美好的，同学们都是那么可爱友善；而一旦遇到批评或指责，情绪则一落千丈，觉得人人都与自己过不去，处处都要碰壁，容易心灰意冷。在人际交往中，女大学生要保持平和的心态，不骄不躁，不亢不卑，才能赢得他人的尊重和欣赏，才能拥有良好的人际关系。

3. 尊重和悦纳他人

尊重他人、平等待人是人际交往的前提和基础。无论自己有多大成绩或优势，无论在任何场合，都要懂得维护他人的自尊心，把交往的每个人都当成重要人物来对待。每个人身上都会有这样那样的优点和缺点，很多女大学生往往会不在乎自身的缺点，但是把别人的缺点放大，视而不见他人的优点。事实上，要想构建一份和谐的人际关系，则一定要多看到他人的长处、闪光点，而对他人的缺点和弱点要接受和理解。学会欣赏和赞扬他人。美国心理学家威廉·詹姆斯说过："人性中最深切的素质，是被人赏识的渴望。"因此，女大学生在人际交往中不要吝啬自己的赞语，发自肺腑的、真诚的赞扬能保持友谊之花永不凋谢。

4. 培养积极品质

决定人际关系是否和谐的主要因素在于个人的内在品质。美国心理学家安德森曾在大学生中调查并归纳了影响人际关系的主要个性品质，其中最积极的品质为真诚、诚实、理解、忠诚、真实、可信、智慧、可信赖、有思想、体贴、热情、善良、友好、快乐、不自私、幽默、负责、开朗、信任，这些都是容易建立和谐关系的品质。因此，对于女大学生来说，努力培养自己积极的品质，摒弃任性、自私、自负、偏执等消极品质，才能做一个受人欢迎的人。

三、恋爱方面的问题及调适

爱情是大学最美丽的一道风景线，随着生理的成熟和性意识的觉醒，女大学生对爱情充满了憧憬和向往。爱情既可以是美酒佳酿，给人以莫大的幸福和快乐，让人陶醉；也可能是一杯苦酒，给人带来无穷的痛苦和烦恼，使人坠入深渊。恋爱问题是最困扰女大学生的问题之一，处理不当会导致负面的情绪、过激的行为，甚至带来一些灾难性的后果。

（一）女大学生常见恋爱方面的问题

1. 恋爱认知偏差

对于恋爱，大多数女大学生持积极的看法和态度，但也有一些女大学生存在恋爱认知方面的偏差，具体表现在：认为干得好不如嫁得好，将恋爱作为实现人生价值的跳板，缺乏学习的动力；认为读大学不谈恋爱是一种遗憾，会被别人嘲笑，为了恋爱而恋爱，盲目交友，随波逐流，从众心理严重，缺乏对待爱情的慎重态度；认为谈恋爱是打发无聊时间的好方法，利用不断地谈恋爱排遣寂寞、空虚；认为谈恋爱是一场好玩的游戏，以游戏的心态对待，缺乏责任心和认真的态度。以上种种认知偏差容易导致女大学生心理上、情感上以及行为上的一系列问题。

2. 缺乏正确处理两性关系的能力

在我国，性教育还比较落后，很多大学生还没有形成科学健康的性观念，在两性关系的处理上能力欠缺。很多女大学生由于两性知识的缺乏以及性观念的不合理，对在恋爱中怎么处理两性关系感到迷茫和困惑；或者认为恋爱中两个人就要紧紧地绑在一起，不能有彼此独立的空间，依赖心理严重，让对方倍感压力；或者持有传统的将女性物化的心理，认为要靠讨男朋友欢心才能维持爱情的稳定，对男朋友的一些非合理要求不知道怎么拒绝，也不敢拒绝；对于在恋爱关系中的矛盾冲突，不知如何有效处理，要么回避，要么争吵，甚至采取一些激烈的方式，最终伤人又伤己，痛苦不堪。

3. 承受恋爱挫折的能力不强

在追求恋爱的过程中，可能遭到对方的拒绝而使自己的恋爱受挫，也可能因对方的退出而遭受失恋。女大学生在遭受恋爱挫折时，容易引发认知上的偏差和情绪上的负面消极状态，如认为自己很差劲，不值得爱，一味否定自己，产生了失败和自卑心理；认为对方辜负了自己的深情，产生仇恨和报复心理；认为自己是一个爱情的失败者，没有能力处理好爱情的关系，产生了对爱情的恐惧心理；认为生活再也没有了意义，活着没意思，产生抑郁心理。这些负面认知和情绪如果不能得到及时的调节，会严重影响到她们的学习和生活，甚至引发过激行为。因为失恋而引发的伤己的悲剧，在高校里也并不少见。

（二）调适方法

1. 建立正确的恋爱观

正确的恋爱观对恋爱实践具有指导作用，有助于形成良好的恋爱关系。女大学生要形成正确的恋爱观。首先，要端正恋爱动机，不要为了空虚、好玩、虚荣、物质需求等原因去恋爱，爱情是一种高尚纯洁的情感，需要认真对待；其次，在恋爱中理性评价他人和自己，不要因为渴求一份不健康的爱而丧失自我，也不要因为遭受恋爱的挫折而全盘否定自己和他人；再次，要懂得爱情是相互理解、相互信任、相互包容，而不是控制和占有；最后，要摆正爱情的位置，平衡好爱情与学业的关系，不要把爱情视为大学生活的全部，而看不到其他美丽的风景。

2. 学习爱的技巧

爱是一种能力，女大学生需要不断地去学习。首先，要学会表达爱。面对喜欢的人或者恋人，要勇敢真诚地去表达爱，不要因为害怕被拒绝而错失表达爱的良机。其次，要学会维持爱。在与恋人相处的过程中，用对方喜欢的方式去爱对方，不要以爱为名去控制对方。最后，要学会合理拒绝爱。面对不能接受的人，采取温和而坚定的方式拒绝，不要伤害对方的自尊心。

3. 学会失恋的自我调节技巧

在面对失恋的挫折时，女大学生可以从以下几个方面进行调节。首先，接受失恋的事实，不要一直沉浸在不愿接受、不愿相信的情绪里；其次，及时疏导心中负面的情绪，可以大哭一场，可以找朋友倾诉，可以做一些喜欢的事转移注意力，也可以寻求学校心理咨询中心的帮助；再次，认真分析失恋的原因，对失恋进行合理归因，为下一次恋爱积累经验；最后，努力把精力投入到学习或其他活动中去，使自我得到升华。

四、情绪方面的问题及调适

女性情绪易受环境的影响而波动，女大学生情绪发展还处于不太稳定的时期，大学生活带来的压力易引起她们情绪波动，导致一些负性情绪的产生。若不及时调整和宣泄，会损害她们的身心健康。

（一）女大学生常见情绪问题

1. 焦虑

焦虑是个体对即将发生的某种事件或情境感到担忧和不安，又无法采取有效措施加以预防和解决时产生的负性情绪体验，包含紧张、不安、害怕、担忧、烦恼等多种混合情绪。心理学家认为，适度的焦虑有利于自我能力的发挥，但高度焦虑则会影响一个人的精神状态、认知和行为效率，严重焦虑会导致身心疾病的发生。针对国内高校大学生群体的心理健康调查显示，焦虑是常发的心理问题，并且存在性别差异，女大学生的焦虑水平高于男大学生。女大学生的焦虑主要体现在适应焦虑、自我形象焦虑、学习焦虑、人际关系焦虑、恋爱焦虑和就业焦虑这些方面。

2. 抑郁

抑郁是一种感到无力应付外界压力而产生的消极情绪，常表现为情绪低落，思维迟缓，郁郁寡欢，丧失兴趣，体验不到生活、学习的快乐，感到绝望，并伴随着食欲减退、失眠等躯体症状。当前，抑郁已经是全球威胁人类身心健康的巨大隐患之一，抑郁患病率呈逐年上升趋势。大学生是抑郁的高发群体，因为抑郁而导致自杀的新闻报道早已常见，并且女大学生的抑郁水平高于男大学生。现代女大学生面临着和男大学生一样的压力，甚至更甚，女性的心理特点使得她们更情绪化，也更容易出现抑郁状态。

（二）调适方法

1. 合理情绪治疗

合理情绪治疗又称为“ABC 理论”，是由美国心理学家艾利斯于 20 世纪 50 年代创立的。艾利斯认为，经历某一事件的个体对此事件的解释与评价、认知与信念，是其产生情绪和行为的根源，因此不合理的认知和信念会引起不良的情绪和行为反应。只有通过疏导、辩论来改变和重建不合理的认知与信念，才能达到治疗的目的。其具体操作为：首先，找到自己的不合理信念；然后，与不合理信念进行辩论；最后，以合理的思维方式代替不合理的思维方式。

2. 正念减压疗法

“正念”这个概念最初源于佛教禅修，是从坐禅、冥想、参悟等发展而来的。美国卡巴金博士将其定义为一种精神训练的方法，强调有意识地觉察、将注意力集中于当下，以及对当下的一切观念都不做评判。他创立的正念减压疗法具体操作方法为：首先需要做的是为自己选择一个可以注意的对象，可以是一个声音，或者单词，或者一个短语，或者自己的呼吸、身体感觉、运动感觉；在选择完注意的对象之后，需要做的是舒服地坐着，闭上眼睛，进行一个简单的腹部呼吸放松练习（不超过一分钟）；然后，调整呼吸，将注意力集中于所选择的注意对象。当被试在训练的过程中，头脑中出现了其他的一些想法、感受或者感情从而使被试的注意力出现转移也不要紧，只需要随时回到原来的注意力上就可以。无论头脑中出现什么想法，都不用担心，只需要将注意力简单地返回到呼吸上来就可以，不用害怕，不用后悔，也不用任何评判。这样训练 10 ～ 15 分钟之后，静静地休息 1 ～ 2 分钟，然后再从事其他正常的工作活动。

3. 宣泄法

当消极情绪产生时，有些女大学生会用压抑来减弱或掩盖情绪，消极情绪堆积多了，往往会产生爆发性的不良后果。因此，只有选择适当的地点、时间、场合，用恰当的方式宣泄不良情绪，才有利于身心健康。女大学生可以采取哭泣、倾诉、写日记、运动、逛街、唱歌等方式合理宣泄情绪。

本章小结：

健康是人类永恒的话题，人们对健康的认识正在发生着极大的变化，健康的概念已从传统的生物医学模式走向生物—心理—社会模式。心理健康是个体一种良好的心理状态，它使个体能保持内在精神世界的协调以及外在良好的社会适应行为。

现代女性的心理健康现状不太乐观，焦虑和抑郁是两大高发的心理问题；性别文化制度、女性自身的心理特点、多重角色带来的多重压力是影响女性心理健康的主要因素；倡导性别平等、形成良好的自我概念、加强心理健康保健意识、学习心理调适的方法，有利于维护女性的心理健康水平。

女大学生是特别受关注的一个女性群体，常见心理问题主要集中在自我意识方面、人际关系、恋爱以及情绪四个方面：自我意识方面常见的心理问题主要体现在以自我为中心、错误的自我评价、自我同一性混乱等方面，可以从准确认识自我、积极悦纳自我、有意识地自我塑造等方面进行调适；人际关系方面常见的心理问题主要体现在认知偏差、情绪障碍、行为障碍等方面，可以从打破认知偏差、保持平和的心态、尊重和悦纳他人、培养积极品质几个方面进行调适；恋爱方面常见的心理问题主要体现在恋爱认知偏差、缺乏正确处理两性关系的能力、承受恋爱挫折的能力不强等方面，可以通过建立正确的恋爱观、学习爱的技巧、学会失恋的自我调节技巧进行调适；情绪方面常见的心理问题主要体现在焦虑和抑郁两个方面，可以从合理情绪治疗、正念减压疗法、宣泄法进行调适。

材料分析：

北大女生自杀事件

2019 年 10 月 9 日，北京大学法学院女生包丽（化名）在北京市某宾馆服药自杀，送医救治期间被宣布“脑死亡”。包丽母亲认为，包丽男友牟林翰的折磨是导致包丽自杀的主要原因，而牟林翰对此予以否认。牟林翰与包丽系恋人关系。牟林翰为北京大学政府管理学院 2015 级本科生，曾任北京大学学生会第 34 届执委会副主席。而包丽自 2017 年 9 月起任北京大学学生会文艺部部长，是北大学生会第 35 届执委会主席团候选人。2019 年 12 月 13 日，北京大学取消牟林翰推荐免试攻读研究生资格。

2020 年 4 月 11 日，北大女生包丽（化名）事件代理律师称，包丽已于 4 月 11 日中午去世。4 月 12 日，包丽母亲向新京报证实了这一消息。7 月 9 日，包丽母亲发布消息称包丽男友于 2020 年 6 月份因涉嫌“虐待罪”被警方采取强制措施，据《南方周末》报道，该消息得到北京警方一位内部人士的证实。

据事后曝光的微信聊天记录，两人恋爱期间，牟林翰对包丽使用大量侮辱性言语，要求包丽称自己为“主人”，甚至要求她在自己身上纹“牟林翰的狗”，并且录制文身的整个过程；除此之外，牟林翰还更进一步地要求包丽“为我怀一个孩子，然后去把他打掉，我留下病历单”或让包丽去“做绝育手术，然后把病历单给我”。对于牟林翰的冒犯和虐待倾向，包丽曾提出警告乃至提出分手，但在牟林翰多次以自杀为威胁等情况下，最终未能与牟林翰摆脱关系。

包丽自杀事件的曝光，引发舆论对亲密关系中的精神控制、PUA、“字母圈”等问题的关注和讨论。有评论建议，学校应建立心理救济机制，或通过加强“关于爱的基础教育”挽救下一个“包丽”；也有法律界人士探讨对此类情况追究民事及刑事责任的可能。

（资料来源：百度新闻）

分析讨论：

1. 导致包丽自杀的原因是什么？
2. 如何处理恋爱中的两性关系？
3. 为了避免包丽的惨剧再发生，高校心理健康教育应该如何做？

延伸阅读 / 参考书目：

[1] 吴博 . 女性心理健康教育 [M]. 西安：西安电子科技大学出版社，2013.

[2] 钱焕琦，梅国英 . 阳光女性：女性心理健康 [M]. 北京：中国劳动社会保障出版社，2009.

[3] 侯典牧 . 女性心理学 [M]. 北京：北京师范大学出版社，2018.

[4] 周全新，李小玲，孔彬 . 大学生心理健康教育 [M]. 西安：西安交通大学出版社，2014.

[5] 肖少北 . 大学生心理健康教育 [M]. 广州：暨南大学出版社，2010.

其他资源 / 视频材料或网络资源链接：

1.《心理访谈》：解密骗局，伸向女大学生的魔爪

http://tv.cctv.com/2015/01/23/VIDE1422028614293334.shtml?spm=C81395.PxaSiJqcuplg.EkW17a86bIiZ.726

2. 电影：《蒙娜丽莎的微笑》

http://v.qq.com/detail/d/dydbrfbl3vy6dv2.html?ptag=10521

第八章　女性与审美研究——仪态礼仪的视角

第一节　女性形象与仪态的审美表达

教育家陶行知说过：“美的良知一旦焕发出来，比之道德自觉与发现功效是强得太多了，美就是一步到位的道德。”康德在《判断力批判》中对美的实质表述为“美是道德观念的象征”，在审美价值标准多元化时代，充分发现和展示女性美，对于不断提升女性的主体意识，发展和繁荣性别文化以及构建和谐社会都具有重要的社会意义。本节主要介绍女性审美的特征及仪态与礼仪的审美表达。

一、女性审美要义

审美是人对美的对象的具体感受过程中的精神活动。审美意识是指进入审美境界中的人的特殊意识形式，是一种更全面、更自由、更高级的意识类型。由于女性的生理机能、心理特点和学习实践等方面与男性有较大的不同，因而在审美意识方面独具特性。特别是对于城乡发展越来越都市化、都市发展越来越时尚化的青年女性，是当代社会中审美意识变化最大的一类群体，她们的审美情趣与意识的变化影响着社会风尚的变化。之所以这么说，主要原因是在审美意识方面，她们正处于六个“特殊时期”。

（一）处于审美感知的敏锐时期

青年女性正处于身体发育的成熟时期，大脑发育已经健全，思维敏捷，神经系统反应迅速，她们的感觉器官比少年成熟，尤其是自我意识的强化、感情的丰富、性意识的觉醒，使她们对美的向往和追求特别强烈，审美感知显得十分敏锐和活跃。例如，城市青年女性要比少年和成年人更加注意对自己形象的审美感知，如果脸上有雀斑或单眼皮等，往往会使她们为此产生一种审美意义上的担忧。在穿着打扮上，少年往往更多地依从父母的意见，成年人则多考虑社会的看法和自身的审美获得感，而多数青年女性则主要根据自己对美的敏锐感知行事。女性审美感的敏锐还体现在审美兴趣的广泛、对大自然的热切向往、对艺术的倾心偏爱及个性感知等方面。

（二）处于审美想象的活跃时期

审美想象是在原来对美的事物感知的基础上，对以往记忆中的事物表象加以分析和综合，从而产生以往未曾感知的美的事物形象的心理活动。

女性审美想象的活跃主要表现为：内容丰富，形式多样，并伴有浓厚的感情色彩。儿童时代的联想带有很大的随意性，荒诞离奇的东西较多，而青年女性已经能够较自觉地对某一事物进行集中和有指向性的联想。少年的联想主要涉及自然景物和人物外部特征，而青年人的联想已广泛涉及职业、家庭、人生、社会等领域。由于女性更为细腻、用心，因此她们的联想还往往能与视、听、嗅、味、触等感觉器官彼此沟通，互换感受领域。

女性审美想象的活跃还突出地表现在想象的创造性和浪漫性上。中小学生的审美想象有明显的、再现的特点，带有很多模仿、复制的特征，往往只是数量上的增减和外部结构的变形，而青年女性却能在审美想象中将感知的东西、记忆中贮存的表象做创造性的综合，从而创造出新颖、独特的形象。

（三）处于审美情感的强烈时期

审美情感是在审美过程中，主体对审美对象是否满足或适合自己审美需要的一种感受和体验。女性对美的感知力、想象力远胜于一般男性，特别是道德感、理智感和美感这三大高级情感有了显著发展，从而使她们的审美情感特别强烈。审美情感的基本表现状态可分为审美情绪和审美心境。一般说来，女性（特别是青年女性）的审美情绪有时不够稳定，较易呈现出外倾的两极性，因此她们的审美心境容易出现闭锁性与憧憬性并存。

她们在审美活动中往往容易流露自己的真情实感，审美情绪容易随审美活动中的情境和审美对象的变化而迅速起伏、急剧变化。当她们感到审美情感不便外露时，又往往把强烈的审美情感蕴积在心中，形成一定的审美心境，表面上似乎无动于衷，而内心已产生强大的情感力量。女性的审美心境出现的憧憬性是指女性对美的事物的感知和设想往往染上强烈的理想化感情色彩。强烈的审美情感使她们对美的活动，尤其是文学艺术类的活动特别喜爱。

（四）处于审美趣味不稳定的时期

审美趣味是个体在审美活动中表现出的爱好，表现为对现实事物以及艺术作品进行不同于理论评价的直接判断。青年女性的意志、性格正处于形成过程中，兴趣爱好广泛，但又往往容易转移，这就使她们的审美趣味非常不稳定。

青年女性审美趣味的不稳定有着鲜明的时代性，她们的审美价值观念受时代和社会的影响，时常在变。她们由于精力充沛，好奇心强，传统世俗的观念较少，易于吸收新的东西。例如，现代生活高效率、快节奏，使她们的审美趣味也朝这方面发生变化，如喜欢看情节紧张的电视剧、欣赏激情澎湃的音乐会和情节发展迅速多变的文艺作品。

审美趣味的不稳定状态还常以多变的形式表现出来。这种多变同当代青年女性审美趋于集体性和新奇性有关。她们在审美上对新颖奇特和流行的东西特别感兴趣，所以最容易受到大众传媒的影响。

（五）处于审美体验的丰富时期

所谓审美体验，是指被自然和艺术所感动乃至入迷而把全身心都沉浸进去的心理过程。审美体验往往来自两个方面：一是对审美对象的认识与理解；二是被生动的形象感染。青年女性已有了初步的社会生活经验和一定的审美经验积累，加上敏锐的审美感知、发达的审美思维、强烈的审美情感，这就使她们的审美体验丰富而又深刻。面对复杂的社会和人生，她们更容易产生对美好事物的体验，激发起为美好的生活而奋斗的激情；面对大自然的壮丽景色，女性更容易感情迸发、心驰神往，审美主体和审美对象似乎融合到了一起，就仿佛山河大川也具有了生命。这说明从丰富的审美体验中产生创造的情感冲动，是女性的一大审美特征。

（六）处于审美理想的形成时期

审美理想是体现人们关于理想的生活和理想的人生观念的那种完整的、具体可感的形象。审美理想体现在审美爱好和审美趣味中，具有内在和概括的性质，并对后者起支配作用。审美理想不仅包括可以用想象、情感来体验的生活图景、人物形象和诗情画意，而且还包括从审美角度用逻辑思维来评价和把握政治、道德等方面的思想观点。

当代青年女性已经逐步具有把多种多样的具体事实归纳成系统、规律的能力。随着社会实践经验的日益丰富及逻辑思维能力的提高,人生观日趋稳定和成熟,她们的审美理想也逐渐开始形成。女性审美理想的形成,一方面受人生观的制约,另一方面又同审美判断能力和审美表现能力密切相关。审美理想是人生观在审美方面的具体体现,它对当代女性的审美实践有着直接的指导作用。

二、仪态与礼仪的审美表达

我们都知道“孟子休妻”的故事,只因孟子在将要进房间时看见自己的妻子“伸开两腿坐着”,便向母亲表达出了自己的休妻之意。这是为什么呢?因为古人是非常讲究礼仪的,坐姿有坐姿专门的礼仪。古人认为唯一正规的坐姿是跪坐,跪坐是对对方表示尊重的坐姿,也叫“正坐”:席地而坐时,臀部压在后屈的小腿和脚踝上,腰背要挺直,双手规矩地放于膝上,身体气质端庄,目不斜视。有时为了表达说话的郑重,臀部离开脚踝,叫“长跪”,也叫“起”,乐羊子妻劝丈夫拾金不昧时,就用这个姿势说话。孟子妻“踞”而坐,即使在家人面前也是不允许的。

古代人比现代人更加重视礼仪,古人认为“行礼”不仅是出身、修养的体现,更是尊重他人的表现,加之古代往来不便,有时一别之后不知何年再见,甚至终生不再相见,所以古人在相交的过程中愈发注重自己的礼仪与仪态。良好的仪态与礼节在现代社会同样重要,“仪态得体,站有站相、坐有坐相”是对一个人仪态、修养最基本的要求。仪态,通俗理解是指人的仪表和姿态。人的年龄、体型等在相对的一段时间内不会发生太大变化,而人的神态、行为、一举一动却随时在变化,而且可控性也很强,因而我们要学会把握“形态与动态”的仪态。

(一)表情礼仪

表情是人们通过面部情态来表现内心情感的方式。真诚的微笑和坦诚的眼神就像无声的语言一样可以传达信息,表情礼仪探讨的正是眼神、微笑等方面的问题。

1. 眼神礼仪

眼睛是人的五官之首,更是面部表情的核心。在与人交往时,从一个人的目光中,可以看到他的整个内心世界。一个人具有良好的交际形象,目光应是坦诚、亲切、友善和炯炯有神的。

眼神的运用要注意时间、部位、方式三个方面。

（1）视线接触时间。在交谈的过程中，听的一方通常应多注视说的一方，目光与对方接触的时间一般占全部时间的三分之一，这是让人舒服的、可以感受到友好的目光接触时间。在交谈时，听者的目光四处游离则会给人蔑视之感；一直盯着对方会给人敌视之感，都是令人不舒服的目光接触。

（2）注视的部位。注视的部位在眼神礼仪中也是大有讲究的。比如，眼神凝视对方眼睛及以上的部分会给人一种正式、严肃之感；眼神盯着对方双眼到唇心这个区域，则会给人以放松、舒适之感；眼神注视着对方的唇或胸前第二个纽扣的位置，则会给人以亲近之感，适用于恋人与家人之间。

（3）注视的方式。眼神的注视方式有直视型、他视型、转换型、柔视型、无神型和热情型六种类型。直视型，顾名思义就是直勾勾地盯着对方，会使对方产生压迫感，用于审问犯人；他视型和转换型是指在他人讲话时眼睛望着别处或四处游离，这两种都是不尊重对方的表现；柔视型，虽然也是直视说话者，但目光柔和，会灵活变化角度，有神却不失温柔，是交谈时最恰当的注视方式，给人以轻松、舒适之感；热情型的注视方式会给人热情高涨、饱满之感，但这种注视方式并不适用于所有场合，因此应选择使用。

2. 微笑礼仪

“微笑礼仪”在现代已经发展成了人们日常见面常用的礼仪，它使人觉得和蔼、可亲、文明。微笑应是发自内心、自然流露的表情。轻松友善的微笑，要自然、美好、真诚，切忌虚假造作、故作欢颜、曲意奉承。另外，在融洽的气氛中，当对方向自己笑时，要有所回应，这也是最起码的礼貌。微笑分为含笑、微笑和轻笑。

（1）含笑。只动嘴角肌，有淡淡的笑意，适用于人与人初次见面、初次视线接触。

（2）微笑。比含笑的幅度稍大，可微微露齿，适用于在彼此关系进一步熟悉时的视线接触。

（3）轻笑。一般可露出 6 ~ 8 颗牙齿，表达真诚、平和与满意的情绪。

3. 整体表情

在公共场合或是社交场合，人的整体面部表情是十分重要的。在正式场合，说话时最好不要牵动眉眼，“眉飞色舞”“愁眉不展”“挤眉弄眼”“嘴歪眼斜”等类似的表情都是不雅观的，也会给人不稳重的感觉。交谈时也要注意说话时口型的中正，不要歪扭。

（二）举止礼仪

一个人所展现出来的仪态美实际上是教养、风度和魅力的综合体现。那什么是风度呢？风度可以理解为一个人举手投足间流露出来的气质。那什么是一个人的魅力呢？魅力就是一个人美妙的、自然的造型。古人所讲的立似松、坐如钟、行似风、卧如弓，实际上讲的是约定俗成的美。

1. 体态举止的内涵精神

举止优雅的重要性表现在以下三个方面。

第一，举止优雅、风度翩翩可以直接给人留下一个美好的印象，初步获得他人的认可。无论是何人，他们的心都是向举止得体、彬彬有礼的人打开的。态度生硬、举止粗俗只会使人倍生厌恶之情、憎恶之感。

第二，举止优雅的人往往能更快地得到他人的尊重，更容易走向成功。平心而论，你会去发自内心尊重一个行为、言语都粗俗不堪的人吗？我们只会把尊敬的目光投注到那些温文尔雅的人身上。因为他们优雅的行为可以让人心生愉悦，也可以使人平和下来，自然就会对他们心生亲近，愿意帮助、尊重他们。再加上温和文雅的人心平气和、善于克制，具有耐心和毅力，因而较易取得成功。而粗俗的举止总会给人带来不快和烦躁，从而让人不喜，并且他们的任性和粗暴也使他们与成功无缘。

第三，培养自己优雅的举止和文雅的个性也有助于自我身心健康发展。中医指出，人的情绪在很大程度上影响着健康，而只有温和文雅的人才能保持情绪的平衡和稳定，获得身心的健康。

2. 几种举止规范

（1）站姿礼仪。“站有站相”是我国礼仪要求中对一个人礼仪修养最基本的要求。挺拔、典雅的站姿是一种体态的美，良好的站姿能衬托出一个人良好的气质和风度。女性的站姿要求优雅柔美，所谓“亭亭玉立”，即轻盈、娴静、典雅的站姿。

“V”字形站姿动作要领及手位摆放。抬头、挺胸、收腹、提臀、下颌微收，双肩放松，两手放下在肚脐处呈交叉式放置，或者两手并拢，手指中指紧贴裤缝，整个身体呈挺拔立体站姿。腰部自然上拔，胸部稍挺，双肩放松稍下沉，呼吸自然匀称。双脚脚后跟并拢，脚尖分开成60°左右，呈小八字位，两腿内侧肌微用力合拢收紧。平时正式场合时需要此种站姿。

丁字步站姿动作要领。一般情况下左脚在前右脚在后，左脚的脚后跟放于右脚的脚窝处，两脚呈丁字形站立，抬头、挺胸、收腹、提臀、下颌微收，颈部挺直，双肩放松稍下沉，两手放下在肚脐处呈交叉式放置。腰部自然上拔，胸部稍挺，双肩需放松。

（2）坐姿礼仪。坐姿与站姿同属于静态姿势。正确规范的坐姿应该是端庄而优美的，给人以文雅、稳重、自然大方的美感。

入座式，即入座时要轻、稳、缓，要做到“左进左出”，即从椅子左边走到座位前，转身后轻稳地坐下。女子入座时，若是裙装，应用手将裙子稍稍拢一下再坐下，以防压到裙子致使起身后裙子出褶。一定不要坐下后再拉拽衣裙，那是非常不雅观的举动，而应再次起身将裙子拢好后再坐下。正式场合一般从椅子的左边入座，离座时也要从椅子左边离开，这是一种礼貌。如果椅子位置不合适，需要挪动椅子的位置，应当先把椅子移至欲就座处，然后入座。而坐在椅子上移动位置，则是不优雅的行为，同样也是有违坐姿礼仪的。入座后，神情仪态应从容自如，双肩平正放松，上体自然挺直，两臂自然弯曲放在腿上，亦可放在椅子或是沙发扶手上，总之应以自然得体为宜。双膝自然并拢，双脚并拢或交叠或成小“V”字形。

双腿斜放式，即侧点式，在基本坐姿的基础上，两腿并拢，将两脚同时放于左侧或右侧。

脚踝盘坐交叉式，即前交叉式，在基本坐姿的基础上，将两脚踝盘住，交叉垂直于地面。注意膝盖并拢，两脚尖外展。

斜叠式，即侧挂式，在基本坐姿的基础上，左（右）腿斜放，右（左）腿叠放于另一腿上，注意脚腕绷直，脚尖外展。

第二节　女性形象的自我认知与完善

女性只有了解自己形象的优势，知晓自己形象的不足，扬长避短，在保持本色的基础上不断地升华自己，广采博取，才能达到最佳的自我呈现。

一、女性形象的自我认知

当今社会对女性形象的理解存在着一定的误区，把女性当成花瓶装扮，大肆讨论如何化妆、如何健美、如何减肥、如何使自己的肌肤白嫩、如何使自己的三围达到标准等。社会上许多关于女性形象的书籍也是从这些方面来教导女性的，使得年轻女性尤其是少女一直处在美貌竞赛的巨大压力下，用男人观点从“外在”判断、批评自己的身体，而否定自己身体“内在”的感觉。一小部分年轻少女，每天会花上数小时时间，想要让自己看起来万无一失；几乎每一个女人都认为自己的身体某个部分“不对劲”，许多女性有饮食不正常的经历。

历史上每个社会都有女性美的标准，但从来没有像今天这样各种传媒一拥而上，争先恐后地告诉我们“应该”是什么样子，电影、杂志、电视、广告等无不充斥着美女形象，根本反映不出我们存在的多样性，从来没有如此多的行业，通过让我们相信自己长得不够标致而获利，整个社会都在描绘美丽、动人、幸福的美女形象，动摇我们对于容貌的自信以及性的吸引力，从而大把大把地赚钱。在这种铺天盖地的美女形象面前，我们自惭形秽，我们对自己持否定态度，我们对自己的容貌容易产生一种自卑感。我们嫌自己的头发不够黑、不够靓丽，我们嫌自己的脸不够白、不够细腻，鼻子太大或太小，身材太矮或太胖，肚子太大或腰围太粗。因为在我们所接触的媒体中，无论是广告、电影还是电视剧，都在向你展示，只有年轻漂亮，才有男人疼爱，才有幸福可言。外在美成为衡量女性价值的重要砝码，大多数人达不到这一标准，要么丧失自信，要么不顾一切去追求，通过过度消费，通过整容、隆胸、去脂等自我摧残的手段去适应社会存在，在这种情况下，女性丰富的创造力、内在的个性、潜在的才能都被抽空了，只留下一个美丽的躯壳任世人评判。

当然，我们希望自己看起来不错，自我感觉不错，希望我们能穿显得漂亮的颜色和衣料，希望我们自己有吸引力并被人欣赏。问题是媒介给“好看”下的定义太窄，以至于我们当中几乎没有人认为自己是“好看”的。所以，我们花费太多的时间和金钱改变自己的形象，甚至把自己的健康置于毒品的威胁之下：化妆品和身体除味剂含有汞、铅等危险化合物，染发剂里有致癌成分，低热量使我们营养不足，甚至服装鞋袜等严重束缚我们的行动自由、束缚着我们的肉体和呼吸，减肥去脂术和整容等外科手术给我们带来消极后果，甚至威胁到我们的生命安全。

实际上，我们所处的社会，我们生活的实际，并不像广告中的场景那样祥和、温馨、幸福与奢华。一方面，我们面临的是一个竞争十分激烈的社会，优胜劣汰、适者生存。要在社会上立足，靠的是你的实力而不是你的相貌。再说，一个人的相貌是天生的，能给你的包装提供多大的空间呢？另一方面，现代社会生活节奏日益加快，很多知识需要更新，人们有多少时间去打扮自己呢？一个人过分强调外在包装的同时，必然会忽略自身的完善，包括知识和人格的完善。实际上，一个人美不美，最重要的是一种协调美，光有美丽的外表，没有文明的举止，或者心理不健康，整天怨天尤人，能让人感觉到真正的美吗？因此，外在形象必须与内在素养相一致，二者有着必然联系，内在素养是外在形象的基础，外在形象是内在素养的表现形式，二者是统一的、不可分割的，可以这么说，有什么样的内在素养，就有什么样的外在表现。

由于社会文化是一种长期的积淀，单凭个人或某个群体的力量是不可能在短时间内改变社会对女性形象认知的，如媒体的性别意识、男主外女主内的角色分工模式等。不过，作为女性，我们可以改变的是女性的自我认知，是女性在摆脱媒体的诱导之后，独立做出自我评判。正如大自然物种万千，但绝没有两片树叶是相同的，我们每一个个体，尽管都很平凡，但是在这个世界上，我们是真正独一无二的，没有任何人能与我们相比。我们不仅有独一无二的外表，我们还有独特的个性，这就是我们每一个个体的生存价值，正是由于人与人之间有不同的外表和个性，才构成了我们多姿多彩的社会。因此，我们只有在内心深处重建自我价值，并不断地强化这种自我价值，才能在内心深处克服自卑，培养起健康、积极的人生态度。

人类对自身的评价，将直接影响乃至于决定未来的命运，因为人类的一切行为，都与人的自我评价有关，别人的赞扬、批评、褒颂、贬辱自然会影响一个人的情绪，从而影响其能力的发挥或其行动的结果。同时，一个人对自己的评价也直接影响到他的实际行动和未来发展。一般来说，女人比男人更注重外界的评价，这也正是评价对女人未来发展的影响比对男人的影响显著的主要原因。随着社会的发展，男女平等的思想被越来越多的人接受。一方面，社会逐渐认识到妇女发展对于社会发展的意义，“解放了妇女才能最后解放男人”；另一方面，随着女性受教育程度的提高，女性的自我意识逐渐加强，并摆脱传统意识的束缚，以一种发展的现代眼光来看待自身的形象。

二、女性形象的自我完善

（一）美仪

仪态是人们在工作和生活中的各种行为举止，指人在情感流露和交流当中表现出来的各种姿态，包括神态表情、肢体语言等诸多方面。服装之美仅是物的美，只有穿戴在适合的人身上才能体现出它强大的生命力，人的身体是承载服饰的生命，身材与肢体语言的美与否，对人整体形象美起到非常重要的衬托作用。

1. 打造美好身材

拥有天生匀称、四肢修长的身材固然值得庆幸，但后天的锻炼同样必不可少。健身锻炼需要讲究科学，否则盲目运动不仅达不到健身塑形的效果，甚至还有可能造成身体损伤。运动健身一般每周 2 ~ 4 次为宜，每次 1 ~ 2 小时为佳，有氧运动和无氧运动交替开展。并非运动量越大越好，也不是什么项目都适合每个人，需要根据自己的身体素质和具体情况在专业人士指导下做出选择并进行相应的调整。长期的坚持很重要，也许运动不能让你瘦到理想的体重，但长期运动能使人体脂肪消耗增加，从而减少体内的脂肪组织，同时让肢体和反应变得更灵活，使身体线条变优美，思维也因此变得更活跃。这比单纯节食，或总想不劳而获、立竿见影地去整形医院做磨骨、吸脂手术要更加安全、健康和持久。如果要减肥或是增加肌肉的紧实程度，塑造更有线条感的身材，最好咨询专业的健身教练，制定合理且适合自己的方案。要想保持好身材，除了运动健身之外，运动前的拉伸、运动之后的适当放松、保持良好的作息习惯以及合理均衡的膳食也非常重要。纵观真正减肥成功的"潜力股"们，并不旨在宣扬某种奇门偏方，而是坚持一种称为"健康减肥"的生活态度，对自己的生活习惯进行调整和管理，适度地进行运动健身，对自己的饮食、作息严格要求，最终是科学、理智、毅力取得的胜利，是积极的生活态度战胜了臃肿不堪的身材。我们应把健身变成生活中自然而然的一部分，养成良好的习惯并持之以恒，使运动健身如同每天都要洗脸、刷牙、吃饭一样，成为生活中必不可少的一部分。

拥有健康的生活方式，才能保持和塑造健美的身材，才能更好地与服装的轮廓线和谐统一，才能让年轻状态保持更久。

2. 塑造优美姿态

人之美并非仅有如雕塑般静止的美，生活里、建筑中、马路上，人行走其中更像是画卷中流动的风景，演绎着动态之美。静止的美不是美的全部，静与动的结合，才是完美状态的真正呈现。人一举手一投足，无不将气质修养体现其中。细节构筑完美，人的各种姿态也如服装、色彩装饰之美一样，成为工作生活中展现自我的重要砝码。

（二）雅言

人只要生活在社会群体中，就必须与他人进行交往，而人际交往的主要工具就是语言。语言是人类社会特有的一种符号体系，承担着交际中介、认知工具、信息载体的社会功能。人们很早就注意到了语言的社会功能，却往往忽视了语言美的重要作用。试想一下，如果语言在传递信息的过程中还能够给予人美感享受，使他人产生愉悦共鸣，那不是更能增强语言的吸引力和感召力吗？随着信息技术的不断发展，语言美已发展成一门艺术，是人的另一张名片，逐步成为人际交往中不可忽视的重要因素。如果缺乏美感，只要不是特别重要、特别需要的信息，听者完全可以拒绝或者选择其他渠道获得。因此，在探讨语言的时候就不可避免地要考虑自身语言美的培养，使自己的语言能够让听者入目、入脑、入心。

语言表达由声音、说话的内容和态度构成，这几方面若能完美结合，则能提升一个人的魅力指数。要使语言表达有吸引力，让人爱听并耐听，塑造出声音的美感，先天优势是一部分，后天练习也很重要。

1. 塑造声音的美感

语言美直接表现在说话人的声音形式方面，从用气发声、字正腔圆，到思想感情的激发，再到停连、重音、语气、节奏所体现出来的具体技巧，融汇在一起就构成了受众视听审美的美感享受。

（1）注意音调的高低变化，控制音量的大小。说话声音太小，像是毫无力气、没有吃饭；说话声音太大，也会让人感觉如同噪音一般。

（2）口齿清楚，不要加入和拖长尾音。

（3）速度不要太快或太慢，每一句话之间要有恰当的停顿。像打机关枪似的说话，会让人感觉急躁，不愿倾听；相反，说得太慢则让人听着着急，应追求一种抑扬顿挫，有快有慢的节奏感。

（4）忌平淡地讲述，感情的投入能增加表达的丰富性。

优美而富有磁性的声音，一开口就能吸引对方，巧妙地利用嗓音加强语音效果，更能吸引人。人的声音虽说是先天的，但同样离不开后天的培养与修饰，美妙动听的声音是在人际交往中赢得认同的关键。

2. 用文化修养丰富语言形象

高雅的谈吐与学识修养、聪明才智紧密相连。良好的文化素养、丰富的文化知识内涵，再加上较强的语言驾驭能力，是增加人与人沟通交流的机会、用语言获得理解和赞同、塑造语言形象的关键。

（1）文化修养：包括对自身专业领域相关知识的掌握和对古今中外历史典故的了解。追逐奢侈品固然是一种品位，但若仅以此体现自己的经济实力，奢华的外表之下忽略了内心的修养，不免让人遗憾。有这样一种说法：暴发户时时刻刻都会产生，但是真正的贵族形成，需要一个世纪的积累。

（2）艺术品位：法国著名服装设计师香奈儿女士曾说："真正的奢华，是内外兼修。"关心音乐、美术、影视艺术、时尚潮流，并从中发现美好，不但能丰富与人聊天的谈话内容，更能提升艺术品位。

（3）见识体验：最好的方式就是多去旅行，出发之前做好攻略，知晓目的地国家和地区的自然风光、人文风景和风俗习惯等相关知识，实现旅行的真正价值。旅行的目的不仅是看风景和购物，更是品尝从未吃过的食物，欣赏不同气候和环境条件下形成的自然风貌，感受不同文化背景下的人文景观，体验不同民族、不同地区人群的生活方式。走得多了，见识广了，体验丰富了，生命会更有层次，心胸会更宽广，情怀会变得更加温暖。

（4）感受能力：包括敏锐的观察力及自我心理调适能力。观察世界、关心社会、体察自我，努力发现具有价值的事物，发现具有时代特征的现象，发现人们的情感变化，发掘丰富的想象力、足够的幽默感。

（5）文明礼貌：常用"您好""请""谢谢"等敬语，保持态度诚恳。与别人交谈时，尽量保持专注与稳重，当说话的人正在表述时，尽量不要在半道打断或插话，应该让别人把话说完，倾听之后再表达，恰当得体的措辞及礼貌会让我们在人际交往中一帆风顺。

（6）倾听理解能力：注意倾听别人说的话，真正听进去，而不是心不在焉、敷衍了事，尤其不要在别人说话时长时间玩手机。倾听不仅仅是单纯地用耳朵来听说话者的话，还要认真观察对方的表情、动作、神态，从而准确地把握对方的真实目的、思想和意图，全身心地感受对方谈话过程中的言语信息和思想感情。倾听是有效沟通的必要部分，目的在于使沟通双方达到思想和感情方面的通畅。

（7）学会赞美：不要吝啬说出赞美的话语。善于发现别人的优点，真诚地赞美，被夸赞之人会因此变得心情美好和乐意与你进行交谈，态度会更加积极，而我们也能成为发现美好之人。

（8）口头表达能力及逻辑思维能力：不断学习掌握口头表达技巧，使人听着舒服、愿意接受。同时，让说出的话语前后关联、逻辑一致，使听者感受到说者思路清晰、言而由衷。

3. 优雅仪态为语言表达添彩

优美的仪态是发自内心的善良，是自然流露的动听的话语，这一切更容易给人以好感。

（1）说话时要有适当的姿态，不要夸张地手舞足蹈，也不要一动不动。

（2）倾听他人说话时切勿左顾右盼，要注意聆听、观察和判断，“听”从肢体语言的提示和引导。

（3）请与交谈的对象进行恰当的目光交流。

（4）请注意面部表情，倾听别人说话时要适当地体现表情反应。

闻香识人，听语知人。一个人说话的内容和态度虽然看不到，却能聆听到、感受到。视觉、嗅觉、听觉、触觉构成了完整的感官印象。好的语言表达，不会让人觉得粗俗，能让听者将说者描述的情景化作充满画面感的想象，如此不仅能将内容准确传递，还能丰富人的视野，进而温暖人的内心，这是一种有教养的体现。

（三）识礼

识礼的意义在于构建和谐的人际关系。从礼仪文化的诞生不难看出，礼的目的就是协调社会关系，因此礼的基本原则和根本精神就是尊重人，通过一系列规范的、约定俗成的礼仪、礼典等形式，体现出对人性与人格的充分尊重。

在人们越来越注重自身形象的今天，仍旧能看到一些人在各种名牌堆砌下，只顾着添上华丽的衣装，将其当作一种炫耀的资本，而不增强礼仪文明的修养，这样的形象也会变得不完美。人若想生活得幸福，除了达到一定的经济条件外，还必须生活于一定的文明程度之中。社会生活里，每个人在性格方面都会或多或少地存在这样、那样的缺陷和弱点。因此，如果任意放纵自己的欲望和行为，那么社会也就没有了秩序和缺失了文明。因此，要使人“自别于禽兽”，就必须“为礼以教人，使人以有礼”，用行为礼仪的力量来约束自己。

古人云：“知书而达理。”现如今，有的人知书却不达理，更有的人，既不知书，也不达礼。细心留意，会不时发现身边不少衣着光鲜亮丽的人做出种种让人匪夷所思、大跌眼镜的龌龊行为，既污染了人们的视觉，也影响了人们的听觉。近年来，随着出国旅游热潮的到来，部分国人遭吐槽的行为屡屡出现。例如，在公众场合肆无忌惮地大声喧哗；每时每刻、旁若无人地玩手机，马路“杀手”层出不穷；游玩过后所到之处垃圾遍地；吃过的餐桌上剩菜剩饭一片狼藉……有网友发微博称：“过马路不闯红灯，坚持走人行道，开车不加塞，不乱占车道，不对行人按喇叭，会车时关掉大灯，自觉排队不插队，乘电梯时主动站右边，公交或地铁上让座，不在公共场合大声讲话、大声打电话，会说您好、谢谢、对不起，没害过人……在中国能做到上面几点，我觉得就是贵族。”这样的言论纵然有失偏颇，但某些人的行为确实令人汗颜，现今媒体曝出的种种不文明现象已经让我们愧对“礼仪之邦”的称号。

言行举止是一个人文化教养的表现。教养是从小接受良好的家庭素质教育，加上多年学校与社会教育而植入内心逐渐养成的人与人之间的相互尊重，是相互依赖又相互制约的关系。不影响、不妨碍、不干扰别人，学会替他人着想，应当是文明人的基本素质。

（四）赏艺

生活的方式有许多种：有人终日仅为一日三餐、房子、车子奔波劳碌，别无他愿，只是为了生存；有人平凡地体味日子、经历人生，知足常乐，“乐活”自己；有人带着憧憬、梦想、追求，带着对艺术的理解与感动，在生活中加入艺术的创意与良好修为，延续着日常生活经验的升华，让生活变得更加丰富多彩，活出精彩的人生，这是“艺活”。懂得欣赏美，进而珍赏美，才能留住美。

（五）沁心

气质之美是一种沁心的感受，是由内而外散发出来的一种感觉。我们看到一些女性或以珠光宝气，或以各种奢侈品和名牌加身，却无法让人感受到高贵和优雅，相反，却让人感受到了浓郁的商标气息。人们常说“相由心生”，一个人外在形象的呈现取决于他的内心世界，如果一个人内心世界是阴暗的，即便外表装扮得多么阳光，也还是会从他的眼神里、谈吐中、气质上透露出内心阴暗的一面。因此，美是一种心境，是一种时尚，却与功利无关，更无法通过购买奢侈品而获得。

沁心的气质之美，存在于生活中的沁心感动与欣赏，感动之后的行动，欣赏之后的珍赏。因此，沁心的美应该是由内而外散发出来的一种感觉，温暖、自然、得体、优雅、高贵的气质之美更能沁人心脾。提高个人气质修为需要不断去观察、发现、体悟和创造。沁心的美感永远不会只存在外表的装饰上，更多地需要我们去积累，去历练。古人云“腹有诗书气自华”，最好的方法是：读万卷书，行万里路，与万人谈。通过多阅读，多交谈，多思考，不断增加阅历，从中提取养分，给美好的气质提升不断赋能，这样才能形成沁人心脾的美好气质，才能“心物合一”，实现和谐与优雅。

第三节　女性形体礼仪训练方法简介

在形体礼仪的基本功训练中，我们着重在“形”“神”与“力”的感觉三个部分进行训练。“形”即外在的形体形象展现；“神”指内在的内蕴表达；“力”指通过训练，使形体仪态在表达中能形神兼具、力度适中、相得益彰，使形体的线条及美感自然和流畅，把美好的印象留在人们的记忆中。

外观形象的形体训练，也叫“塑形”训练。我们多借鉴舞蹈基本功的训练方法进行“体形三力”的能力训练。所谓“体形三力”，是指身体局部结构及肢体语言表达的感知力、控制力和灵活力，通过“三感”的训练，树立健康的形体印象以及动作的规范、自然和训练有素，从而提升良好的形体礼仪表达能力。

神情与仪表的训练，重点突出人的内在气质和良好的涵养。训练方法中，我们融合了中国古典舞的几种训练方法，达到站姿准确、气息流畅、手势适中、肢体灵活等训练，加强形体仪态由内而外的协调性，以提高肢体语言的丰富性和自然表达，增进自信感。

我们通过形体礼仪的基础训练，有效地改变一些不够端正、不够规范、不够美和不够自然的形体外观，使形体与仪态的表现呈现出职业性、规范性和自然性的职场规范，综合提升了职业规范性和严谨性，在形象得到内外兼修的同时，提升社会文明的审美力，使我们的形体礼仪更具美感和魅力。

一、形体基础训练的几种方法

（一）脚位的基本常识及训练

（1）一位脚、二位脚、三位脚、四位脚、五位脚（芭蕾舞脚位）

注意要点：芭蕾舞的五个脚位共同的特点是运用大腿的内侧肌收并夹紧，同时大腿的外侧肌和臀部肌肉收紧；脚下的站位不必要求完全外开。

伴奏音乐特点：抒情或节奏轻快、鲜明的音乐类型。

（2）正步、小八字步、大八字步、丁字步、漫步（中国古典舞脚位）

注意要点：每个脚位训练时注意内侧肌收并，大腿肌外开上提，臀肌、腹肌肌肉收紧以及下肢整体的绷直,注意掌握45°的角度站位,对重心的把握控制在居中和稳定性上,脚的间距比例要求规范等。

伴奏音乐特点:抒情或节奏轻快的音乐类型均可。

（二）手、臂部的训练

手分为手形和手位两种。我们根据礼仪手势语言的需要,在手指的位置、感觉和动作速度的规范要求上进行训练,从一定程度上增加手指的观感表现力。

（1）手指训练:以手指的单指直弹进行力量的训练,依次依序进行连贯性练习,此称为“轮指”,目的是把每根手指的敏感度和均衡力充分调动起来,以加强手指的灵敏感和美感得到同步训练。

伴奏音乐特点:抒情或节奏轻快的音乐类型。

（2）手掌训练:以单、双、交替动作的波浪手作为主要训练内容,多方位的腕掌部分动作的训练,对手部柔韧性的训练有所帮助。

伴奏音乐特点:节奏舒缓或小跳跃式的音乐类型。

（3）臂部训练:手指、手掌以及小臂、大臂的动作连接起来进行惯性练习,使之如流水般的流畅和自如。双手和单手可以同时做或交替进行训练,增加层次感;手位的训练可以增强手臂部的稳定性,增加手臂部力量。

伴奏音乐特点:跳跃式的、抒情的、大气的音乐类型。

（4）手臂的整体训练:一位手、二位手、三位手、四位手、五位手、六位手、七位手(芭蕾训练法)训练。

注意要点:每个手位的起范儿都需要与气息组合,每个位置的变化切换都应该有起范儿的呼吸口,使动作间的衔接流畅自然。

伴奏音乐特点:抒情或节奏轻快的音乐类型。

以上四个部分的训练内容主要在中国古典舞的丁字步或其他几个脚位上进行交替变化。

注意要点:借鉴芭蕾舞及中国古典群舞训练手部的方法,在手指的形状、肘部的平端、臂部的延伸和小肌力量以及每个位置变换的提放平衡度进行训练。兰花手位训练时注意手形的柔和感和自然感,提端和扬掌、手位的力量与速度。

（三）身体直立的训练

在双手扶把或单手扶把的基础上进行站立或移动重心训练(扶把的手可以根据动作的变化进行不同位置的调换)。脚位多以站一位到五位的训练,其过程可根据动作掌握的程度进行速度、力量及方位的变化;古典舞脚位的训练以脱把式的训练为主，从慢至快、由简到繁进行变化。

注意要点：手部扶把的间距和手臂的松弛，站立的脚位的开绷直，做动作时的肌肉提拉和收紧，收腹提气，抬头挺胸，身体上拔，肩胛骨锁紧。

（四）脚部的训练

训练时或站或坐均可进行，主要训练脚趾（趾关节）、脚腕（踝关节）的肌肉感知能力和灵活性，增加肌肉的弹性和力量训练。

注意要点：做动作时注意脚部关节及肌肉的感觉，可通过节奏的变化加强速度与力量的均衡训练。

（五）腿部的训练

通过蹲的组合练习来加强腿关节、髋关节的控制，使小腿和大腿肌肉张力、弹性以及灵活性得到有效训练。

注意要点：膝盖的屈伸和胯部的关节灵活性训练、腿部和臀部的肌肉收放张力均衡。

（六）弹力的训练

力量的训练主要通过小跳及小弹腿的动作组合训练，使脚、腿及腰腹等部位的力量和整体反应训练得到加强提高，以及有助提升中下盘肢体动作的稳定性。

注意要点：脚部的力量控制以及腰腹部肌肉与气息的协调配合训练。

（七）步态与仪态的训练

“步态”训练是形体礼仪中较具有线型、力型的一种走步训练，主要以行走、迈步、转身、回身等动作组合而成，重点训练“走”时的步态、身姿的稳健和灵活，增加自信与动态的美感。

注意要点：脚在迈步时不宜过大过宽，全脚着地时重心稍微偏在后跟上；脚步的迈出、停止与身体姿态应自然与协调，腿部的力量控制以及腰腹部肌肉的控制在保持直立的基础上进行整体协调训练。

二、仪态与礼仪的基础训练

（一）感知力、控制力和灵活力的训练

众所周知，在林林总总的形体塑形训练中，芭蕾舞模式的形体训练方法无疑最具直观性和代表性，通过这种模式训练出来的气质具有高雅、自信和活力之美，该训练模式中的站位和拉伸身体的外延感训练所达到的效果尤为明显，外观气质上给人以亭亭玉立和无限延伸的挺拔感，良好的形体外观气质给人留下健康、美好和积极向上的印象。因此，在形体训练的初级塑性阶段，芭蕾舞形体训练模式是当代形体仪表训练中不可多得的有效训练手段。

（二）神情与仪态的训练

中国古典舞素有用“行走的风景”来形容东方女性的神韵之美。通过前期形体部分的基础训练，外在的形体部位得到一定的改观。本阶段的神情与仪态的训练，主要结合东方女性的气质特点，在训练组合中融入了中国古典舞的“身韵”训练。通过手势、身姿、步态、神情等方面的元素训练，使人的气质由内而外得到整体的提升，使女性形态礼仪中的优雅、自信、柔韧和灵动更具有东方典雅的智慧之美。因此，我们的训练中借鉴和采用了中国古典舞“身韵”训练中的手、眼、身法、步和气息的训练方法，以进行多维的外观形态与内在气质的塑形训练，使时尚的形态礼仪与中国古典文化的内蕴融会贯通，形神兼备。

1. 基本方位的训练

根据脚位站立的方向，正确表达肢体朝向的角度及舒适度。

一组训练长度为每 2 个八拍调整一次，可根据需要进行次数的增加。

2. 手部的训练

手部的练习分为手形和手位两种。我们根据礼仪手势语言的需要，在手指的位置、感觉和动作速度的规范要求上进行训练，从一定程度上增加手指的观感表现力。

（1）手指训练：主要为手指的单根直弹的训练，依次依序地进行连贯性练习，目的是把每根手指的敏感力和均衡力充分调动起来，以增加灵敏度，使之美感和力度得到训练。

伴奏音乐情绪特点：轻快跳跃、节奏鲜明的音乐类型。

（2）手掌训练：以波浪手作为主要训练内容，多方位的变化可增加柔韧性。

伴奏音乐情绪特点：节奏舒缓或小跳跃式的音乐类型。

（3）臂部训练：手指、手掌以及小臂、大臂的动作连接起来进行惯性练习，使之如流水般的流畅和自如。双手和单手可以同时做或交替进行训练，增加层次感。

伴奏音乐情绪特点：跳跃式的、抒情的、气势磅礴的音乐类型。

以上3个部分的训练内容主要在中国古典舞的丁字步或其他几个脚位上进行交替变化。

3. 气息的训练

气息的训练主要以盘坐地面上进行内在气息的吸气和呼气的练习，主要目的是通过呼与吸的关系结合外部动作进行组合练习。通过前腆、后靠、斜冲、旁倚、横拧以及平圆等方位的气息练习，把提、沉、冲、靠、划圆与呼吸融合一起，使身体以及内在呼吸的运动能收放自如，加强了身体的灵活表现力和形体的曲线美感。

伴奏音乐情绪特点：抒情、缓慢、绵长的音乐类型。

4. 眼神的训练

以眼睛神光的收、放、回、留、凝及上下、左右、斜上斜下、立圆、远近以及正面、反面的多维度练习，以加强眼神的表现力。

伴奏音乐情绪特点：轻快、跳跃、舒缓的音乐类型。

5. 笑的训练

在微笑时要眼睛正视前方，眼神专注，有神态，嘴角上翘，眉毛略微向上提，唇间露出6 ~ 8颗牙为基本标准。

训练时可以先进行每1个八拍变换一次，在此基础上进行缩短与延长的面部微笑训练。

伴奏音乐情绪特点：抒情或节奏轻快的乐曲。

三、情感表达与训练

情感表达训练所要达到的目标是：能感受并辨别自己和他人的情感，并能用准确的语言加以描述，能理解自己和他人的情感，并用恰当的方式加以表达或调节。

1. 培养共情

共情即设身处地替别人着想的态度与能力，离开了共情，就谈不上恰当的情绪表达，更谈不上良好的人际关系，因此情绪表达训练需从培养共情入手。

共情不论是作为态度还是能力，都可以通过训练加以提高。

（1）提高自己对他人情绪反应的敏感度，如摆脱自我中心，学习关注他人；对情绪描述语做词汇替换练习；培养对人需要的敏感度。

（2）提高对他人的理解力，如学会倾听，通过观察非言语信息（表情、目光、站坐姿势、人际空间、语气、语速、语调等）增加对他人的理解，用换位思考法提高对他人的理解力。

（3）学会表达共情，如表达对人情感的理解，表达对人意图的理解，表达对对方情感与意图的尊重，表达对对方的关心等。

2. 社交焦虑的情绪管理训练

这是认知—行为疗法中焦虑管理训练的变式，它包括以下步骤。

（1）辨别焦虑线索并为之“贴标签”。

（2）实施放松法。

（3）对自己的焦虑进行评估。

（4）辨别自己的内部谈话。

（5）以建设性的自我谈话取代焦虑的自我谈话。

（6）采取建设性补救措施。

3. 恰当地表达自己的情绪

（1）能恰当地表达对他人的正性情绪（如喜欢、欣赏、称赞、感激等）。

（2）能恰当地表达自己对他人的负性情绪（如不满、生气、失望、愤怒等）。

（3）能准确理解并回应他人的情感。

（4）能和别人共享快乐、共担苦恼。

本章小结：

本章主要从仪态与礼仪的视角介绍了女性的审美，主要包括女性审美的形象，表情礼仪、举止礼仪；女性如何正确认识自己的形象，如何从美仪、雅言、识礼、赏艺、沁心方面完善自己的形象；女性形体的基础训练、礼态与礼仪的基础训练及情感表达与训练。

材料分析：

材料一：

有个由国内企业家组成的代表团出国考察，其中有位女企业家，虽然穿的也是一身西服套裙，但外方人员竟一直误以为她是一位秘书。原来这位女企业家穿的套裙的面料质地不好，做工也不考究，款式又过于花哨，以至于与身份不符，造成误会。

材料二：

有一位女校长去拜访一位事业上很有成就的中年女企业家，在办公室外等待的时候，想到女企业家的名气和出色的业绩，不禁感到有些紧张。当她被请进办公室，见到这位女企业家的时候，她心中的紧张感立刻就没了，并且还平添了几分自信。她看到这位胖胖的女企业家穿了一身超短的套裙，并且还穿了一双露着脚趾的凉鞋，对她的印象立刻大打折扣。

材料三：

某商务代表团到外地开会，当地某政府机构的一位女公务员负责接待他们。当代表团成员们见到这位30多岁的女士时不禁面面相觑，暗想：她怎么穿了一身童装啊！原来该女士为了使自己显得年轻些，穿了一件绒布的带图案的上衣和一条花哨的七分裤，特别是上衣的领子和花边酷似童装的样式，非常不合时宜。

分析讨论：

1. 本材料所举的案例反映了什么问题？同时说明了什么问题？

2. 针对材料中的案例，你如何做出客观的评价？

延伸阅读 / 参考书目：

[1] 马丽萍 . 中国礼仪：形象礼仪 [M]. 沈阳：东北大学出版社，2018.

[2] 叶家静，冬人 . 女性自我审美形象塑造 [M]. 天津：天津科学技术出版社，1995.

[3] 贾新奇 . 礼仪与审美 [M]. 北京：北京理工大学出版社，2013.

[4] 黄焱冰 . 形象美学 [M]. 桂林：广西师范大学出版社，2018.

[5] 任小莲 . 现代女性形体美 [M]. 北京：中国工人出版社，1993.

其他资源 / 视频材料或网络资源链接：

1. 中外女性审美观区别——中国女孩

https://www.bilibili.com/video/av4755127

2. 女子礼仪形体培训

https://wenku.baidu.com/view/14fbb2deed630b1c58eeb501.html?fr=search-1_income5

3. 林秋彤优雅仪态女性魅力视频教程

https://www.bilibili.com/video/av52927401

第九章　女性与传媒研究

第一节　大众媒介的发展现状及特点

从历史发展的长河来看，媒介的发展水平是与社会生产力和科学技术的应用程度相适应的，根据历史演进的过程，媒介可以分为原始媒介、口语媒介、书写媒介、印刷媒介、电子媒介、互联网媒介六大类。

一、女性与传媒中的传媒外延

关于大众传媒的概念，从传播学的角度来说，大众传播是一种信息传播方式，是特定社会集团利用报纸、杂志、书籍、广播、电影、电视等大众媒介向社会大多数成员传送消息、知识的过程。这一定义仅指传播的单向过程，未包括反馈。随着大众媒介的发展，我们所谈到的女性与传媒中的传媒主要指的是当前以新闻信息传播为主的网络传播媒介的范畴，而网络传播主要是指通过计算机网络进行的人类信息传播活动。网络媒体不仅指互联网，还包括手机媒体、网络电视等多种形态。

二、关于新媒体的概念

在网络媒体中，人们常常会使用“新媒体”一词，然后大家普遍认为新媒体是相对于报纸、杂志、广播（收音机）、电视等传统媒体而言的。而实际上，目前随着网络传播技术与手段的发展，“新媒体”可看作是由一个新型网络、新型数据处理模式、新型计算模式、新型浏览模式、新型应用模式和新型终端构成的新型媒介体系。

由于传统媒介与新媒体的融合，已经不能严格区分什么是新媒体、什么是传统媒体，它们是基本共生的媒体融合形态。随着智能手机的发展，手机社交软件广泛普及与应用，新的媒介形式及传播方式有了五花八门的呈现与变化，甚至于传播方式与所谓带货、商品商业推介也不能截然分开。

但是，从表达方式及背景上分类，我们可以把当今的网络传媒主要分为组织媒体与自媒体。

（一）组织媒体

（1）组织媒体可以理解为有组织的媒体。组织媒体的特点是经过集体审校，如党报党刊等平面媒体的三审三校制、广播电视节目的录播送审制度等。由于是有组织、集体性的编辑写作、制作播出，在内容可信度及发布形式上都有一定的质量保障。因此，组织媒体的传播内容一般被优先信任，这个信任优先同时又增加了它的传播渠道与受众群体。

组织媒体的发布方式包括以内容媒体本身直接发布；通过传统媒体如平面印刷媒体发布、现有的广播电视频道发布等。组织媒体发布还包括来自传统媒体的网络发布，如大家打开新浪网易等门户网站，看到的新闻板块大都摘自传统媒体的报道。为什么能摘？这就涉及传统媒体的另一种表现形式，就是门户网站新闻板块对传统媒体网站内容的收集，由于门户网站的再传播，加之原媒体的出处，也成为组织媒体传播广泛的渠道。

（2）组织媒体还包括传统媒体的网络版，或者新闻客户端 App、人民网、新华网、凤凰网客户端、澎湃新闻等，虽然这些新闻客户端以网络传播的方式出现，并且在容量上比传统媒体具有内容的扩展性及滚动发布、大容量的特点，但是不改组织媒体的本质，仍然是可以受信任的。

（3）非新闻传播专属的门户网站中的新闻板块，如腾讯、网易、新浪、搜狐等（所谓门户网站，是指通向某类综合性互联网信息资源并提供有关信息服务的应用系统）。非新闻传播的门户网站中的新闻板块设置了独立的采写发布系统，也可以看作组织媒体，如两会报道中出现了网络媒体记者的身影。

（二）自媒体

（1）自媒体主要指各种网络社交软件，如社区、博客、微博、QQ 空间、微信平台、微信公众号、头条号等渠道，以个体或者个人角度发送内容的媒体方式。

（2）自媒体还包括介于组织媒体与自媒体属性之间的“今日头条”为代表的独立新闻 App，包括各种服务软件衍生出来的信息 App，如“百家号”等。

再就是不单纯的App,如凤凰网开放了自媒体窗口链接,从而推送一些自媒体视频等,如火山小视频、抖音。有独立的,也有网站自行开发的板块,如土豆视频、优酷、西瓜视频、爱奇艺……太多不能一一列举。社会上很多传播公司就是专门拍摄小视频的,然后以个人账号的名义发送,当然也有纯个人拍摄发布的,因此也都可以看作自媒体的范畴。

第二节　大众传媒中的女性形象

一、大众传媒中的女性形象

女性形象作为一种特殊的符号被大量应用在大众媒介中,增添了大众媒介的艺术性和亲和力。从历史的角度看,我国大众媒介塑造的典型女性形象都是与当时的社会变迁相关联,是各个时期的社会价值观和性别话语的反映。同时,“女性形象”“女性意识”又是与不同社会价值标准下女性所承担的责任——女性社会角色紧密联系在一起的。中华人民共和国成立初期,在国家意识形态的引导下,大众媒介塑造的是勤劳踏实的“劳动妇女”;改革开放后,市场经济的物质效益取向与腐朽的性别文化相结合,一定程度上加剧了把女性物质化、商品化的倾向,有时女性形象被当成提高销售额、宣传信息的商业性工具,塑造了大量“性感女神”形象。女性形象的滥用和误用为女性树立了错误的性别榜样,不利于女性的健康成长和社会和谐发展。20世纪90年代至今,随着全球化的发展和中国女性自身素质的提高,特别是1995年第四次世界妇女大会在北京的召开,使得中国开始关注“媒介与性别”议题,大众媒介也突破性别的樊篱,塑造了大量“多元化”女性形象。

通过分析大众媒体对女性形象的再现,以促进大众传媒增强性别意识,增强人们对于种种性别偏差现象和相关意识的批判能力,进而打破传统的性别角色定型,营造有利于女性身心健康发展的社会文化环境。本书依据我国媒介技术的发展及大众对媒介使用的不同阶段选取了几种主要媒介来分析传媒在不同的历史时期是怎么样塑造女性形象的。

(一)报纸、杂志中“男性化”的女性形象

中华人民共和国成立后,国家推行男女平等、男女同工同酬的劳动就

业政策。女性第一次在法律上具有了与男性一样平等的地位，参加社会生产劳动是妇女获得解放的必要条件。于是，在国家意识形态的召唤下，中国妇女从家庭中走出来，参加工作，拥有了社会地位和经济地位，她们作为人的主体价值第一次得到国家社会的认可，其劳动积极性被调动到前所未有的高度，心系革命大业、充满万丈豪情的妇女争干重活累活。

全国各类报纸、杂志纷纷响应着毛泽东提出的"男女都一样"的口号，大力号召女性应具备"男同志能做到的事，女同志也能做到，不怕脏，不怕累，敢说敢干"的理想特征。社会主义妇女劳动者形象不断在媒体上被符号化和公式化，报道的女性典型人物以身体健壮的青年女性为主，她们大都长相普通，衣着朴素，一般穿着色泽单调、沉闷的工作服或便装，女性特征较少，接近男性气质，她们的身体轮廓拒绝柔和的女性线条，其姿态动作也较为男性化。她们大多受教育程度较低，职业多数是工人、农民或销售员、卫生员、保教员、缝纫员、管理员等。她们在工作岗位中勤勤恳恳，获得了"劳动模范"或"三八红旗手"的荣誉，其典型事迹是努力工作、取得业绩，创造高生产业绩。工作中，她们主动要求干一些男性都不愿意做的、最艰苦的活，纷纷成立"妇女突击队""铁姑娘队""三八女子高空带电作业班"等，展现的是力量、干劲和革命豪情，显示的是消除两性差异的"同一性"下的"男女平等"。二十世纪六七十年代出现的"铁姑娘"就是国家意识形态和大众传媒宣传和塑造的典型女性形象。比如，1950年《中国妇女》杂志第七期刊登的《荣获劳动英雄的林秀兰》，23岁的林秀兰是金州纺织厂的一位班长，年幼时曾做过日本纺织厂的童工，艰苦的生活磨炼了她的意志，促使她发奋掌握技术。东北解放后，林秀兰的觉悟不断提高，意识到工厂是劳动人民自己的工作，也是为自己干。经过努力她成了工厂骨干，连吃饭走路的时间都同工友讨论技术，脚上生疮都不休息，早来晚走，不仅自己的生产效率不断提高，还帮助工友共同进步。虽然她成了劳动英雄，但是她毫不自满："我当上英雄是党的培养、提拔，是党的光荣，我丝毫不能骄傲自满，今后更要多想办法把生产工作做好，这是最要紧的。"①

在满怀激情的革命生产建设岁月中，整齐划一的文化生产形式导致人们多有对国家命运的集体关怀，而少有个人的欲望和要求，社会洋溢着一种浪漫的集体主义和理想主义气氛。媒介不断大量地呈现，宣扬着缺少性别特征的英雄劳动模范，这些女性形象塑造单一化、去"私"化，女性人物从私人空间里缺席。到了后期，女性气质由中性化逐步发展到"一

① 邱明．荣获劳动英雄的林秀兰[J]．中国妇女，1950(7)：42-43.

性化”，即男性化，与女性本质走向疏离。

（二）广告中“女人味”的女性形象

现代广告是19世纪末20世纪初的产物，它的出现与工业化不断扩展、经济持续增长、消费需求激增以及现代传媒的发展密切相关，但是现代广告一旦产生，就以它特有的价值功能、影响力和穿透力成为现代市场经济不可或缺的生产要素、推广手段、消费指南和权利表述。中国现代广告恢复于20世纪80年代初，与六七十年代报纸、杂志塑造的“男性化”女性典型形象不同，广告自诞生以来就充斥着大量的漂亮女性，从旧上海月份牌上的摩登女郎到司空见惯的当代广告中，随处可见年轻、漂亮、温柔、顺从、勤劳、充满“女人味”的女性。

1. 贤妻良母型

现代女性不断进行的维权运动大范围地弘扬了女性主义，但男尊女卑、男主外女主内的传统社会分工仍然植根于我国社会成员的脑海中。贤妻良母型是电视广告不经意地强化和复制的传统性别角色定型。广告中女性出现的地点，有51.5%是在家中，出现在工作场所的仅占14.5%①。她们总在洗衣机、洗碗机、抽油烟机等家庭用具广告中扮演主角，男性则多出现在机械、电子、科技广告中，以技术和专业操纵世界，以智慧和能力推动社会发展。这样的广告暗示女性成为贤妻良母照顾家庭才是符合社会规范的正确的选择。在苏泊尔的一则厨具广告中塑造了一个幸福的家庭情景，妈妈在厨房忙碌地做着饭，爸爸悠闲地坐在沙发上看报纸，儿子举着小飞机在客厅里到处跑。妈妈做好饭出来招呼爸爸和儿子吃饭时却没人搭理，失落的妈妈只好转身回到厨房，突然一个善解人意、温柔体贴的帅哥从天而降手把手地教她做菜，最终妈妈做出的美味佳肴赢得了儿子与爸爸的欢心。但是，妈妈的心情起伏却没人发现，只能自己偷偷埋藏在心底。

2. 美丽性感花瓶型

刘伯红、卜卫“以全国10个城市电视台的1197个广告为样本进行研究，发现女性角色的脸部特写多达89.2%，其次是手部特写，占6.4%，腿部和胸部特写分别占3.5%和1.7%，个别的还有腹部和臀部的特写镜

① 刘伯红，卜卫．我国电视广告中女性形象的研究报告[J]．新闻与传播研究，1997(1)：21–29.

头”。[①] 广告中的女性是男性“凝视”的对象，充当了男性审美的客体，按照男性经验来规范和阐释，体现着男性的视角和需求，满足了男性观看的欲望与心理期待。被网友们批评“辣眼睛”的椰树牌椰汁广告以“从小喝到大”的丰胸功效作为椰汁产品的宣传点。广告中几名穿着清凉暴露的女性手持椰树牌椰汁，在沙滩上嬉笑奔跑，旁白是“每天一杯，白嫩丰满、曲线动人”。广告中的女性仍是从属于男性的依附者、装饰品或性对象。女性的“身体被出售、美丽被出售、色情被出售”。国际明星巩俐代言的“曲美”商品广告，巩俐在镜头前呈现“S”型的性感身材，凸显性感三围。作为女性观众和消费者，会不自觉地向广告中性感女性形象看齐，这样的女性形象经过了美化包装和图像处理，严重脱离实际，却成为人人追捧的对象。广告给女性传递“美女可以更轻易地进入某个领域，可拥有完整意义上的成功，可以拥有更好的爱情和婚姻，可以拥有更好的物质生活，拥有更高的社会地位和广泛的外交，享受被人瞩目的荣耀”[②] 等信息。这类广告使得女性开始怀疑自己的身体，将一个永远也无法达到的神话形象——消费社会塑造的性感女性范例作为自己追求的目标，希望通过消费重建美丽性感形象。女性沉沦在各式各样的化妆品和美容服务的同时也迷失了自我。当她们发现自己的衣着妆容与广告中巩俐形象产生差异时，从广告中获取的信息符号就会发挥作用，而用来弥补这个差异的途径就是消费“曲美”。传媒制造的“美女神话”驱使众多的女性义无反顾地走上了险象环生的身体再造之旅。安吉拉·默克罗比认为，只有“让身体回到身体，让身体重享自身的肉体性，让身体栽植快感的内容，让身体从各种各样的依附中解脱出来”[③] 才能打破社会群体之间的等级、秩序及文化习俗，让女人真正做自己身体的主人。广告不遗余力地为女性造梦，也迎合男性心理需求，以广告为平台来塑造“标准”女性形象，传达出作为女性应当拥有的形象，刺激受众的消费需求。

3. 超能“女神”型

近年来，妇女就业率的稳步上升以及高层管理人员的激增使广告中出现了新兴的职场女性形象。超能集团通过孙俪等人演绎的“三个故事形成一个系列，凝成一股力量，诠释了同一个理念：只要在自己的领域不

① 姜秀花．对女性身体再造行为的文化评析 [J]. 妇女研究论丛，2003(3)：37–46.
② 同上．
③ 安吉拉·默克罗比．后现代主义与大众文化 [M]. 中央编译出版社，2001：94.

断努力，每个女人都是超能女人"[①]。这种对传统广告中女性形象的颠覆，无疑可以看作社会文化中女性性别角色积极健康发展的呈现，促使人们不再排斥职业女性。但是，我们不能忽略广告要推销的是家庭用品洗衣液，所以这些成功的"超能女人"不仅要事业成功，而且家庭生活中更是要勤劳能干，以达到丈夫、弟弟等男性成员对女性成功的定义。这就是广告向我们所呈现的当下职业女性的生存境遇。一方面要适应以男性为主导的组织文化和工作规范，并与男性平等参与工作竞争；另一方面，还要担负社会、家庭对女性的首要期望，成为"贤妻良母"。因此，家庭对疲于职场打拼的女性而言不再是休息的港湾，而是另一个继续打拼的后台，尽管有了男性话语的关切，但比起实实在在的分担来讲也太过轻飘虚无。对辗转于职场和家庭的职业女性来讲，"超能女人"广告的职场励志反倒更使其陷于沉重的生存境地，广告以更隐蔽的方式维护着当下男权文化对理想女性的要求和评判。

（三）影视作品中"多元化"女性类型

电视剧作为市场规律运作下的文化商品，收视率成为其生存的关键因素。那么，电视剧对于性别文化的构建就会更多地集中在社会既有的女性印象或以男性视角进行塑造，因此女性经常处于被观赏、被评论的位置，但我们依然会在很多思想蕴含较为丰富的电视剧中，听到女性的"声音"，看到女性的自我表达。

《粉红女郎》是21世纪初期一部根据台湾著名漫画家朱德庸原著《涩女郎》改编的40集电视剧，剧情以四种不同类型女性为故事点展开，她们身上都具有各自从属类型的典型性特质。

"结婚狂"方小萍是个心地善良、有同情心、一脸傻气的大龄女青年。在母亲的压迫下见男人就追，她以屡败屡战的坚韧和执着追求婚姻幸福。但是，小萍的理想还仅仅停留在婚姻的层面上，甚至为了那些可能娶她的男人，她不惜刻意地迎合。尽管方小萍在追求婚姻幸福上获得了主动，但她人生的旨归却是传统的婚姻。她虽然敢于主动追求男人，但又极力想把自己塑造成一个男人眼中的贤妻良母，依旧无法跳出世俗和传统的束缚。"万人迷"万玲是某超级大商场化妆品推销员。仪态万千，美艳动人的她追求者一大堆，不论男人女人都围着她。因此，她自认为集千般宠爱于一身，所以嬉笑怒骂，游戏人生，够刁够辣，浑身放"电"，惹是生非。"万

① 孙俪高大上演绎"超能女人"，第二季重磅出击 [EB/OL].http：//ml.china.com.cn/html/mingqi/ppml/20140526/371021.html.

人迷”似乎是一个超脱者,但事实上,她依旧是一个局中人。她熟知“什么才是男人最喜欢的女性”“什么才是男人眼中的女人味”,她笃信“男性通过征服世界获得成功,女性通过征服男性获得成功”。因此,她经常把自己当鱼饵,利用自己的美貌来猎杀男人。这些都表明她并非一个智者、哲人,她依旧沿着男性的标准来构筑自己,依旧借助男性的目光来获得认同,她终究没有逃脱成为男性世界预设的一个符号的命运。“男人婆”何茹男,在命名之始,就被贴上了女不如男的标签。她自身也幻想以男人的方式在这个世界上行事。她为了替自己的老家建一所小学,成了工作狂,吃苦、打拼、好强,哪怕把自己累垮。她不屑于男女私情,不谈婚姻,把自己伪装成了一个男子汉大丈夫。她拒绝女人的身份,却被大家当成了怪物,她无法逃离一个女人的命运。“天真妹”哈妹是“e 时代”的新新人类,她青春、叛逆、好奇、模仿、多变、单纯,盲目追求流行时尚,极富个性。身为一个孤儿,看起来成天疯疯癫癫的她,对寻找生父、确认身份一事却极其认真,甚至不惜动用阴谋诡计。无论是“男人婆”还是“天真妹”,她们都是通过男性这个女性之父来确认自身的身份、地位和发展机会;借助父亲之名,女性重新界定了自身。

四个主要人物是四个类群的代表。然而,这些形象不可避免地经过了男权文化的调整,以表现男权文化对女性角色的期待,即男权文化通过大众传媒参与并完成了对女性形象的塑造。这或许是“真实”地反映了现实,但它真正传递的是贬抑或否定女性的社会价值观。社会性别理论将其概括为大众传媒的女性形象模式化(角色定型)。

与《粉红女郎》类似的题材《欢乐颂》是 2016 年一部现象级电视剧。在视频门户网站中,以 113 亿点击量位居 2016 年开播的电视剧榜首。它讲述的是居住在欢乐颂小区 22 楼的来自不同阶层、不同出身背景、性格迥异的五位女性的爱情与生活。该剧叙事设计独特,剧情紧贴社会热点,捕捉到了当代中国都市女性的需求,引发了受众的广泛关注与讨论。

《欢乐颂》取材于现实生活,2202 房间的三个人物樊胜美、邱莹莹、关雎尔,作为挣扎在大都市里想站稳脚跟的平凡女孩儿,各有各生存的不容易。樊胜美善良、讲义气、有担当,却从小被重男轻女的父母不断压榨,虽然靠自己的能力留在了大城市,也有一份不错的工作,却依然摆脱不了吸血的原生家庭,为了摆脱窘境一心想凭借美貌挤入上流社会。邱莹莹直率、热情,但也懵懂无知;社会和职场的复杂使她不断受挫,风雨过后却坚强地找准了人生的方向,开始努力拼搏。乖乖女关雎尔来自中产阶级家庭,努力奋斗、踏实苦干,她是最努力的职场菜鸟,生活在无休止的加班中。2202 的三个人物代表大部分城市中的奋斗群体。她们注重现世安稳,踏实专一，潜意识里更关注物质层面的保障，同时她们吐槽现实社会贫富不均、重男轻女等不公，又用自身的实际行为来积极地与这些负面现象进行抗争，虽然不时遭遇挫折和打击，但最终还是获得了成长，给那些境遇与之相似的青年观众很多精神上的慰藉。另外两名女主角，形象也很丰富饱满。安迪虽不擅交际，外表冷漠，但内心柔软。她一直在寻找失散的精神病弟弟，也愿意帮助遇到困难的邻居；嚣张的富家女曲筱绡不学无术，做生意全凭高人指点以及小聪明，也因文化层次被男友嫌弃，但她受家庭影响，洞悉一切潜规则，人情练达。

从这两部相距 13 年的都市女性题材影视剧中，我们可以发现女性的形象从标签化变得更加多元、复杂，女性意识也在不断觉醒，其原因离不开大众文化领域价值观的重构。《欢乐颂》中，五位女性个性突出、颇具魅力，剧中对女性形象的建构虽然依然有刻板印象的存在，如美丽时尚的都市女性的标签、仍以男性为中心的角色定位，但真实呈现了女性多元的主体——独立、自立、潇洒、莽撞、内敛、脆弱等。

二、社会文化、传媒与女性形象的建构

（一）消费文化与男权思想合谋

大众传播中的女性形象总是依照在社会生活中占据霸权位置的男性意识形态来建构“标准”的女性形象，为当下女性树立形象榜样，刺激受众的消费需求。在中国儒家文化中，女性被规定为无私、善良、隐忍等，这些品质都被认为是女性的“理想人格”，而这种对女性的性别规范、角色、等级的制约，常常会内化为人们对社会的期望，进而影响其性别认识行为。西蒙·德·波伏娃在《第二性》中指出，“永恒不变的女性气质”只是一个谎言，女人想事情的方式、情绪、走路的样子，并不是生下来就这样的，而是逐渐形成的，是教育和日常生活的结果。[①] 女孩从幼年时期就被教育要“像个女孩”，要听话、安静、顺从，言行举止要符合女孩子的规范。倘若一个女孩生性无所顾忌，大胆泼辣，就会被定性为“假小子”，社会与家长将尽一切努力将她拉回“女孩”队伍之中。罗兰德·马查德在他的研究论文《为美国梦作广告》里得出结论：大多数女子或是被劝服，或至少也接受了妇女作为母亲和操持家务的形象，这便是男权观念与传媒合谋制造出来的束缚女性的樊笼。

① 西蒙·德·波伏娃．第二性 [M]．北京：中国书籍出版社，1998.

（二）媒介机制与话语权力

尽管当前我国在社会制度中对女性给予了最大程度的尊重，如婚姻自主、男女平等等各种法律政策，确实缩小了性别角色对女性的歧视程度，但是作为一种深层的社会观念和文化心理，许多大众传媒是无意识中完成对女性刻板形象的塑造。从组织和制度层面来看，由男性占据主导的媒介机构依然隐性化地按照男权话语来生产信息内容，在这种权力结构下，女性主义的声音处于受压制和排斥的边缘位置。在《中国女新闻工作者现状与发展调查报告》中发现，“媒体高级决策层男女两性比例分别占 10.5% 和 4.4%，中级决策层中男女两性比例则分别占 24% 和 9.6%。女性决策者的数量与其男性相比，比例悬殊。该比例意味着传播者作为‘把关人’所拥有的决策权和控制权仍由男性所掌握。男性在媒体中的优势主导地位反证了女性在媒体职业中所处的低层与从属地位”。[①] 正是由于男性拥有大众媒介“话语权”的主导地位，大众媒介中便会有“他者”女性形象产生。男性的话语权力操纵着社会的整个语义系统，男性创造了关于两性间的文字符号，也在建构女性伦理价值观、女性气质及女性形象。

虽然目前固有的性别权力关系依然存在，男女有别的社会意识形态仍然处于主流地位，性别的刻板印象一时间还难以彻底改变，但这种循序渐进出现的变化将是一个促进两性平等、家庭和睦、社会和谐的积极因素，也为大众传媒提供了新的思维空间和审美价值。

传媒是社会的一面镜子。大众传媒不仅在生产和传播信息符号，更肩负着建构社会机制的重要使命。它不仅可以使女性产生性别独立的意识，也有责任为社会建立一种对女性的健康审美标准。女性的人格地位不仅仅是要在物质上、精神上与男性平等，更在于全社会对女性角色的认知：女性具有独立的人格和存在价值，不是男性的附庸；女性自身有多种发展潜能，不只是扮演贤妻良母角色而已；女性的生活意义和生命价值与男性一样丰富多彩，而不取决于其观赏性；女性应该成为审美主体并具有创造自身美的自由，而不是单纯的审美对象。我们相信，通过媒介来实现改善女性形象的做法是完全可能的。大众传媒应具备正确的社会性别意识，并努力自觉营造有利于性别平等的社会文化环境。

① 中国女新闻工作者现状与发展课题组．中国女新闻工作者现状与发展调查报告 [J]．新闻与传播研究，1995(2)：1–6.

第三节　传媒中涉女性形象的舆论引导表现

虽然传媒在女性形象塑造当中是有积极作用的，有正面解读，但是同时也不能否认，现代传媒对女性的社会性别的塑造与社会心理的引导是有误区的，需要反思。

一、传媒涉女性报道的分析

媒体中涉及女性的新闻板块有很多种形式，如组织媒体中的电视媒体《女人有话说》《金星秀》、报纸女性版类的《女人悄悄话》等，还有一些网络版女性情感类自媒体（如社会学者李银河，女作家群体的微博、博客、头条、抖音号等）创作发布的内容。

其中组织媒体由于需要经过多重的审核编辑，在立场观点等大方向上一般不会出现太大问题。但是自媒体由于由个人主导，内容上就难免有误差，如湖北女作家方方在武汉疫情期间的日记等就引起了巨大争议。所以，传媒上涉及女性事件的舆论解读还是组织媒体的报道比较具有典型正能量。

二、涉女性报道的舆论形成表现

（一）刘嘉玲裸照与璩美凤性爱光盘事件

事件背景：

2002 年 10 月，香港《东周刊》在封面刊登了十多年前刘嘉玲被绑架时强拍的裸照，一时间群情激愤，舆论和大众也坚决地站在受害人这边，指责该杂志没有人性。可我们遗憾地看到，一边是义正词严的声讨，一边却是这期杂志脱销、价格猛涨。据报道，一本几十元的杂志最高被炒到了 100 多元。

2002 年 2 月，陷入性爱偷拍光盘风暴的台湾政界女名人璩美凤在历经沉沦与痛楚之后，逐渐恢复公开活动。在她的新书《璩美凤忏情录》中，璩美凤重新检视了自己的性爱观、金钱观。书的序文中写道："如果你看过我的日记，如果你览过我的身体，现在我只祈求你用一丝的悲悯，尝试着来阅读我的心。"

裸露女人的身体，公开她们的裸照，曝光她们最隐秘的性爱，还有什么能比这些更能伤害女人？更能打击她们的自尊与羞耻心？这样无耻的事情，真的有人会做，这样的不幸，也真的有女人会遭遇，但是幸好，靠着内因外力，女人最终走出了这个阴影，但愿身为女人不是短处。很多时候，不管是女人本身还是男人们，总会因为性别的问题，使得女人好像就会被人抓住短处。男人的一半是女人，妇女能顶半边天，这应该不仅仅是一个口号，更应该让女人由此而产生自豪感，因此当女人面对各种针对身体的骚扰的时候，应该坚信一点，身为女人不是短处，要勇敢地面对，那些无耻之徒的丑恶心术自然就不会得逞。

媒体声音：

身为女人不是短处

看到刘嘉玲裸照被刊登的新闻后，只觉得心里有什么东西堵得慌，作为一个女人，受到这样的伤害，难过的不仅仅是刘嘉玲自己，设身处地，应该包含所有的女人。再联系到此前的璩美凤风波，更是令人感到身为女人，如同便有了天然的短处，要打击一个女人，最有效的一招无过于揭其隐私，羞辱其身体。而这样的用心，又是多么的残酷与恶毒。值得欣慰的是，这两位女性是坚强的，最终都能够战胜羞惭，勇敢面对。而社会舆论哗然之后，也应冷静下来，思考一下，出现这样的现象，没有谁是光彩的。我们这个社会，到底是哪里出了问题？

追根寻源，恶人们用这种办法对付女人，还不是由于我们普遍的社会心理，对一般人来说是一种对女人对别人隐私偷窥欲的满足，并不以为耻，还会津津乐道、飞短流长。而对于女人本身，泄漏隐私则足羞，裸露身体则更惭，所以才有许多无耻之徒以此来要挟女人、伤害女人。女人的羞涩是可以理解的，但太过计较了，不仅对女人无益，也对女人不公平。记得看过一篇小说，其中有这样一段情节，一个女人在探视丈夫时，两人在一个溶洞里相会，不想被蓄意跟踪的敌对方捉获，女人在巨大的羞辱感的压迫下向山洞深处跑去，坠崖而死……从中，我感到了女人的羞，却没看到女人的愤。只是觉得女人死得有些不值，她的死是对恶势力的低头，也不能挽回什么。

身为女人不是短处，但女人的羞耻心却容易被坏人利用，来伤害女人。女人不幸，遭遇如上述女人所遇的歹人，不幸之外，还要让女人来承担羞愧吗？这个道理，希望男人要明白，女人也要明白。

据说璩美凤要结婚了，而刘嘉玲的男友也坚决支持她配合警方找出恶人。我们为这两个女人庆幸，也为她们祝福。据说刊登裸照的杂志一时销量大增，我不想谴责人们的好奇心，只是想提醒人们，看也正常，看过后心态也要正常，不然就是帮凶，是同类。

（二）昆明餐厅推出“女体盛”事件

事件背景：

2004 年 4 月 2 日，日本“女体盛”惊现昆明。

据《云南日报》报道：在沐浴干净的美女身体上放置各色漂亮的寿司、鱼生等日式料理，供食客享用，这种在近代日本也备受争议的“美女人体盛宴”，近日现身昆明，4 月 2 日在昆明和风村怀石料理餐厅首“演”。昆明市民对此普遍表示难以接受。

公然地、赤裸裸地、明目张胆地对女性的侮辱与损害，毕竟还有法律和道义的规则可以约束，始作俑者也终究逃不脱制裁。然而那种隐性的对女人换种方式的轻薄与歧视，生活当中人们却往往视而不见，迟钝而麻木。

媒体声音：

把女人做成盘子

——男人对女人的另类消费

“女体盛”，是带着浓厚的日本痕迹的一种称呼，就是通过非常烦琐的过程，在沐浴干净的美女身体上放置各色漂亮的寿司、鱼生等日式料理，供食客享用，又叫“人体盛宴”。这种举动说穿了就是把女人当成菜盘，盛菜用的。

“女体盛”本是日本男人的消遣，虽然不知是起源于何时，但把女子的身体放到餐桌上，还加上各种讲究，最早想出这个馊主意的，一定是个变态男人。即便是冠以“传统饮食文化”的幌子，也挡不住它所显露出来的对女性的侮辱与亵渎。

中国古代富豪也发明过“美人唾”，就是把女子当痰盂，也曾玩过以女人为棋子的“肉双陆”，不管形式如何，实际上都是建立在对女人的轻慢与亵玩的本质心态之上的。不过这样的“文化”因为太过下作而在礼仪之邦没有流传下来，但在日本却以“女体盛”的形式保留了下来。

“女体盛”，说到底是男人对女人的一种消遣，是以进食的名义，满足男人对女人身体的欲望，而这种欲望是隐秘的，所以吃饭只是一个幌子。男人对女人的消遣有很多种，如选美，一群身着“三点”的女孩在一群西装革履的男人面前扭来扭去。不管如今选美活动如何火爆,我还是觉得这是男人对女人居高临下的消遣。

无论是“女体盛”,还是选美,都是男人发明的所谓“文化”,即在文化包装下的男人欲望的满足。“女体盛”再美,女体沐浴得再干净,这里也没有男人对女人的尊重,有的只是猎奇,是一种有钱男人对女人花样翻新的消费。

女人是东西吗?女人不是东西,女人和男人一样也是人,但“女体盛”是把女人做成盘子。这样的“创意”,在中国也并没有绝迹,哈尔滨就曾有小区把女人的裸体造型做成休闲的椅子,而且是倒立着的。当然这一创意最终受到了公众的反对和唾弃。

文化,本来是人类创造的物质文明和精神文明的结晶,既是一种文明的表现,文化的内涵就应该是健康的、积极的,有筛选和鉴别的,起码要体现对人的尊重与爱护,而不是把历史遗留和积淀下来的伪文化、逆文化的意识和陋习统统继承下来。“女体盛”不仅是文化的陋习,也是商业。据说光顾一次“女体盛”,老板就有 15 万日元的进账,豪华“女体盛”晚宴超过 100 万日元。如今就是在发源地日本,“女体盛”也在日渐衰落,仅东京、京都、大阪等十几家豪华度假旅馆还保留这种宴席。

对美好事物的欣赏,对美女的欣赏,对女性的欣赏本来无可厚非,但欣赏的形式和内容要有度,类似于裹小脚、“女体盛”这样的事件,只有心态丑陋和灵魂龌龊,哪有美感可言。

(三)涉及女性择偶标准的

事件背景:

近来北京大学的一项研究证明,15 年来,中国女性的择偶观念变得越来越实际。1985 年至 2000 年近 15 年间的女性征婚启事的抽样调查表明,曾经被女人在意的男士的身高、相貌条件等现在已很少被女人在择偶时提及。对方是否有婚史也不被女人提及,相对应的是,女人对对方事业的要求被提到极其重要的位置,在对对方事业的成就和发展格外重视的同时,女人对对方学历的要求和提及率却在呈下降趋势。

权威部门的研究总是更有说服力,中国女性择偶观的变化应该可以看作社会观念和风气的一种进步,与时俱进。不用怎样的号召和规范,实实在在的生活成为过滤一切标准的合理性的网眼。因此,当生活中出现与以往不同的变化时,首先应该考虑的是它的合理性。调查表明,中国女性的择偶观也在越来越现实、越来越理性化,这是好事,说大了有利于社会安定、家庭稳定;说小了,可以让女人更直接地对自己的婚姻生活有一个更贴近现实的把握。

媒体声音：

当男人的英俊 不再成为诱惑……

婚恋观念和择偶的流行标准，一直是最直接也是最真实的社会现实与人们的心态的典型反映。实际上，女性择偶的观念向来是现实的，只不过随着社会总体大环境的不同而悄然发生变化而已。在六七十年代，姑娘们找对象的条件就是“五六十元最理想，四十多元看模样，二三十元看爹娘”。虽然姑娘们这样的想法在当时也受到过舆论的批评，但仍然是人们在婚恋上的务实精神的体现。那时候，是计划经济，大锅饭，工资高低成为衡量人的能力与价值的尺度，而且几乎不会有意外发生。所以，工资的高低就成为婚姻中最现实的考虑。

到了 1985 年和 1995 年，对方的年龄在女性择偶的要求中位于第一位。年貌相当，仍然是人们心目中婚恋关系的理想模式。但女性对男性身高的要求在 15 年间逐渐降低，对男性容貌关注的排序更是在 10 位以后。这其中确实有非常浓厚的实用主义色彩。但也说明了女人、社会对婚姻、对男人价值的认识趋向成熟。身高容貌寒不当衣，饥不当食。人的本质、综合素质才是最重要的。尤其是到了 20 世纪 90 年代，女性对对方事业的要求上升到第二位，显然也是市场经济条件下的产物。摆脱了大锅饭，人们有了更高的自我实现的机会和愿望，囿于单位成为平庸的代名词。事业，这个本来不属于个人的字眼，开始成为人们的普遍追求，而这时的事业，也不再是个大家都有又都没有的空泛的概念，而是和房子、票子、车子紧密联系的看得见、摸得着的东西。

其实，调查当中最能体现务实精神的就是女性对对方学历的要求和提及率呈下降趋势。曾几何时，大学生是被普遍看好的绩优股，尤其是在大学生毕业就顺理成章成为国家干部的时代。无论家世背景，上了大学，就意味着一朝鱼跃龙门。嫁个大学生是许多女性的梦想，最起码也得找个“文化人儿”，于是在当时的征婚广告中，“爱好文学”成为必不可少的点缀，哪怕这爱好涉及的仅仅是地摊文学。但随着市场经济规律的砥砺与规范，大学生是后备国家干部的耀眼光环被彻底摘去，需要他们凭实力凭水平去打出一片天地，人们也才意识到有文凭不一定有水平，庸者和能者，不再是一纸文凭所能区分的。男人不但需要高智商、高学历，还要求有高情商，有在社会中立足及游刃有余的能力，这才是可托终身的伴侣。这种变化不但务实，也是人们认识的进步。

也许有人要问，那么现代人就不要感情了吗？现代人的婚姻，把爱又放在哪里呢？不是现代人不要，也不是现代人不懂，关键是现在社会节奏太快，人们都忙碌于自己的事业，人和人之间的沟通和联系越来越少，越来越表面化。还有就是，现代人普遍感觉到生存危机。因此，当女性在对自己的另一半一无所知的情况下，多对硬件做一些规定，也是一份保障。在这样的情况下，女人可以通过自身努力去奋斗提高，也可以通过婚姻来改变、提升自己的生活，这些都无可厚非。

女人到底想从婚姻中得到什么呢？从女性择偶观的变化中，我们能看到：不管什么年代，女人最终都想在婚姻中获得一份踏实，以及生活的保障。灰姑娘的故事虽然给了许多女人用婚姻改变命运的希望，但王子毕竟只有一个。大多数女人只能在周围的庸常男人中挑挑拣拣，这也是对女人眼光的考验，独具慧眼的女人能在一个貌似平常的男人身上发现其日后一飞冲天的潜质。

在女人的寻寻觅觅和挑挑拣拣中，我们看到了女人内心深处对男人的依赖，对婚姻的依赖，还有对物质的依赖。我觉得，在女人身上，这种依赖增加一分，女人就在自我发展、自我实现的方面逃避了一分。我想，当有一天，女人对幸福的感受不那么依赖于物质，女人对精神的追求就会多一些，那时的婚姻是不是就更纯粹一些呢？就更少了一些因为被物质的因素所蒙蔽的失误呢？

（四）涉及婚姻家庭感情的

事件背景：

电视连续剧《中国式离婚》是由同名小说作者王海鸰编剧，陈道明、蒋雯丽主演的一部中国式婚姻家庭悲剧，在妻子小学教师林小枫眼里，丈夫肝胆外科医生宋建平是一个平凡的好人。“好人”固然好，平凡就不太好了，就是因为宋建平的平凡，她和儿子当当只能过着普通人的生活，被排除在现代大都市的生活之外。林小枫觉得很失落，以至于将对宋建平的失望和瞧不起公开化，两人几近离婚，因为儿子才暂时熄火。后来宋建平拼搏成功，而林小枫自己却屡屡因为家中琐事耽误了工作而下岗。两人的反差开始拉大。林小枫开始对宋建平警惕，为害怕失去而监督，为监督而采取种种极端的措施，宋建平终于忍无可忍，夫妻之间的关系迅速恶化、矛盾加深。林小枫最终也同意了离婚，家庭解体。

通过一个普通家庭走向离婚的发展轨迹，放大了婚姻生活的不和谐、不宽容、不理性所带来的伤害与疼痛，这部电视连续剧曾经在很多电视台热播，引起了人们前所未有地对婚姻家庭问题的探讨和关注。

媒体声音之一:

婚姻与“感情疲劳”

现在流行一句“审美疲劳”,实际上婚姻生活中的感情疲劳才是真正的司空见惯。婚姻不是爱情的唯一坟墓,哪里都会是爱情的坟墓,婚姻不过是固定途径当中的一个去处。但爱情一定会有坟墓,或者灰飞烟灭而成回忆,或者破蛹化蝶转变为一种彼此相依的亲情。因为爱情作为激情,它本身的寿命就不会太长。

婚姻男女,不再是当年纯情的少男少女,也不再是昔日无牵无挂的激情青年,当爱情隐身在现实生活的后面,当人们磨合到、纠缠到能够意识到激情不在的时候,怎样面对感情的中年之痒?相信如《中国式离婚》当中的宋建平、林小枫之类的男人女人一定不少,可以是优秀的外科大夫,可以是称职的中学老师,却无法处理好自己的家庭问题、感情问题。有了婚姻,生活的归属感解决了,而婚姻中感情的瓶颈该如何度过?《中国式离婚》讲述的正是人到中年的迷惑,对比人在成长过程中其他阶段的情感与反应,我想不妨把这样的阶段看作成年人情感的后成熟时代。

《中国式离婚》的吸引人之处在于,它把中年男女的感情生活掰开了、揉碎了,细细地咂味,并且细化和放大了某些情节,聚焦了某些几乎人人都存在的情感困惑,于是得到了中年人尤其是中年女人的感慨和认同。婚姻中感情的疲劳,导致了互相不再欣赏,如果男女之间的感情同步消失,二人和平分手也就罢了;如果男女间感情的消失不同步,一方感情消失了而另一方仍在苦苦挽留,或者是双方都消失了但另一方出于非感情目的而坚决不肯放弃,这才是最可怕的。而《中国式离婚》把这几种心态展示得淋漓尽致。

以当今中国人的家庭状况,夫妇加上孩子,应该是一个最稳定的三角关系。除非有更大的外力,否则这样的三足鼎立不会轻易被破坏。问题是,当爱情结束时,当感情消失时,婚姻该不该消失?该如何处理这稳定关系中的内耗问题?男人女人,又该如何面对,怎样调整自己的心态呢?一部《中国式离婚》,赚足了中年人的眼泪,女人的泪流在脸上,男人呢?大概会流在心里。

同名小说当中,编剧就借宋建平的内心活动,对他和林小枫的感情症结做了总结:“他们的问题不是钱的问题,钱只是一个诱因,一个表面现象,根本的问题是,他这个人使她失望,他不是她心目中的那个人。她是个追求完美的人,他不完美。”实际上他不完美也不是主要问题,他本来就不完美,不是结婚后才不完美。而现在林小枫不再能忍受他的不完美,这才是问题的关键。男女吵架到高潮处,女人往往会来上一句:怪我当初瞎了眼。其实当初和后来的眼神也没什么区别,区别在于着眼点发生了改变而已。中国式离婚,实际是不想离婚,正如小说中闹到最后林小枫的变化:林小枫觉得她该知足了,该珍惜了,不能再由着性子作(zuō)了,然而这样一厢情愿的“不作”,不也是一种任性吗。对对方的感情伤害、身心折磨,又怎么能是一个“不作”能了结的呢。林小枫到底要什么?这样的女人到底要什么?恐怕她们自己都不知道。她更不清楚的是,这样的感情伤害,对婚姻关系才是最致命的。最终的结果往往和她们的初衷背道而驰。真正清醒过来的话,就只剩离婚一条路可走了。问题是,即使在这时她认识到了自己的不成熟吗?

媒体声音之二:

婚姻为什么变成了口香糖

有这样一种情感现象:亲情友情,往往历久弥坚,而夫妻之间,却常常是曾经的温情随着时光的流逝而消失,曾经的呵护与牵挂,倒成了急于摆脱的束缚。本来,无论是破裂的婚姻还是纠缠着的怨偶,在当初,对自己的婚姻感情生活,没有人会不憧憬,没有人会抱着往散了过的期望。本来即使没有爱,还可以有亲情,即使没有幸福,也应该有平静。而事实是,离得最近,却变成了最深的伤害;本来应该同舟共济,却渐渐变得离心离德。爱慕最终变成了怨恨,当初的如胶似漆风化成了彼此的漫不经心。

是什么使婚姻变成了口香糖,愈咀嚼愈寡淡?又是什么使得夫妻感情不如朋友同事,甚至不如合作伙伴?蜕变往往从彼此的熟悉开始,因为熟悉而开始不客气,因为习惯了而开始忽视,因为不再感到失去的危机而开始轻慢,因为得到了而束之高阁。天然的血缘关系、可远可近的朋友组合一般不受这种状态的影响,而很多夫妻之间,却往往陷入这种感情的疲劳状态而不能自拔。

问这样的夫妻,从什么时候开始感情发生了改变,开始褪色?大多都很难列出清晰的时间表,也少有因为突发事件而遭遇意外,但有一点是共同的,那就是当彼此不再敬畏,当彼此不再把对方当成独立的个体,而把对方看成是自己的一只手,一件衣服,而且是不很随心所欲的手,是看惯了、看腻了也不能换的衣服,那么心里就会升腾出不满,就会漫不经心,就会不再考虑对方的感受,就会有随意处置的放纵。这样的积垢在感情的运转中黏腻着,或者是彻底的停摆,或者是很难逆转的涩滞。也许变化是一方的,也可能是双方的,但受的伤害是共同的,一损俱损,一报还一报,没有胜利者，没人会在这其中得到好处。把本来应该是最亲近的人改造成冤家，理论上看不可思议，实际上许多人都在实践着。

夫妻之间与其要挖空心思地制造激情，不如营造平淡但充满温情的日子。当然要甘于这种平淡，还要对婚姻对感情具备平常心，期望值要理性，不要把婚姻当成总需要刺激的杂耍场。看那些幸福伴侣，相安夫妻，生活中更多的是彼此充满感激，既有作为自己人的关怀，更有把伴侣当作独立个体的敬重。宽容而体谅，知足而快乐。

夫妻相处之道，古人其实已经总结得很好，举案齐眉，相敬如宾。说的就是应该的付出与感激吧，当你尊为宾客的人为你举案齐眉，那么你自然而然的应该是更加倍地回报吧。而今男女，把举案齐眉看作为仆为奴，把逞一时之气看作分出高低，实在是既不利人，也谈不上利己。人非圣贤，孰能无过，又孰能无脾气，但要克制，要忍让，要有分寸，小心地呵护感情，多几分敬畏就会少几分鲁莽，彼此自律，温情永远。

剪不断理还乱，弃之可惜食之无味，婚姻甚至不如鸡肋，失去了营养，只是变成了一种习惯，如咀嚼着的口香糖，没有吐出去，只是因为习惯了那种口腔运动，不是因为滋味。从什么时候开始，激情变成了白开水？一定有开始，也一定是一个被忽略掉的开始，然而婚姻中的感情不是学校里的学分，失去容易，要重修，难。

第四节　女性与媒介素养

一、什么是媒介素养

美国媒介教育研究中心认为，媒介素养是指人们面对媒介的各种信息的选择能力、理解能力、质疑能力、评估能力、思辨性应变能力以及创造和制作媒介信息的能力。

比利时社会交往高等研究所教授帕特里克·韦尼埃表示，新兴媒体的迅速崛起产生了许多副作用，加强素养教育十分紧迫。

二、自媒体时代的媒介素养

韦尼埃说，在网络时代，民众不再仅仅是新闻受众，也成为新闻的制造者和传播者。面对泥沙俱下的海量信息，人们更需要具有分辨是非的能力。“媒介素养教育能帮助人们在面对各种信息时提高理解、选择、质疑、判断以及思辨反应的能力。”

媒介素养的概念最早由英国学者提出，最初目的是为对抗由电影普及所造成的流行文化对传统教育的冲击。在国内，媒介素养教育在理论和实践上大多都是遵循与参照西方的发展模式。信息传播的复杂与多变深刻地影响着我国公众对传播信息的选择权和认知能力，社会公众媒介素养信息观教育时代来临。

“自媒体”与“自媒体传播”是在特殊的政治、文化与技术环境的背景下产生的，预示了数字革命对空间、权力和政治所带来的解放，猛烈冲击了传统信息传播模式，展示了令人激动的新发展、新趋势。自媒体的出现开启了信息传播多元化的时代，引发了信息传播的重大变革，在现代社会，媒介素养已然成为现代公民必备的基本素养之一，世界各国都不断地致力于媒介素养教育，提升公众媒介素养。进入自媒体传播时代，伴随着信息传播方式的巨大变革，公众的媒介素养教育也应当与时俱进，才能适应日益变化的传播环境的新要求。

三、女性媒介素养的性别特色

对女性来说，女性的性别性格特点决定了女性在传播活动中的接受能力、接受内容的性别特色。比如，理解力的感性化问题，比较而言，女性更容易轻信煽情性鼓动，更容易在微信群朋友圈传播一些未经证实的耸人听闻的信息，在对信息的选择上，女性往往从众，不加质疑，更趋向于盲从与无原则，如风靡网络的一些所谓养生知识、居家料理的常识，甚至什么食物相生相克等未经科学证实的传言，都能在女性群体中找到大量拥趸。而在思辨及反应能力上，女性如果没有特意地注重对媒介素养的培养，往往也会暴露出一定的性别弱势——连网络诈骗也往往专门针对女性下手就是明证。

所以，提升女性的媒介素养刻不容缓，辐射效应往往会折射到家庭、子女甚至孙辈教育上，都非常有必要。

四、女性提高媒介素养的途径

（1）加强学习。丰富的知识是提高媒介信息辨别力的基础，女性只有提高自己的知识储备自信，才能不盲从不轻信。

（2）提高对现实生活的关注度。比如，网络信息浏览，要注意一些社会影响比较大的真实性案例，在现实生活中往往众所周知的网络骗局还会有女性上当受骗，就是由于网络阅读视野不开阔造成的。

（3）虚心听取家人、朋友及周围人的意见，要多分析多质疑，要不懂就问，要有主动求证意识，遇到不合常理的事情不轻信、不转发、不传谣、不信谣。唯此，才能保证自己的信息安全乃至自身安全。

本章小结：

本章主要介绍了关于女性与传媒的若干问题，其中重要的内容包括大众媒介中女性形象的塑造与解读，并通过具体的案例分析了解传媒中涉及女性形象的舆论引导表现以及女性如何提高媒介素养等内容，理解本章内容可以联系当前媒介的女性传播重点、板块栏目、自媒体公众号等。

材料分析：

材料一：重庆公交车坠桥事件中的女性及媒体性别传导

"10月28日10时08分，重庆万州区长江二桥上一辆公交车与一辆轿车相撞后冲破护栏坠入长江。截至目前，初步核实15人失联。"

悲剧让人痛心，而围绕这一悲剧消息的网络传播，其剧情反转的过程，也引起了大家的关注和热议。

"小轿车逆行导致大巴坠桥""女司机已被警方控制"……28日，在官方正式通报悲剧原因之前，一些媒体说得有鼻子有眼，将女司机开小轿车逆行描述得言之凿凿，很多人在线上线下骂了女司机一整天，甚至涉及整个女司机群体。

但是该事件很快迎来了反转，官方调查结果，是公交车突然越线，撞上了对向正常行驶的小轿车。

——综合媒体报道

材料二：奥迪二手车广告歧视女性引众怒

2017年德国车商奥迪在中国投放的一条与二手车销售有关的广告《奥迪二手车广告之整容篇》引起了部分中国观众的愤怒。广告中，可以看到一个婆婆冲向举行婚礼的夫妇，用夸张粗暴的动作检查媳妇鼻子、耳朵、牙口……最后做出"OK"手势，随后广告呈现奥迪的二手车交易网站页面，配音称："官方认证才放心。"奥迪中国的这条广告在电影院和网络发放后，激起了观众的愤怒情绪。批评声音的主要方向是，奥迪的这则广告把女性“物化”“牲口化”，有歧视妇女的嫌疑。舆论的批评声音渐高后，奥迪从院线和网络撤回了这条视频。奥迪德国总部负责销售和市场营销的发言人德雷克斯尔表示：“奥迪集团对中国合资公司旗下二手车部门发布的这则广告感到非常抱歉。这则广告给许多人造成的印象绝对不符合奥迪的企业价值观。该广告仅为中国市场制作，奥迪已经责令彻底停止其传播。合资企业的有关部门已经启动了对内部监督及决策流程的彻底调查，以避免未来再次发生此类事件。”

（资料来源：德国之声中文网）

分析讨论：

1. 我们熟悉的广告中还有哪些广告有歧视女性的问题？

2. 媒体通常采用什么样的隐蔽性操作，让男女不平等的意识被社会大众自然地且不自觉地接收、认可，最终支配着社会大众的思想？

3. 媒体把关人如何提高自身的性别意识，将更好的价值观念传达给社会？

4. 如何看待新媒体环境下受众“话语权”的回归？

延伸阅读 / 参考书目：

[1] 刘利群，曾丹娜，张莉莉 . 国际视野中的媒介与女性 [M]. 北京：中国传媒大学出版社，2007.

[2] 卜卫 . 媒介与性别 [M]. 南京：江苏人民出版社，2001.

[3] 曹晋 . 媒介与社会性别研究：理论与实例 [M]. 北京：清华大学出版社，2015.

[4] 凡・祖伦 . 女性主义媒介研究 [M]. 桂林：广西师范大学出版社，2007.

其他资源 / 视频材料或网络资源链接：

1. 中国妇女网

http://www.cnwomen.com.cn/

2. 从美国到法国再到中国：#MeToo 反性侵运动的进步与争议

https://baijiahao.baidu.com/s ? id=1589648173039232136&wfr=spider&for=pc

第十章　女性与社会发展研究

女性的角色已经发生了巨大的变化，并对我们今天的社会产生了巨大的影响。许多年前，女性对社会的贡献受到传统社会规范的限制和控制。当今，女性的作用正在加速变化，并在政治、职业培训、就业、医药、商业和法律等领域发挥作用。

第一节　社会变迁与女性角色变化

一、女性社会角色的变迁

在男性统治的数千年社会中，女性一直生活在社会底层。她们没有参政的权利，没有受教育的权利，没有参与社会生活的权利。19 世纪末，天狮俱乐部在女性学的陪伴下在各地兴起，为消除缠脚的不良习惯和解放妇女的身体打开了序幕。

20 世纪初，蔡元培和其他人在上海成立了中国教育协会，并将建立女子学校列入议程。1907 年，清政府在内忧外患的情况下实行了新政策。在教育领域，颁布了教育部制定的《奏定女子学堂章程》和《奏定女子师范学堂章程》，妇女教育首次正式纳入国家教育体系。民国初年，妇女的教育开始与妇女的职业联系起来。这项措施进一步突破了通过教育养育家庭主妇的概念，使妇女进入了更广阔的领域，扩大了妇女的就业选择权，从而提高了妇女适应社会和独立生活的能力。这对于从根本上促进中国人力资源开发、提高妇女的社会地位具有重要意义。

教育是中国妇女为解放自己而奋斗的交响乐前奏。知识女性开始以挑战者的身份站在反封建主义的最前沿，表现出她们对封建家庭和性别歧视的精神叛逆，以及她们参与社会政治事务和政治事务的热情，在新生活中塑造了新的自我。可以看到，在“五四”新文化趋势洗礼之后，女性对爱情的看法发生了巨大变化。她们追求的不再是终生依赖同一个人，而是找到自己的精神伴侣。同时,始于清末的《民法典》汇编也纠正了法律上两性之间的不平等现象。作为一个性别群体,妇女从卑微的人群开始成为受到法律保护的弱者。因此,妇女参与就业和政治参与领域的权利也得到了改善。来自南部几个省的妇女是第一个获得参与市场的权利的人。1921 年,湖南妇女王昌国当选为省议员,这也是世界妇女运动史上的首例。

20 世纪的女性参加民族解放斗争的壮举令人印象深刻。1903 年,在日本学习的女学生组织了第一个妇女爱国组织——共爱自治会。女性觉醒者秋瑾写的一首诗《敬告中国二万万女同胞》,呼吁全国妇女争取权利,成为宣扬妇女成功的号角。同年,有关女性问题的第一本专著《女界钟》,首次喊出了"女权万岁"的口号。

随着马克思主义的传播和中国共产党的成立,一些妇女参加了变革中国和世界的革命斗争。中国共产党人向警予、杨开慧是这些致力于理想的杰出妇女代表。随着阶级斗争和民族斗争的激烈加剧,妇女的观念已经取代了女性的观念。觉醒的工人和农民妇女参加了民族解放的洪流,在队伍中出现了不爱红装爱武装的女兵。在抗日战争和解放战争中,中国妇女运动的目标是首先实现无产阶级领导的反帝反封建的民主革命。这一时期,中国的妇女解放运动始终与民主运动和民族解放运动紧密联系在一起。妇女的自由、独立、平等的意识,始终与被压迫的阶级意识和革命意识相融合。自 1949 年以来,中国妇女的地位得到了前所未有的改善,她们享有与男子平等的所有权利,她们致力于建设社会主义新中国的生活。"妇女可以顶起半边天",这已成为妇女扬眉吐气的口号,也成为生活斗争的现实。

但是,在寻求妇女解放的探索中,我们曾走过弯路。"能顶半边天"的口号被误认为是男人和女人身体力量之间的斗争。在这个激进时代,性别差异被忽略了。女子航空高空作业班、铁姑娘班和女子突击队相继出现,她们在体力上与男性竞争,冷静思考时才能意识到对女性的身心造成伤害。但是,不能否认在这个时代确立了妇女解放的观念。

20 世纪是人类历史上出现女性群体的第一个世纪,这是一个女性觉醒和革命的世纪。尽管 20 世纪中国妇女的社会地位发生了巨大变化,但这并不意味着中国妇女的整个社会角色已经发生了变化。在许多方面,性别歧视仍然很严重。女童失学的比例比男童高得多,下岗女职工的人数也比男性多,而且在某些地区,性商业化正在上升和逐渐猖狂。这些问题表明,妇女要实现完全解放还有很长的路要走。妇女的真正解放取决于自身素质的提高,但也取决于整个社会的进步。

21 世纪，妇女的作用发生了巨大变化，她们能够在社会上产生积极的影响。从家庭主妇到首席执行官，这种转变在社会上无处不在。现代化和最新技术的出现拓宽了她们的希望和机遇。她们几乎在社会、政治和经济每一个领域都建立了自己的地位。妇女不再被认为是不适合或软弱的社会群体，妇女在不同领域扮演如下几种不同的角色。

作为监护人：妇女是每个国家的家庭和子女的看护人。她们是家庭生活变化的主要发起者，在家庭生活的变化中起着重要的作用。

作为教育者：如果母亲受教育程度高于整个家庭的受教育程度，母亲就是孩子的第一位老师。如果我们教育一个男人，我们只教育一个人，但是如果我们教育一个女人，我们可以教育整个家庭。

作为全球志愿者：女性全球志愿者在世界各地的东道国开展社区发展工作，加强妇女和儿童的可持续健康管理，并在地方领导人的指导下，向妇女提供保健和教育经费。

中国和许多其他国家试图实现性别平等，妇女的角色和地位也在过去几年有所改变，但在中产阶级社会中有许多妇女在为自己的权利和自由而奋斗。虽然受过教育的城市中产阶级妇女的权利继续得到改善，但对性别平等仍然存在强烈的偏见。

二、新时代女性自我定位

21 世纪的女性，比以往任何时代的女性都充满了自信、勇气和挑战，她们敢于选择自己的生活，有新型的价值观念、家庭道德观念及行为方式。归纳起来，新时代女性自我定位主要有以下特点。

（一）经济独立

新世代的女性通常拥有自己的职业。即使嫁给有钱人，她们也永远不会放弃工作。她们说话敏锐，薪水高，她们思考和行动迅速，并努力在事业和爱情之间取得平衡；她们是独立和自力更生的，她们具有强大的财务管理技能，并且知道如何使用金钱来更好地组织生活。

（二）关注自我

新时代女性总是会倾听自己的内心，诚实面对真实的感情和欲望，选择自己想要的东西，不承受委屈，不故意取悦别人而压制自己。她们认为只有具备这种爱自己的态度，她们才能真正理解爱的含义，才有能力爱一个人，以确保双方在爱中不受伤害。

（三）生育自由

越来越多的女性认为家庭的幸福不再是一味地自我牺牲，传统的生育观念将受到前所未有的挑战。面对新世代职业和家庭的双重压力，女性将采取一种舒适的方式，并选择适当的时间行使其生育子女的权利。生育不再是她们的社会责任，而是发自内心的需要。只有当她们在生理上和心理上都做好了充分的准备，她们才会创造新的生活。

（四）婚恋自由

婚姻不再是第一选择。多样化的生活方式为女性提供了更广阔的选择空间，越来越多的女性会晚婚。“围城”的概念日渐淡薄，对将来婚姻生活谨慎思考后再做选择，只有当两个人真正适应时，她们才会进入婚姻的殿堂。还有一些女性只是选择单身，追求更大的发展自由。

（五）持续学习

关注时事，关心环境，了解政治，欣赏诗词。新时代的女性有着热切求知的良好习惯，书籍、电影、信息和互联网是她们的最佳伙伴。掌握一门以上的外语，学习工商管理知识或参加一门实践课程，是她们提高自己和发展自己事业不可缺少的手段。她们认为，拥有知识、智慧、美丽和才能的女人将充满活力和自信。

（六）工作娱乐化

传统的“从一而终”的职业观念已经彻底改变，女性将不害怕放弃稳定的职业。她们比男人更了解工作对生活的重要性，并愿意将乐趣融入忙碌的工作中并为此而努力。如果她们面对自己不感兴趣的职业，她们会毫不犹豫地离开。

（七）角色多变

现代社会的飞速发展造成了女性作为社会角色的多变性，有时温柔，有时狂野，有时是甜蜜的伴侣，有时是办公室的女性主管。很难简单地用绝对的术语来描述她们。

（八）广交朋友

新时代女性的社会圈子不断扩大，如艺术表演、科学技术研讨会、业务往来和国际环境保护。女性不会拒绝对自己有益的朋友。她们从朋友那里开阔了眼界，学习了新知识，参加了慈善活动，并为自己创造了打开世界的机会。

（九）独自旅行

更多的女性会选择独自旅行来度过闲暇时光。她们认为，独自旅行不仅获取新知识，而且是一种自我探索。与陌生的外部世界相比，她们绝对可以培养自律、培养自信并感受到生活的完整性。只有对生活方式有更多的了解、才能了解真正适合自己的生活方式。与自然紧密接触，女性的自我管理能力将得到增强，她们的心灵将变得更健康、更自由。

（十）注重健身

现代女性关爱自己身体的各个部分，并花费更多的时间和金钱进行有益于健康的活动。跑步、游泳、健身、登山……只要对她们的健康有益，她们都会花费精力和时间去参加。有氧运动、芭蕾舞和其他与音乐有关的运动在女性群体中持续流行。这种锻炼机会大多数妇女每周至少有一次。她们认为，体育和音乐在培养她们的气质中起着重要作用。

三、新时代女性社会定位

当代的中国与世界为女性提供了日益广阔的发展空间，无论创业者、企业家、政治家、职业经理人以及IT、网络、文化、艺术、体育、服务等领域，处处展示着女性特殊的才能和魅力，在各个领域发挥着日益重要的作用，成就大批卓越女性，成为当今社会影响力和作用日益提升的社会群体。如何找准女性在现代社会中的定位，我们认为应该从以下三个方面去认识。

（一）新时代的女性坚定信念、追求美梦

正如习近平总书记所说：每一位妇女都有人生出彩和梦想成真的机会。只要广大女性同胞都有梦想，都能执着追求，就一定能从耕耘中展现人生价值，提升自身高度。

党的十九大报告指出，中国已经进入了社会主义新时代。新时代是一个追梦的时代，也是一个更加开放的时代。在这个追梦与开放的新时代里，“妇女能顶半边天”不再是宣传口号，已经成为真切的现实。有人说，女人天生就爱做梦，实际上，女性更加感性、更富于想象，很多事情，不怕做不到，就怕想不到，只要想得到，执着地坚持，就能做出不平凡的业绩。

（二）新时代的女性要担当责任、弘扬美德

人生的价值在于担当。有意义的人生，从来都是在担当中蜕变成长，在担当中砥砺前进，在担当中成就辉煌。

担当起弘扬中国女性传统美德。自觉践行社会主义核心价值观，做家庭和美、邻里和睦、人际和谐的模范。

担当起发扬社会公德。自觉承担社会责任，用女性的真诚、善良、友爱，散播更多的正能量。

担当起坚守职业道德。不管是在什么岗位，都要严格遵照行业规范，坚持职业操守，切实加强对岗位业务的钻研，努力做爱岗敬业、文明有礼的标兵。

（三）新时代的女性要自信自爱、提高修养

冰心曾说：世界上若没有女人，至少要失去十分之五的真、十分之六的善、十分之七的美。女性之美，始于颜值，终于内涵、才华和气质。只有具备良好的文化素养、性格修养、品质涵养，女性之美才经得起时间的雕琢，才经得起岁月的打磨，才经得起年华的淬炼。

要成为一个美丽的女人，首先要保持健康。健康是美丽的基础。对现代女性而言，无论是对家庭的承担，对社会的贡献，还是对自身的关爱，都要把健康摆在最重要的位置。

其次要保持自信。自信来源于活力，广大女性同胞们既要承担相关的家庭事务，更要参加更多的社会活动，保持青春，释放活力，始终保持乐观豁达的生活态度；自信来源于学习，要树立终身学习理念，坚持学习、善于学习，在学习中开启心智，开阔眼界、提升素质，把自己打造成“知识型”“智慧型”的新女性，不断丰富精神世界、锤炼性情品格、砥砺行为操守；自信来源于时尚，“没有丑女人，只有懒女人”，要注重适当的打扮和得体的着装，塑造自己、展现自己，以自己的一言一行、一举一动影响家人、带动他人。

在这个新的时代，我们看到了很多的女性风采。当屠呦呦获得诺贝尔奖的那一刻，世界为之动容，中国女性为此感到由衷的骄傲。还有那些长期工作在流水线的女工、讲台上的女教师、电脑桌前的女作家等，她们可能不那么吸引眼球、光彩照人，但她们以女性的辛劳和温暖的光辉奉献于社会和家庭，以自身的工作，展现着新时代新的动能。她们各有各的领域、各有各的奉献、各有各的精彩，共同谱写着新时代的华章。

第二节　女性与社会流动

一个社会成员或社会群体从一个社会阶级或阶层转到另一个社会阶级或阶层，从一种社会地位转向另一种社会地位，从一种职业转向另一种职业的过程叫作社会流动。这是社会结构性自我调节的机制之一。

一、社会流动的特点

第一，社会流动是整个社会相同核心地位之间的过渡。社会流动可以是同一个社会的高层地位之间的转移，也可以是不同社会地位的等级之间的变化。

第二，社会流动性是指个人或群体社会需求状况的变化。这种变化可能发生在社会的不同结构层次之间，或发生在相同的整体社会结构层次内，通常不会影响社会现有的基本结构层次。只有通过一定规模的社会流动，现有的社会结构才能处于相对稳定的状态。

第三，社会流动是在社会上重新分配优质资源的一种方式。对于个人或群体而言，社会流动是社会地位的改变。为了满足社会需求，整体社会流动是个人或群体重新分配社会资源的一种方式。社会需要按照一定的标准，将社会的各种资源分配到特定的社会岗位上，以保证社会的正常运转。个人或团体可以通过改变其社会地位来改变社会资源的原始分配，并努力获得越来越令人满意的社会资源。

第四，一个合理的社会需要对流动性进行定性和定量的规定。社会机构的快速流动是否合理，应该从定性和定量两个方面进行研究。

从质的观点来看，合理的社会流动是要坚持机会均等的原则，即所有合格的人都有平等的机会。这些条件应通过社会成员的努力来获得；从数量上看，应根据社会需要和承受力创造社会流动的机会，并努力增加社会流动的数量，加快社会流动的速度。

自古以来，中国一直是人口流动率很高的国家。例如，中国古代的科举制度，现代社会的战争与灾难，以及改革开放以来的经济、政治、文化体系的全面改革，得到了极大的促进，社会需求激增。但是，改革开放后，我国开始了真正的社会流动。农村家庭联产承包责任制的实施、户籍制度的放宽以及城市劳动力和分配制度的改革导致了对社会流动的新需求，这些需求尚未得到解决，导致了中国社会学对整个社会流动的研究成果激增。其中，妇女的社会流动成为社会流动研究的重要分支。

二、社会流动方向

根据社会需求流动的参考点，社会流动可分为代际流动和代内流动。前者是指子孙在社会阶层中相对于父母的政治地位发生明显变化，而参考点是父母同一年龄时所处的职业地位或其他社会地位。后者是指一个人的生活状况的变化，而参考点通常是一个人的初始职业地位。

根据流动的原因，代际流动也可以分为结构流动和自由流动（非基本结构流动）。科学技术和生产力的巨大发展和进步可能导致原始社会结构发生重大变化，进而导致人们的社会地位上升和下降。这种社会流动称为结构流动，是由外部因素引起的。自由活动是由于个人原因导致的状态变化。一个社会的自由流动，从一个侧面反映了不同社会阶层之间的开放性质和程度，反映了人们选择和获得社会地位的平等竞争机会。

无论是代际流动还是代内流动，都包括向上流动和向下运动，这些流动统称为垂直运动。前者是指从下层阶级到上层阶级的快速流动，而后者则是相反的。向上流动和向下流动，特别是前者，一直是社会学研究中最关注的社会现象之一。

20 世纪 50 年代后期，有外国学者分析了来自 8 个国家 / 地区的调查数据，包括英国、法国、德国、瑞士、日本、丹麦、意大利和美国，并着重研究了男人如何从蓝领走向白领。与他们的预期相反，没有证据表明美国比欧洲和中国更开放。在美国，蓝领和白领工人之间的垂直流动率是 30%，而在其他欧洲国家是 27% ~ 31%。他们得出的结论是：工业化国家在扩大白领工作方面是一样的，并且有降低流动的趋势。

20 世纪 60 年代，布劳 (Blau) 和邓肯 (Duncan) 收集了有关美国 20 000 名男性样本的信息。它与先前的研究相似：美国社会确实存在许多垂直流动，主要是向上流动，但这些流动主要发生在非常相似的职业之间。他们还发现，这种大规模流动的原因是，与蓝领工作相比，白领和专业性工作越来越多，这为蓝领阶层的人成为白领打开了大门。布劳和邓肯强调，学校教育和培训对于个人成功极为重要。福克斯和米勒 (Fox and Miller) 在 20 世纪 60 年代中期进行的一项研究得出了类似的结论：先进工业的发展和大规模学校教育特别容易产生向上流动。随着工业化的发展，不需要太多技术的低薪和低层工作正在逐渐减少，因为这些工作正越来越多地被机器所取代。与此同时,越来越多的中层和高级作业正在创建。然而,从事这些工作需要更多的知识和技能,大规模的学校教育为人们提供了受教育的机会。后来,特雷曼 (Treman) 的研究还发现,大众传播和城市化等因素也与社会流动的向上扩展有关,甚至一国的政治民主化程度也可能对快速向上的流动性产生重大影响。

迄今为止,大多数关于社会流动的研究都集中在男性方面,尤其是对儿子和父亲的比较,而女性社会流动的研究则相对较少。罗森菲尔德 (Rosenfeld) 在 20 世纪 70 年代后期的研究出乎意料地发现,女性的任何职业发展都受到父母双方职业状况的影响。蔡斯 (Chase) 的研究发现,与男性相比,年轻女性更可能通过结婚获得社会流动,而男性更可能通过职业获得高速社会流动。随着社会的发展,我国妇女的就业率正在上升,但就业结构更偏向于低级职业,职业的变化主要基于横向流动。总体来说,所有研究都证明,对于男性和女性而言,获得较高职业地位的主要途径是教育。

三、精英与精英循环

(一)精英

在精英阶层的兴衰中,帕累托 (Pareto) 将精英定义为天生具有特殊才能并在特定领域或核心领域具有杰出能力的成员。从广义上讲,精英是指在人类活动的各个领域取得突出成就的人,或者在人类活动的各个领域处于领先地位的人。从狭义上讲,精英是指执政精英或政治精英,即少数成功人士,他们履行着政治或整个社会的领导职能。

可以看出,在我们所指的现代社会中,社会精英是具有杰出才能或重要地位的杰出人才,是在现代社会中具有影响力的杰出人才。他们在社会上具有法律地位,并获得很高的评价。他们在一定程度上形成了一个独特的群体,与社会发展的方向密切相关,并产生了巨大的影响。

(二)精英层

从精英的内涵我们可以看出,它蕴含了几个本质的特征:首先,精英本身必须具有卓越的才能;其次,精英必须获得合法化的地位以及社会的高度评价;再次,不同的精英群体之间差异明显,他们都是在各自领域中拔尖的人物;最后,所有领域的精英形成的群体对社会的发展具有重要作用。

不同女性精英真正组成了具有不同特征的同一精英群体，这些女性精英群体共同构成了特定的精英阶层。从当今社会发展的角度来看，现代女性精英的形成是由社会分工的差异引起的，是现代社会分层或分化的产物。因此，生活在社会中的妇女分为两个层次，一个是由普通妇女组成的下层；另一个是相关领域的女性精英的组合，即精英层，它包括政治、经济、社会和技术等各个领域的杰出人才。

（三）精英循环

精英循环是一种政治现象，其中一种精英被另一种精英代替，这是精英阶层的社会流动。它包括两个方面意义，一个是同一精英层内的精英流动，另一个是不同精英层之间的流动，包括社会底层与执政阶层之间的流动。

按照帕累托的思想，社会平衡的基本条件是维持上层精英阶层的顺畅流动，以便一定数量的精英社会阶层可以永远留在执政阶层中。在一个社会中，只有当技术能力和执政阶层的能力平均值高于非执政阶层的能力平均值时，社会才能稳定。为了确保这一点，只有通过精英循环，即非执政阶层的精英继续上升为执政精英，平庸的执政阶层才会继续下降到非执政阶层。如果没有向下的流动，则会在顶部集聚一些腐败的要素，这将降低执政阶层的平均能力，从而无法确保执政阶层的稳定性。如果没有向上的流动，非执政阶层的平均能力可能会提高。一旦非执政阶层的精英积累到一定水平，如果向上的流动通道被阻塞，她们就会团结起来，进行革命并夺取政权。

1. 不同女性精英层之间的双向流动

这种双向社会流动主要针对女性政治精英和其他非女性政治精英。该过程有两个方向：一个是从系统外部进入系统，另一个是由内而外。为了使女性精英阶层有效流动，我们必须首先确保这一制度在内部和外部均不受阻碍。

（1）从体制外进入体制内的角度来看，现行的公务员制度为体制外的女性精英进入体制内提供了正式的平台，并为社会上有才能的年轻女性成为政治精英提供了可能。然而，这种向上的渠道显得单一化，不足以网罗社会上各行各业的优秀女性，自然也不能达到行政效率的最大化。因此，我们需要进一步拓宽进入政府体制的渠道，从而选择合适的女性精英进入政府体制。

（2）在从体制内部退回到体制外部，现行的《中华人民共和国公务员法》对公务员的晋升、辞职和解雇机制有具体的规定和解释。然而，这种情况现实并非如此，工作评估缺乏真实性和透明度，进入该系统意味着工作艰巨，并且缺乏危机和竞争力，这反过来导致该系统膨胀，并导致一些年轻的女性政治精英逐渐腐败，影响政治体系的稳定。因此，有必要建立与辞退制度相协调的有效政策、法规和考核制度，并严格遵守规定的法律和程序，以确保女公务员退出体制更具可操作性。

2. 体制内的女性政治精英层之间的上下双向流动

这就要求系统中的女性精英必须具有一定程度的人员和流动职位，以便合理地实现政治和经济精英的晋升和降级。我国现在体制内由于精英流动周期较长，一些女性政治精英的思想懒惰和无所作为的放松，导致她们的综合能力下降，这将影响政治表现并破坏政治稳定。因此，相应的对策是：进一步完善女性公务员的晋升和降职制度，实行竞争性就业和公开选拔制度，增强女性精英在精英层中的竞争力，拓宽人才选拔渠道。

综上所述，这两种合理的精英流动机制，必须使女性精英保持一种无视过去、接受新事物的状态。只有确保精英阶层的流动渠道畅通无阻，并达到上下伸展的流动状态，才能最终改善中国女性精英的流通机制，保证政治经济稳定有效。政治领域的女性精英循环促进了社会各个领域的精英循环，并通过政治制度的稳定促进了整个社会的稳定，最终有利于整个国家的统一与稳定，有利于构建和谐社会。

四、封闭流动和开放流动

根据社会整体流动的可能性和难易程度，社会学家将社会类型分为开放社会和封闭社会。

在一个开放的社会里，妇女的社会地位是由她们自己创造的，而不是别人给予的。利用她们所获得的技能、知识和教育，并通过她们自己的努力，获得她们的社会地位。这种社会强调奋斗和成就，而不是天赋，因此它是理想化的精英管理社会。

在一个封闭的社会里，情况恰恰相反。社会的重要地位是第一位的，永远不会改变。妇女在社会中的地位不是由个人的努力和奋斗决定的，而是由种族、性别、家庭背景等无法控制的因素决定的。

现实中，没有完全开放或完全孤立的社会场所，开放与封闭是相对的。与封闭社会相比，开放社会的特征是妇女有更多机会和可能性通过自我激发的因素获得社会地位。一般而言，现代信息社会需要比传统农业社会开放得多。但是,即使在欧美的工业化国家,家庭背景、性别和种族等其他主要因素也对妇女的整体社会地位产生一定影响。与开放社会相比,封闭社会的特点是妇女主要依靠许多先天因素来获得社会地位,并且妇女的社会流动并不顺畅。

第三节　女性与社会分层

"做人难,做女人难,做名女人更难。"这是一种自20世纪80年代以来在中国广为流传的嘲讽,它以一种讽刺的语调传达了这样一种信息:在社会中,女性似乎比男性更难有所作为,这意味着社会分层客观存在着性别不平等。事实上,阶层正在超越性别,这与传统的社会分层理论背道而驰。在当代社会分层研究中,性别研究被引入社会分层领域,与阶级和种族一起被认为是导致社会不平等和社会分层的最重要和最常见的三种机制。

回到1949年以来的中国社会分层体系的现实情境,对历史与现实进行大致观察,我们很容易得出这样两个相反的认识。一方面是女性的解放,使得1949年以来的中国女性社会地位获得了极大的提高,特别是在毛泽东时代,中国强调的是阶级而否定性别的差异,女性拥有了同男性一样的就业权利,拥有了获得经济资源、权利资源与文化资源等决定社会分层体系的各种资源的机会。当代中国社会资源配置与流动大体呈现出去性别化的趋势,尤其体现在城市中。然而,另一方面,在整个社会分层体系中,我们也能够清晰地观察到性别的建构,尤其是社会分层体系中的一些优势位置,性别成为流动的天然屏障。

1949年以来的不同时期的中国社会流动中,性别对于人们职业地位、教育地位、权利地位的获得有着不同程度的影响。

一、女性阶层位置

在社会分层的主流理论中,女性阶层地位的获得是由家庭和配偶的阶层地位决定的。新韦伯主义者认为,尽管越来越多的妇女离开家庭去社会上工作,但这不足以产生很大的影响,已婚妇女或多或少地依赖丈夫,家庭的阶层地位取决于男性户主的位置。

尽管这一观点受到了女权主义者的强烈批评,但新韦伯主义者坚持自己的基本立场。新马克思主义代表人物赖特认为，新韦伯主义者的方法是有缺陷的，他们仅仅利用女性，以职业来界定自己的阶层地位并不令人满意。赖特因此提出，间接阶层地位（与生产资源的间接关系）对妻子的影响要比对丈夫的影响大得多，如与工人阶级女性结婚的中产阶级男性相比，与工人阶级男性结婚的中产阶级女性更有可能将自己归为工人阶级的身份[①]。

自20世纪70年代以来，随着女权主义的兴起，越来越多的女权主义学者参与了社会分层研究，批评了传统社会分层的主流学派。这种批评体现在传统的社会分层理论的两个方面：一是家庭是社会分层的唯一重要单位；二是女权主义者认为妇女的阶层地位与其配偶平等。一方面，它认为将家庭作为社会分层的唯一重要单位，模糊了男女在家庭中的不平等，而忽略了事实，即越来越多的妇女加入劳动力市场并遭受不平等的困扰；另一方面，将女性的阶层地位等同于配偶的做法混淆了女性的阶层经验。对于女权主义者来说，性别分层和阶层分层是两种截然不同的品质。事实上，性别分层总是包含着经济和权力的不平等，这些不平等是在一个关系系统中产生和维持的，这个系统也建立了一个阶层结构。换言之，女性在阶层结构中的处境正是她们在性别结构中的处境。在批判传统社会分层理论的基础上，女权主义者明确提出了两种针锋相对的观点。第一，家庭并非社会分层系统的唯一重要单位。与传统社会分层理论相左，女性主义者更倾向于女性阶层位置的去家庭化，认为随着女性参与市场能力的提高，不仅传统的原子化家庭开始瓦解，而且到底谁在主导家庭也越来越难以确定。第二，女性的地位并不从属于男性。女权主义强烈反对把女性的地位附加到男性身上的做法，认为女性获得阶层认同更多的是来自自己的职业环境，而不是配偶。当代中国的社会分层经历了几次重大的变化，每个时期的分层规则也各不相同，这就影响了性别在社会分层中的作用。在官方讨论中，始终强调性别平等，这为妇女提供了更多机会。尽管这暗示了性别不平等的历史和现实，但这种取向对促进性别平等仍然具有积极意义，并在改善中国妇女地位方面带来了历史性变化。

女性获得客观阶级地位最显著的影响因素是文化资源的占有，而文化资源的占有大于政治认同和经济资源。这说明文化资本对当代中国女性地位获得的影响大于政治资本和经济资本。随着社会的阶层固化和女

① Nicky Britten and Anthony Health. Women，Men and Social Class[A]. *Gender，Class and Work*. Gamarnikow (eds.). London：Heinemann，1983：249–250.

性自我意识的觉醒,女性阶层位置的影响因素在动态变化。已有的研究发现,影响女性阶层地位的最主要因素是女性的组织资源和丈夫的阶层地位,而文化资源的影响则有所下降。学习和结婚对女性来说可以获得优势阶层地位。

二、女性主观阶层认同

女性客观阶层地位的影响与女性阶级地位的主观认同有很大不同。如果排除家庭和配偶阶层地位的影响,我们看到的是文化资源对女性的客观阶层地位有显著影响。那么在主观阶层地位认同方面,情况发生了明显的变化,文化资源的影响最小,而经济资源和组织资源的影响上升到了首位。这表明,对于女性来说,富有和权利是确定自己阶层地位的首要标准。与以往的研究结论相比,女性在阶层地位的主观认同上表现出性别差异。

丈夫的阶层地位对女性主观阶层地位认同的影响上升到首位。也就是说,丈夫的阶层地位在很大程度上影响着女性的主观阶层地位认同。例如,如果一个中产阶级的女人嫁得不好,那么她更倾向归属于丈夫的下层阶级。相反,如果社会底层的女人嫁得好,那么她就属于丈夫的上层阶级。这一结果有力地证实了赖特的观点,即间接阶层地位对妇女的影响大于对丈夫的影响。[①]

此外,父亲的阶层地位与女性的主观阶层地位认同呈负相关,即父亲的阶层地位越低,女性的主观阶层地位认同越高;父亲的阶层地位越高,女性的主观阶层地位认同越低。这一结果表明,女性的主观阶层地位认同存在这样一种可能性:在父亲的阶层地位中,女性的主观阶层地位认同是社会地位较低的妇女由于社会流动性和开放性而获得较高的阶层地位(或丈夫阶层地位的影响),形成更高的主观阶层认同,那些父亲阶层地位较高的妇女往往会参照较高的标准来判断其主观阶层地位。当然,父亲阶层地位的影响会显示出轻微的趋势。因此,我们可以看到父亲阶层地位对妇女阶层地位的影响远小于其他变量。

当然,外部环境的改变只是女性作用发挥的必要条件,女性还必须通过自身的努力,才能真正适应快速变化社会的需求,在不断提升自己能力和实力的基础上,为国家和社会多做贡献。

---

① 胡建国.女性阶级位置与阶级意识的获得——中国社会分层体系的性别建构[J].人文杂志,2010(6):168-173.

第四节　女性与社会治理

治理主体多元化是国家治理现代化的重要特征之一，而女性社会组织作为现代社会中独立于政府和市场之外的一支重要力量，在国家治理现代化中具有不可替代的重要作用。马克思主义妇女观具有马克思主义理论的鲜明特征，其对辩证唯物主义和历史唯物主义的充分运用，有助于我们更加准确地把握女性社会组织功能的发挥与国家发展、社会进步的辩证关系，深入分析制约其发展的理论困惑与实践难题，多角度探索破解不利因素的有效途径，有助于在完善女性社会组织自身发展的同时，使其更好地肩负起参与国家治理的责任担当。

一、女性社会组织

在推动国家治理现代化过程中，社会组织作为多元治理主体之一，近年来获得了长足发展，在塑造民间规范、维护社会团结、促进社会融合等方面做出了重要贡献。女性社会组织是女性参与国家治理的重要平台，在维护女性权益、保持社会稳定、提供公共服务和促进科教文卫事业发展等方面发挥着重要作用，为当代女性解放与发展提供了重要支撑。

（一）女性社会组织概念的界定

女性社会组织首先是社会组织。从狭义上看，社会组织是指在国家民政部门注册登记的、不以营利为目的的民间组织，这些组织具有独立法人资格，开展社会服务、理论研究交流、慈善、行业交流监管等业务。我国省级民政部门设立专门的社会组织管理局，将这些社会组织分为社会团体、民办非企业单位、基金会三类进行管理。从广义上看，社会组织是指公民为实现特定发展目标而自发组织的民间团体，这些群体同样不以营利为目的，以组织为依托不同程度地参加国家治理，是国家治理中独立于政府、市场之外的重要主体。这里所研究的女性社会组织，是基于广义社会组织概念基础之上的。

关于女性社会组织的界定，理论界一直有多种思考和主张。从狭义上看，女性社会组织是指专门为女性提供服务、从事妇女问题研究的社会组织。从广义上看，女性社会组织除狭义概念所提及的组织外，还包括主要由女性成员组成的社会组织，或者由女性担任组织主要领导、成员中有一半以上为女性的社会组织。下面所谈均为广义女性社会组织。

（二）社会组织是当代女性解放的重要依托

马克思主义妇女观中对中国影响最大的就是妇女解放理论。20世纪，一个最为引人瞩目的重大变化就是在轰轰烈烈妇女解放运动的影响下，大量女性积极投身社会生活和国家建设，将自身发展同国家社会发展紧密相连，在建设伟大国家的砥砺征程中做出不可磨灭的历史贡献。但是，从社会层面来讲，女性个体的力量是微薄的，对国家和社会的影响极为有限。推动当代女性解放的最关键问题，是要创造更有利于女性全面发展的社会环境。在这一过程中，女性个人的力量和影响力是有限的，社会组织起着不可替代的独特作用。

首先，社会组织是女性平等依法行使民主权利的重要依托。我国《宪法》明确规定男女平等，女性依法享有与男性同等的各项民主权利。然而到目前为止，因社会思想观念解放程度不够、女性主体意识不强、女性自身素质约束等影响，制度上的平等还没有形成结果上的平等，女性平等依法行使民主权利还没能真正成为现实。在女性社会组织中，具有共同愿景的女性力量得以汇集，其中代表性人物可以参与国家治理，更好地行使民主权利。

其次，社会组织是女性平等参与经济社会发展的重要依托。女性社会组织的发展为一些女性创造了新的就业机会，有的无业女性走出家门，通过参加家政服务、养老助残等社区女性社会组织，在服务中实现了就业；有的退休女性在公益型女性社会组织中发挥余热，再次参与到经济社会发展中来。在传统社会分工还未改变的情况下，女性社会组织成为很多女性参与各类公益慈善事业的重要渠道，更是她们投身教育事业、生态环境治理和脱贫攻坚等方面事务的重要平台和依托。

最后，社会组织是女性平等享有改革发展成果的重要依托。女性社会组织可以更有效地助力提高女性地位，使女性可以共享中国当代政治、经济、文化中发展的丰硕成果，更好地实现习近平总书记“推动妇女和经济社会同步发展”的期许。女性依托社会组织更有效地维护女性权益，参与国家治理，使自身得到更好的解放。

（三）社会组织是当代女性发展的新平台

现有的女性社会组织以公益组织、学术研究性团体、行业协会等多种形式存在，每个女性都可以在符合自己需求和特点的组织中找到自己的位置，借助组织搭建的平台获得更好的发展，为女性自身价值的实现提供了更广阔的空间和舞台。

浙江省嵊州“村嫂”志愿服务组织，将松散的留守妇女通过志愿服务组织起来，既弥补了乡村治理中政府缺位和市场失灵，又提升了女性素质，为广大农村女性搭建了互动发展的新平台。[①] 黑龙江省女性学研究会则致力于将性别平等的女性学研究者联系起来，整合力量深化理论研究、推动社会性别理论的传播和普及，开展大量的科普活动，积极参与社会调研活动、决策咨询等，为学者以专业研究服务社会搭建了新平台。黑龙江省女创业者协会以“引领百万女性创业，助力千万女性就业”为宗旨，以女性社会组织为基础承接政府项目，为女性创业就业搭建培训和技能指导新平台。[②]

借力社会组织搭建的新平台，当代女性发展得到了一定的推动。“近年来，中国妇女就业人口占社会就业总人口的 45%，女性就业领域更为广泛。女性自主创业的比例达到 21% 以上，女企业家占企业家总数的 25% 以上，互联网上女性创业者达到了 55%，在农村，女性劳动力超过了 60%，许多妇女成为中国新农村建设的致富带头人。另外，在参与决策和管理及受教育方面，女性的比例都在不断提升。”[③]

随着社会的发展，将有越来越多的女性社会组织逐渐发展并成熟起来，或为妇女走向社会生活、参与社会生产劳动创造条件，或致力于妇女主体意识的觉醒，进而推动整个社会思想观念的解放、社会制度的完善，为当代妇女解放提供有力保障。

二、女性社会组织在国家治理中的独特作用

党的十九届四中全会审议通过了《中共中央关于坚持和完善中国特色社会主义制度、推进国家治理体系和治理能力现代化若干重大问题的决定》，以执政党最高文件的形式，充分彰显党对国家治理的顶层设计，凸显我国国家治理方式从传统到现代的转型，确认每个社会成员在国家建设和社会发展中的主体责任。其中特别指出，要“坚持和完善促进男女

① 冯波．农村女性社会组织参与社会治理研究——以浙江嵊州“村嫂”志愿服务组织为例 [J]. 社会治理，2018，28(8)：43-48.

② 黑龙江省妇联．黑龙江省女性学研究会举办 2019 年学术年会暨第七届龙江女性论坛 [EB/OL]. http：//www.hljwomen.org/article/list/view/id/50389.

③ 牟虹．中国梦也是妇女梦 [EB/OL]. https：//lady.163.com/15/0417/11/ANDBBJTE00262613.html.

平等、妇女全面发展的制度机制”，再次为广大女性投身国家建设和社会发展提供了支撑和保障。作为现代国家治理的一种重要力量，社会组织是独立于政府、市场之外的重要主体，是公民广泛参与国家治理的重要依托。其中，各类女性社会组织也在多元治理模式中扮演着重要角色，成为推进国家治理现代化不可缺失的力量。

（一）性别的视角：助力国家治理体系的完善

“性别”在国家治理体系的完善过程中具有重要的意义，它不仅是“个人身份确立的标志，更重要的是，有关性别的观念、伦理、制度的变革，是民族国家现代性的必须选项”①。

一个民族国家能否在法律政策的制定和实施、各项制度的优化和完善中充分聚焦性别视角，精研致思女性的权利，关乎其是否能够取得“现代”资格的入场券。尽管国家以立法的形式对女性的政治权利、文化教育权利、劳动权利、人身权利、婚姻家庭权利予以保障，但是由于性别视角的缺位，有些保护女性的法律制度，却在制定和实施过程中造成事实上的性别不平等，其中表现比较突出、争议较大的问题包括退休年龄不同、就业性别歧视、男女同工不同酬等。以女干部群体为例，由于很多地区实行男女差别政策，女干部要比男干部早退休 5 年。

和男性一样，广大女性也是国家的宝贵人力资源财富，她们真心渴望享有与男性一样为国家建设贡献才华力量的平等机会，而男女不同龄的退休文件却剥夺了她们的期待和权力。因此，国家在制定和执行相关制度时，应当基于性别视角，广泛倾听不同阶层女性群体的利益和诉求，有效改造完善现行的治理体系，彻底根除顽固存在于社会各领域的隐性性别歧视。

女性社会组织是政府知悉女性生存状况、精神追求、权利需求的重要渠道，也是提升女性能力素质、家庭社会地位、权力利益的重要平台。借力社会组织搭建的新平台，当代女性积极参与到国家治理体系现代化进程中，以独有的性别视角，关注女性发展，参与法律政策的制定和实施、各项制度的完善和发展的倡导、推动、监督和评估。这种组织大力整合分散的女性个体的力量，有更大的社会影响力、更强的互动沟通能力，甚至可以在一定程度上影响政府决策，推动相关法律制度尤其是涉及妇女儿童权益的制度的制定执行。

① 杨联芬．新伦理与旧角色：五四新女性身份认同的困境 [J]．中国社会科学，2010(5)：207.

大量女性社会组织积极开展工作，自下而上为各项制度的建立完善建言献策，为女性的权益摇旗呐喊，使得男女平等不仅是一种社会理念，更是成为衡量国家治理体系是否完善的重要裁判，对推动国家治理现代化具有至关重要的作用。

（二）柔性的力量：助力国家治理能力的提升

“每个了解一点历史的人都知道，没有妇女的酵素就不可能有伟大的社会变革。社会的变革可以用女性（丑的也包括在内）的社会地位来精确地衡量。”[①]

从家庭建设的角度看，要注重发挥妇女在弘扬中华民族家庭美德、树立良好家风方面的独特作用，这关系到家庭和睦，关系到社会和谐，关系到下一代健康成长。妇女的这些独特作用，在女性组织助力国家治理能力提升过程中得到更加充分的体现。社会安宁美好、和谐有序、充满活力，是国家治理现代化内在的价值取向，评价国家治理能力的关键就在于国家治理目标的实现程度。作为国家治理的一种实体力量，社会组织并不是以强制性力量去实现社会和谐稳定，也不是以理性化规制维护社会安宁有序，而是以双向沟通、良性互动、诚挚合作的方式取代过去国家单向控制的治理模式，让以往神圣而不可触及的国家权力散落于普通民众的生活场域，使行政力量在与社会组织力量的联通碰撞中得到提升。在这一互谅与相互实现的过程中，女性社会组织更是以其温暖有力、主动有为的社会服务增加社会和谐因素，以崇德向善、充满温情的价值理念带动社会文明新风尚，以富有生机、维权赋能的培育培训提高广大女性素质能力，以敢于创新、坚韧奋斗的生动实践书写创造美好生活的巾帼荣光。今天的中国女性用自己柔韧的肩膀撑起了“半边天”，将自身柔和温润、善于沟通、善良美好的特质糅入刚性治理方式中，既为国家治理能力的提升贡献了巾帼力量，又助力国家有效实现善治的目标。

（三）组织的依托：助力社会治理新格局的形成

恩格斯指出：“国家、政治制度是从属的东西，而市民社会，经济关系的领域是决定性的因素。在当代中国，政府、市场、社会共同打造了一个‘共建共享共治的社会治理格局’。”[②]在这一格局中，政府不再是自居于社会之上专属排他的“一元”力量，而是从“三元视角”行使“元治理”功能，

① 马克思恩格斯选集（第 4 卷）[M]. 北京：人民出版社，1995：586.
② 同上，第 247 页 .

使国家治理的多元主体实现“良性互动”。其中,国家大力扶持新兴的各类相对独立的社会组织,以其专业、灵活、高效、非营利性等特征,增强多元主体的协同治理能力,助推政府进行国家治理。

在异质的社会中,社会组织是不同利益需求的黏合剂,其中女性社会组织是植根于基层,反映多元化女性群体需求,增进女性福祉、凝聚女性共识的重要载体。女性社会组织不仅直接关注普通民众的现实利益问题,还能最大限度地反映社情民意,培养女性自我认知、自我管理等方面的行为和能力,使每一个女性都成为有责尽责的治理主体,在确保人人共享治理成果的基础上,为社会治理格局的优化提供组织平台。依靠高效的组织化,可以使女性享有更多的资源和机会,将分散的个体整合为具有一致价值理念和行为能力的团体,以其在国家框架内的特殊地位等同于政府良好沟通对话的能力,为新时代国家治理增强合力、注入动力。只有善用女性社会组织的优势与力量,才能动态优化治理格局,融合实现功能互补,以组织的自我发展为社会和谐稳定、国家长治久安提供更完备、更有效、更有力的支撑。

国家治理现代化,是时代赋予我们的重大战略任务,也是刻不容缓的历史使命。目前,在党和国家的关怀重视下,女性社会组织相继涌现、发展壮大、有序成长,始终代表和维护女性权益,带领她们在参与国家治理中大显身手、彰显作为。女性的最高价值应当体现在建功新时代、创造美好生活的征途中。只有紧紧把握时代脉搏,在看似微不足道却意义重大的领域释放女性社会组织的特殊价值,才能让多彩的芳华在阳光下尽情绽放,谱写国家治理的新篇章。

三、女性社会组织参与国家治理的制约因素

迈进新时代,中国女性社会组织已经成为推动经济社会发展,促进社会和谐、公正与全面进步的重要力量。各类女性社会组织积极投身政府和社会决策,大力营造平等的性别观念和性别文化,着力提升广大女性自身能力和发展潜质,自觉践行推进妇女事业发展的责任担当。但是,由于资源配置、力量配备、组织运营、传统观念等因素的限制,使得当前我国以女性为主体的社会组织在规模数量、工作保障、发展机制以及吸纳妇女群众等方面还存在薄弱环节,未能充分彰显女性社会组织参与国家治理的独特优势。

（一）文化的归因：传统落后观念尚未彻底根除

女性是创造文明的重要力量。在中国两千多年的封建社会里，由于受男尊女卑伦理纲常的束缚，广大女性并不具有完全独立的人格和地位，仅仅作为男性的依附者和附属品而存在，经济上不独立、婚姻上不自由、教育上无权利，毫无社会政治生活可言。

马克思主义妇女观包含着运用马克思主义理论解决妇女问题而形成的一系列观点，其核心理论主要围绕妇女解放相关问题展开。马克思主义妇女观认为，妇女受压迫的根源是私有制的出现和阶级的不平等，妇女因失去经济独立地位而失去社会地位。妇女解放首先要消灭私有制，使女性参与社会生产，获得经济独立。马克思主义理论传入指导中国革命的过程中，在政治变革的阶段性目标实现的同时，中国的妇女解放运动也颇有建树，女性获得了受教育权、工作权、参政权，中国的妇女解放程度和速度都是值得我们骄傲的成就。尽管在探寻国家出路、擘画社会发展的过程中，有越来越多的女性走出家庭私领域，走入社会公领域，组织各种社会团体为妇女权益呐喊发声，为国家发展躬身实践，为国家治理建言献策，但是阻碍女性全面发展的落后观念在一些区域仍然根深蒂固，女性社会组织对国家事务和社会事务的决策影响力依然有限，男性与女性事实不平等现象在教育、就业、参政等多个领域还是普遍存在的。在子女养育、老人照顾、家务劳动等方面仍被视为女性的责任的情况下，女性从私领域更多地走入公领域只意味着更多的中国女性要承担家庭和社会双重责任，压力更大，女性的全面发展受到更多的束缚。事实上，女性在法律上获得平等权利只是妇女的初步解放，女性有机会充分发挥自己的聪明才智而获得全面发展才是更高层次的妇女解放。当女性的能力、自由、人格与价值处于压抑和束缚之下，女性的天空必然是低垂的，女性的翅膀必然是沉重的，女性社会组织的话语权必然是无力的。传统落后观念就如同强加在女性身上的种种枷锁，它压抑了女性的主体性和社会责任感，弱化甚至剥夺了女性社会组织参与国家治理、服务社会的能力，阻碍了国家政治文明的发展。

（二）保障的匮乏：相关支持系统尚不健全完善

我们今天所研究和运用的马克思主义妇女观，既有马克思、恩格斯等马克思主义理论的开创者们的基本观点，更包括将其运用于当代中国妇女事业所形成的中国化的马克思主义妇女观。习近平总书记关于新时代妇女发展的相关理论，是马克思主义妇女观中国化的最新理论成果。习近平总书记将妇女发展与实现中华民族伟大复兴的中国梦紧密结合起来，给妇女发展赋予新的时代主题。2013 年习近平同全国妇联新一届领导班子成员集体谈话并发表重要讲话指出："实现中华民族伟大复兴，是党和国家工作大局，也是当代中国妇女运动的时代主题。"[①] 发动广大妇女投身社会建设和变革，是中国妇女运动的传统。在实现中华民族伟大复兴的新时代，中国妇女必须将自身发展同国家、社会发展紧密相连，自觉承担社会责任，立足当代，建功立业，走出一条中国特色妇女发展道路。习近平总书记站在全局和战略的高度就妇女工作做出一系列重要论述，为新时代女性社会组织的发展提供了广阔前景。但是，作为参与国家治理、推进社会和谐稳定的重要力量，女性社会组织在积极投身各项工作实践时，仍然面临着诸多难题。特别是随着女性社会组织数量不断增加、种类日益繁多，迫切需要政府和社会在资金场所、政策扶持上注入力量，在组织定位、发展方向上科学指引，在组织监管、督导评估上系统完善。组织的生机与活力彰显在为经济社会发展拼搏奉献的实际行动中，融入于奋发有为、建功新时代的时代洪流中。如果长期囿于资金场所匮乏、财政投入有限的束缚，面临制度建设滞后、合法性缺失的困境，陷入社会需求认知模糊、未来发展方向不明的困惑，女性社会组织便只能在不利环境中艰难生存，很多工作都无法正常开展，不能担当起参与国家治理的重要责任。离开了政府的作为、政策的扶持、社会的联动，女性社会组织就不能获得良好的发展。

（三）发展的瓶颈：组织自身建设尚需优化提升

当前，我国女性社会组织类型日趋丰富多样，在经济、政治、文化艺术、教育卫生、社会服务等众多领域，都可以清晰地看到女性社会组织温暖的身影和前行的足迹。但相较于党和国家在新时代对社会组织参与国家治理的新要求、新期待，女性社会组织却由于内在素质与能力建设的瓶颈，可持续发展的前景不甚明朗。习近平总书记以推动妇女发展为目标，倡导男女平等基本国策的进一步贯彻落实，创造有利于妇女发展的环境。传统社会性别分工的存在，是当代妇女解放运动深入发展的最大障碍。为此，习近平总书记强调要"努力构建和谐包容的社会文化"，"要坚持男女平等基本国策，维护妇女儿童合法权益"。

在众多女性社会组织中，绝大部分组织都是自发组建的，组织的管理

---

① 习近平. 坚持男女平等基本国策 发挥我国妇女伟大作用 [N]. 人民日报，2013-11-01.

人员大多身兼数职，任务繁重，在专业背景、组织规划和管理能力等方面还有所欠缺，严重抑制组织的履职尽责。加入组织的成员，本着实现自身价值的目的，渴望身心获得更高层次的满足，但因组织内部专业人才匮乏、系统培训机制不完善、专业工作人员和公共服务缺位等问题，致使成员的利益诉求得不到体现，从而使一些成员特别是知识水平和自身素养较高的成员对组织发展失去信心，缺乏参与组织活动和探索组织发展的积极性，为谋求自身长远发展而纷纷离开。大量高水平人才的流失，严重影响了组织人员结构的整体水平，增添了运营管理难度，令组织发展难以为继，举步维艰，无法成为广大妇女实现自身价值的舞台，更难以为她们广泛参与国家治理搭建平台。

（四）意识的贬抑：参与国家治理主动性尚且不足

女性参与社会公共生活，特别是参与国家治理和社会事务的管理，是衡量一个国家治理水平和社会和谐程度的重要方面。较之以往，中国女性确实得到了前所未有的参与社会的经历和体验，代表着广大女性诉求与利益的女性社会组织也大量涌现，为凝聚广大女性力量，发挥女性聪明才智搭建重要平台。但是，与其他以男性为主的社会组织相比，女性社会组织的主体主要集中于亲子、帮扶、兴趣爱好、心理疏导和文体活动等，发展的同质化现象比较严重，其风格类型、发展理念、服务功能过于趋同，虽然给予女性多方面、多层次的助益，但究其实质，仍然是家庭领域活动的扩大与延伸，并未真正涉入国家治理的核心领域，进入国家治理决策层面并对决策施加影响的力度更是有限。

当然，也有一些女性社会组织将发展的触角逐步向关注社会事务和介入政治决策领域拓展延伸，然而“由历史形成的广大妇女在占有社会资源和社会分工方面处于相对劣势的局面，还难以在短期内根本改变”，致使一些女性群众仍然被不平等的性别意识束缚，被不公正的性别分工所禁锢，长期羁系于家庭之中，社会参与意识和政治权利意识不强。女性社会组织的建立和发展，离不开广大女性的积极参与和能量发挥。如果广大女性没有参与社会公共领域的意愿和勇气，女性社会组织的价值功能和发展意义就无法得到展现，她们给予国家发展和国家治理的影响也一定是无足轻重的。

四、女性社会组织参与国家治理瓶颈的破解

在马克思主义妇女观的理论视域中，追求男女平等、实现女性自由全

面发展是推进社会协调稳步前进的重要目标，也是衡量社会公正的客观标准。女性社会组织是推动女性解放发展、引导女性成长进步的依靠力量。破解当下女性社会组织参与国家治理所面临的限度和困境，将女性社会组织纳入国家治理整体布局，发挥其在国家治理中的独特优势，是弥补社会公共管理职能不足、完善国家治理体系、营造国家治理新格局的重要路径。

（一）观念的嬗变：突破传统性别文化的限制

恩格斯指出："妇女解放的第一个先决条件就是一切女性重新回到公共的劳动中去；而要达到这一点，又要消除个体家庭作为社会的经济单位的属性。"①

在这里，恩格斯所强调的"公共的劳动"，就是要求广大女性走出家庭，参与社会公共生活，重新获得发展的机会与权力。同男性一样，广大女性也是推动经济社会发展的伟大力量，对促进社会进步发挥着无与伦比的作用。虽然两性之间确实存在着生理差异，然而阻碍女性享有和男性一样参与国家治理权利的深层次原因则在于社会予以女性的刻板印象。女性想要获得参与的权利，争取平等的机会，追求价值的实现，展现人格的尊严，就必须冲破家庭的桎梏，扭转社会的偏见，唤醒自觉参与的主体意识，增强"社会中人"的责任感。

没有女性参与的国家治理，是不科学的国家治理；女性缺席的社会生活，是不完整的社会生活。观念的嬗变不会自发地产生和实现，马克思主义妇女观告诉我们，女性只有获得了经济的独立，才有更多的可能性去表达和实现自身愿望，这就需要更多公共政策的支持。到目前为止，更加友好的有利于女性就业和经济独立的公共政策还没有完全建立起来，0 ~ 3 岁幼儿社会抚育机构缺失、男性无育儿假等问题一直未能解决。党的十九届四中全会指出："要健全公共就业服务和终身职业技能培训制度，完善重点群体就业支持体系""坚决防止和纠正就业歧视，营造公平就业制度环境。"在这些会议精神落实的过程中，女性就业支持体系的建立将为观念的嬗变提供更坚实的经济基础。届时，那些振臂摆脱旧的社会关系枷锁，奋力飞向新的广阔世界，寻求自立、自强，彰显自尊、自信的女性，铿锵有力地加入女性社会组织当中，才能有力推动女性社会组织良好发展，颠覆以往以男性为主的治理思路，有效发挥其参与国家治理的独特作用。

① 马克思恩格斯选集（第 4 卷）[M]. 北京：人民出版社，1995：72.

（二）运行的优化：加强女性社会组织自身建设

作为沟通国家、社会以及个人的枢纽，女性社会组织覆盖众多行业和领域，以不同的定位，从不同的角度关心女性，关注社会，为满足女性的利益诉求、促进社会和谐稳定、推动经济社会发展提供多样化的服务。而女性社会组织要想积极助力国家治理，成长为出色的公共服务承担者，就必须不断完善内部治理，加强机构自身能力建设，完善组织各项机制功能，找准功能定位和优质发展模式，不断提升参与国家治理、开展社会服务的竞争力。

有鉴于此，一些勇立潮头的女性社会组织已经开始注重战略谋划，立足长远目标，加之现有女性社会组织发展良莠不齐，其发展瓶颈中能力不足问题特别需要综合多方面因素来破解。一方面，国家将"构建服务全民终身学习的教育体系"，为女性自身能力的提升提供有效支持；另一方面，各级妇联也要完善女性社会组织建设扶持长效机制，通过提供专业培训、引导女性社会组织与企业对接等方式，助力女性社会组织专业化服务能力的提升。政府则应当注重扶持那些有潜力、专业化、品牌性的女性社会组织，调动各方资源为其发展壮大提供各类人才、资源支持，通过购买服务项目、建立发展专项资金、鼓励吸纳多元资金，协助开展微创投，为女性社会组织运营发展创造良好的社会环境和自我环境，促进女性社会组织提升专业化服务水平，增强承担参与国家治理、提供社会服务的责任意识，实现政府、市场、组织与女性群众的合作共赢。同时，女性社会组织自身也要努力构建自我能力提升机制，可以利用培养兴趣爱好、主动服务大局、化解矛盾冲突、增进安定团结等优势，在政府和社会无法触及或者难以作为的领域提供更细致、更温暖、更贴心的服务，发挥参与国家治理无可替代的作用，成为政府履职的重要帮手。

（三）两性的和谐：以两性良性互动促进组织发展

女性是其自身解放与发展的主体，但女性主体性的高扬又不单是囿于其自身，而是一个较为复杂的社会问题，需要得到整个社会系统的支持，特别是男性的尊重和支持。中华人民共和国成立之前，政权、族权、神权、夫权，是束缚中国人特别是农民的四条极大绳索，其中，妇女除了与男子一起受政权、族权、神权压迫之外，还受到男子的支配（夫权）[①]。而在马克思主义妇女观的理论视域中，男女两性被认同拥有平等的人格、尊严和

① 中华全国妇女联合会编. 毛泽东主席论妇女 [M]. 北京：人民出版社，1978.

价值追求，在家庭和社会生活中有权享有同样的尊重、对待、平等的权利和发展机会。这种平等不应该只体现在各种口号和法律条文上，更要在实际的生活实践中得以实现。营造两性平等和谐的社会环境，是推进国家治理现代化的应有之意。

作为政府主导下多元主体共同参与的社会活动，我国的国家治理不能缺少女性社会组织活跃的身影，需要组织自觉嵌入国家治理意识的觉醒，尤其要在社会各领域构筑两性良性互动的全新大厦，彻底颠覆以男性为主的国家治理格局。在女性社会组织内部，尤其是前文所述的专门为女性提供服务、从事妇女问题研究的社会组织，男性的加入可以使服务种类、层次多样化，增加了男性视角的妇女问题研究也将更加立体、多维。女性社会组织可以成为两性良性互动的一个重要平台，同时良性互动也促进了女性社会组织的发展。在两性和谐的基础上，男性不再是被迫的强者，女性也不再是“弱”者的代言，女性可以凭借学识能力走向社会成就一番事业，男性也可以随自己的意愿选择退回家庭；男性不必再与“必须坚强”的性别角色捆绑在一起，女性也不再是一个需要男性怜惜疼爱的“小女人”。这样的良性互动，对于男性和女性来说都是一种解放，无论男性、女性选择哪一种生活方式，都会被社会接纳认可。当广大女性从繁重的家务劳动和家庭事务中挣脱出来，就直接为女性社会组织的发展壮大增添了强大的动力，为推进国家治理现代化做出了独特的贡献。

新时代，女性已经成为社会发展、维系和谐的重要力量，作为女性走向社会、参与国家治理的重要载体，女性社会组织应当大有潜力、大有可为。进一步激发女性社会组织广泛、深入参与国家治理的活力和热情，认同其地位、作用和价值，让广大女性在共建共享共治中增强获得感、幸福感、安全感，对于创新国家治理方式、提升国家治理效能、促进善治目标的实现具有非常重要的意义。

五、女性组织精准服务

当我们走进社区，走近居民，我们都有可能面对这些人群：有退休后安度晚年、不断发展爱好的幸福老人；有夫妻努力工作、孩子努力学习的三口之家；也有经济困难、被大病拖垮的家庭；还有温饱得不到满足、生活困苦的独居老人……

这些形形色色的人们，正是我们作为妇女工作者需要去对接、去提供专业服务的对象。如何根据她们的不同生活状况，量身定制符合她们需要的服务内容，链接可以为他们提供切实帮助的社会资源，正是我们工作的重点和方向。

《史记·管晏列传》中说："仓廪实而知礼节，衣食足而知荣辱。"这与马斯洛的需求理论有着异曲同工的玄妙之处（图10-1）。具体到妇女工作服务里面，不仅要看到需求的表层含义，更要走进服务对象内心，了解深层次的需求。

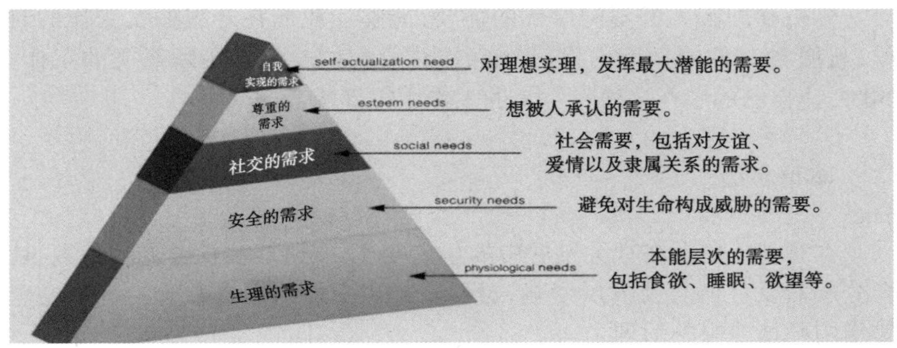

图10-1　马斯洛需要层次论

例如，在社区为老年妇女服务项目中，对于不同家庭状况的老人，我们除了借助专业的社会服务和心理学知识，还要从服务对象的真实需要出发，给予其不同的帮助与服务。

人在情境中，每一个服务对象都不是独立存在的，从生态系统理论、立体的生存状况与需求来找到服务对象和深刻的核心需求，这是我们需要下功夫的基点。针对家庭生活状况较好的妇女，我们的工作重点可以从归属感、获取尊重、自我价值再实现的角度，开展社区小组活动，组织妇女们开阔视野，培养不同兴趣爱好，丰富妇女生活。

在此之上，社会需求中爱与归属感的需要，为人们提供心理健康发展的外部条件。与他人的温暖链接、和谐相处，并期待被爱和接纳，这些情感上的需要比起处于底层的物质需求更为细腻，也更能影响一个人的心理健康水平。社群活动能够带给社区居民一种与他人建立链接的条件，通过相同的爱好找到志同道合的朋友，并有专业指导老师一并前行，是一件何乐而不为的事情。

处于需求高阶的尊重需求可分为内部尊重和外部尊重。内部尊重即自尊，是指一个人希望在各种不同情境中有实力、能胜任、有信心且能独立自主；外部尊重是指一个人希望有地位、有威信，并受到他人的尊重、信赖和高度评价。

位于金字塔顶端的自我实现，指的是实现个人理想、抱负，发挥个人的能力到最大程度,使自己离自己希望成为的人设越来越近的一种努力。

作为妇女工作者的我们,在开展工作的过程中,不断地学习和将专业知识运用于实际工作之中,也是一个实现自尊的过程。在这个过程中,来自服务对象的信任、来自团队伙伴的支持都将为妇女工作者提供成长的动力。

分析和理解人们不同层次的需要,能够让我们在开展妇女工作的时候,从服务对象的角度出发,做出更能打动对方、更有实际意义的工作。同时,让自己的心在这份有意义的工作中得到滋养。

本章小结:

本章基于妇女在社会发展中的角色变迁,探讨女性社会流动特点、社会分层对女性的自我发展影响,进一步提出女性组织在社会治理中的重要作用和精准服务新理念。

材料分析:

材料一:更多维度展现女性生活《三十而已》凭什么火?

由童瑶、江疏影、毛晓彤领衔主演的都市剧《三十而已》在东方卫视开播后,迅速出现了“爆款相”,不仅豆瓣评分目前高达 8.1 分,而且相关热搜话题没断过。这部剧以三位 30 岁女性视角展开,讲述了都市女性在 30 岁这一重要年龄节点时遭遇多重压力的故事。

这部剧播出后,引起了广大观众,尤其是女性观众的强烈共鸣,不少年龄 30 岁左右的职场女性,在剧中找到了自己的“影子”。有意思的是,《三十而已》还出现了与另一部女性题材剧《二十不惑》的“联动”桥段——大学教室里,坐在后排的“30 +姐姐”童瑶、江疏影、毛晓彤,望着坐在前排的“20 +妹妹”关晓彤、李庚希、卜冠今……原来,女性成长真的是一瞬间的事。

(资料来源:羊城晚报)

分析讨论:

1. 如何看待女性面临的年龄危机、生育选择、城市归属感等问题?

2. 如何理解女性在人生的不同阶段构建自己的人设?

3. 作为一个现代女性,如何正确定位自我?

材料二：一个女孩的梦想——社会流动

一个在大酒店负责客房清理打扫工作的女佣，却摇身一变成了公司的管理阶层，并且跟一个前途似锦的贵公子出双入对。她是如何实现自己的梦想的呢？

玛丽萨·文图拉是居住在纽约布朗克斯区的一位单身母亲，她从小在贫民区长大，个性坚强。和每个女孩子一样，她也梦想着有一天找到一个爱她的白马王子，过上幸福的生活。然而，现实中的玛丽萨·文图拉却只是一个在大酒店负责客房清理打扫工作的女服务员，靠着一点微薄的薪水养活自己和儿子泰勒。

终于有一天，她一直梦想着的"白马王子"真的出现了，他叫克利斯多弗·马歇尔，拥有英俊的外表、儒雅的气质和纯正的贵族血统，并且前程似锦。克利斯多弗因为要参加一个家族的重要聚会来到纽约，恰好在玛丽萨工作的酒店下榻。

也许是命运的安排，克利斯多弗误以为正在试穿一套名牌成衣的玛丽萨是一个出身上流社会的名媛淑女，玛丽萨就这样阴差阳错地结识了克利斯多弗，并且两人一见倾心。在玛丽萨的酒店女服务员身份被揭穿之后，他们已经爱上了对方，然而他们之间的身份有天渊之别，是一道无法跨越的鸿沟。

就在两人面对来自各方的压力和困扰几近放弃时，玛丽萨十岁的儿子泰勒的恶作剧，帮妈妈勇敢地争取到了触手可及的幸福，一个来自贫民窟的女孩终于实现了自己的梦想。

这是电影《曼哈顿灰姑娘》里所讲述的故事。一个人由贫穷的背景上升到具有名望、权力及财富的社会位置，就是社会流动。

（资料来源：微信公众号"稻读公社"）

分析讨论：

1. 如何看待现代女性在社会流动中遇到的障碍？
2. 女性在社会流动中如何正确丰富自己？
3. 女性的社会流动需要借助男性的支持吗？

延伸阅读 / 参考书目：

[1] 张李玺 . 中国女性社会学 [M]. 北京：中国社会科学出版社，2013.

[2] 王金玲 . 女性社会学 [M]. 北京：高等教育出版社，2005.

[3] 朱迪斯·巴特勒 . 性别麻烦 [M]. 上海：上海三联书店，2009.

其他资源 / 视频材料或网络资源链接：

1. 电影《曼哈顿灰姑娘》

https://www.360kan.com/m/hafpZkL7Q0H7Sx.html

2. 电影《喜宴》

https://www.iqiyi.com/w_19s59s4c0d.html